中学・高校で使える

人間関係スキルアップワークシート

ストレスマネジメント教育で不登校生徒も変わった！

嶋田洋徳・坂井秀敏
菅野　純・山﨑茂雄【著】

学事出版

1章 現代の中高生とストレスマネジメント教育 …… 5

第1節 今、なぜストレスマネジメント教育か？ …… 6
第2節 高校生のストレスとストレスマネジメント …… 10

2章 授業ワークシート …… 15

①導入のエクササイズ（エクササイズ1～5） …… 16
1 この授業で何が学べるの？ …… 16
2 自分を知ろう！（1） …… 20
3 自分を知ろう！（2） …… 24
4 自分を知ろう！（3） …… 28
5 自分を知ろう！（4） …… 32

②認知のエクササイズ（エクササイズ6～12） …… 36
1 気もちはどこからくるの？ …… 36
2 ＡＢＣ「こころの法則」？ …… 40
3 いろいろな考え方をしてみよう！（1） …… 44
4 いろいろな考え方をしてみよう！（2） …… 48
5 認知を変えてストレスを小さくしよう！ …… 52
6 いろいろなこころを使ってみよう！ …… 56
7 いろいろな可能性を考えよう！ …… 60

③行動のエクササイズ（エクササイズ13～23） …… 64
1 行動とストレスは関係があるの？ …… 64
2 うまく仲間に入ってみよう！ …… 68
3 上手な聴き方を使ってみよう！ …… 72
4 答え方を工夫してみよう！ …… 76
5 質問をしてみよう！ …… 80
6 あたたかいことばかけをしてみよう！ …… 84
7 言いたいことをうまく伝えてみよう！ …… 88
8 気もちのよい断り方、頼み方をしてみよう！ …… 92
9 上手な謝り方をしてみよう！ …… 96
10 認知と行動の学習をふり返ろう！ …… 100
11 もう一度今の自分を知ろう！ …… 104

④情動のエクササイズ（エクササイズ24〜28） 108
　1　身体とストレスは関係があるの？ 108
　2　リラックス法を使ってみよう！（1）呼吸法 112
　3　リラックス法を使ってみよう！（2）弛緩法 116
　4　リラックス法を使ってみよう！（3）自律訓練法 120
　5　気もちのコントロールをしてみよう！〜イライラ感情のコントロール〜 124

⑤総合のエクササイズ（エクササイズ29〜35） 128
　1　ストレスマネジメントに関する知識をふり返ろう！ 128
　2　問題を解決してみよう！（無人島脱出ゲーム） 132
　3　問題を解決してみよう！ 136
　4　アドバイスをしてみよう！ 140
　5　以前の自分と比較してみよう！ 144
　6　ストレスマネジメントの実践レポートを書いてみよう！ 148
　7　ストレスマネジメントをまとめてみよう！ 152

3章　授業の実際とその効果 157

第1節　高校生を対象とした授業の実際 158
　1　東京都立稔ヶ丘高等学校における実践 158
　2　「認知」単元　授業実施上のアイデア 160
　3　「行動」単元　授業実施上のアイデア 167
　4　「情動」単元　リラックス法体験ガイドシナリオ 173
　5　生徒の実践レポートから 183

第2節　高校生を対象としたストレスマネジメント教育の実際 185
　1　標準教材を用いたストレスマネジメント教育の実践とその効果 185
　2　方法 185
　3　手続き 186
　4　結果と考察 186
　5　総合考察 189

4章　おわりに ……………………………………………………………………… 191

第1節　現代の高校生と臨床心理学的援助の意義 …………………………… 192
　1　高校性の＜現在＞ ……………………………………………………………… 192

第2節　「勁い心」を育てるには ………………………………………………… 197
　1　勁い心とは ……………………………………………………………………… 197
　2　勁い心の育成法 ………………………………………………………………… 197
　3　学校教育の実践の場で ………………………………………………………… 198

　このワークは、学習したワークシートをファイルに綴じていくと、あなただけの「ストレスマネジメントの本」ができあがるように作られています。

　実施の際には、ファイルに学習の成果を蓄積して、日常生活で活用してみてください。

第1章

現代の中高生と
ストレスマネジメント教育

第1節　今、なぜストレスマネジメント教育か？

東京都立稔ヶ丘高校　前校長　坂井　秀敏

●それはチャレンジスクールから始まった

　平成17年4月、私は、"中野地区チャレンジスクール（仮称）"準備室の開設校長として、東京都立四谷商業高校の一室に赴任しました。主幹と教諭各1名のスタッフで、新たな学校を1から作るという仕事に、3人だけの船出でした。翌年、開設準備2年目には数人の新メンバーを迎えて、具体的な作業を進めました。やがて、正式名称は東京都立稔ヶ丘高校となり、平成19年4月に第1期生を迎えることになります。

　チャレンジスクールとは、単位制・総合学科・3部制の昼夜間定時制高校です。入学選抜では、学科試験の代わりに作文と面接で、高校生活に向けた意欲・態度を評価し、中学の内申書は、選考の資料にしません。

　こうした高校が生まれた背景には、不登校と高校中退の問題があります。そうしたつまずきを乗り越えて、将来の夢に向けて再出発したいと望む生徒たちに、その機会を保障するため、東京都は"チャレンジスクール"5校を計画し、順次、設置を進めたのです。

●自立した人間を育てたい

　私たちが準備に当たることになった"中野地区チャレンジスクール"は、その最後の1校であり、かつ最大規模(28学級840名定員)になる計画でした。

　私たちは、それなら、最後・最大のあとに、ぜひとも「最高」をつけたいと思いました。今までのチャレンジスクールの取組みに学びながらも、その抱える問題をさらに克服して、生徒にとって「最高」の学校にしたい。そこから私たち開設スタッフの模索が始まったのです。

　チャレンジスクールは、留年のない単位制や、自分の興味関心に合わせて自由な科目の選べる総合学科など、従来の高校と違って、生徒が学校へ通い続けられるようなさまざまなしくみを用意しています。しかし、私たちは、だからといって、教育自体の水準を下げたくはないと思いました。卒業後の進学や就職という進路を見据えて、自立できる人間に育てて社会に送り出す。それこそが高校としての使命であると考えたのです。

●「なんとなくを意図的に」

　そこで、今までのチャレンジスクールのように、科目選択に大幅な自由を与えるやり方ではなく、基礎基本となる普通科目（国数英理社体芸家）をしっかり学んでから、総合学科のメリットを生かして、さまざまな専門科目をとっていけるよう、学習の積み重ねを重視したカリキュラムを作成しました。

　そして、それらのベースとして、教科学習の基礎にある「学習スキル」を学ぶ新設科目を構想しました。これは、のちに「コーピング・メソッドタイム」（1単位）と名づけられます。生徒たちが日々の授業の中で"なんとなく"身につけていくしかなかった、授業の聴き方、ノートのとり方、記憶のしかた、試験勉強の進め方などのスキルを、"意図的に"教えることで、自ら学ぶ意欲をサポートしたいと考えたのです。

そこから、本校の教師の姿勢を示す合言葉「なんとなくを意図的に」が生まれました。授業だけでなく、学校生活全般で、私たち教師が今まで、"なんとなく"身につくものとして取り立てて教えることをしなかった基本的なスキルも、"意図的に"教える手立てを考えていくという意味です。

●人間関係の力を"意図的に"教える

実は、学校不適応の根本原因である「人間関係」こそ、まさに生徒が"なんとなく"身につけていくものとして、学校では体系的に教えられることのなかった分野です。

社会の中で自立して生きていくためには、人の気もちを考えながら、自分自身を上手に表現して、相手に受け入れてもらい、人間関係を作っていかなければなりません。

しかし、学校に行きづらさを感じる生徒たちは、多かれ少なかれ人間関係で傷ついた経験を持ち、人づきあいへの不安を抱えています。そのため、ささいなことでストレスを感じ、人との関わりや自己表現を避けて、ますます人間関係が苦手になってしまうのです。

そうした生徒たちを、社会で自立していける人間に育てるためには、不安の悪循環を乗り越える手立てが必要です。それさえできれば、日々の生活の中で人間関係を作っていく第一歩が踏み出せるはずです。

その方法を"意図的に"身につけさせるしくみを、この学校で作れないだろうか。

これが、開設準備室の最大の課題となったのです。

●菅野先生、嶋田先生との出会い

そこで、人間関係教育に関する情報・資料を集め、実践している学校や施設を見学し、話を聴いてまわりました。ソーシャルスキルトレーニング、構成的グループエンカウンター、アサーショントレーニング、交流分析…。さらにセルフコントロールの技法を求めて、ヨガの教室にまで体験に出かけたこともありました。

そんな行脚（あんぎゃ）の末に、早稲田大学人間科学学術院の菅野純先生、嶋田洋徳先生と出会い、ストレスマネジメントのお話を伺う機会を得たのです。

生徒が人間関係につまずくのは、自分自身のストレスにうまく対処できないためであり、臨床心理学の研究によって体系化されたストレス対処（コーピング）のさまざまな方法は、知識として教え、練習によって身につけることができるとおっしゃるのです。そのお話を伺って、まさに「我が意を得たり」と感じました。このストレスマネジメントこそ、生徒たちを悪循環から救い出すことのできる方法論そのものだと、思ったのです。

さいわい嶋田先生はストレスマネジメント教育の第一人者であり、先生が中学校などへの出前授業で実践されてきたプログラムがありました。それを発展させて、年間の授業を作ろう。両者の思いが一致し、このプロジェクトがスタートしたのです。

●プログラム作りの道

しかし、それはけっして容易な道ではありませんでした。少ない開設スタッフの中から、笹主幹と鍋田教諭の2人が毎週のように所沢の早大キャンパスに通って、嶋田先生に認知行動療法の手ほどきを受けました。そして、熱心な大学院生のみなさんと協力して、授業用ワークシートの作成に地道に取組んだのです。

そうして出来上がったのが、本書で紹介するストレスマネジメントのプログラムです。

これを、本校では1年生の必修として実施するため、「コーピング・リレーションタイム」という学校設定科目の設置を都に申請しました。その結果、先に述べた学習スキルを教える科目「コーピング・メソッドタイム」（1単位）とともに、2単位の「コーピング」として、設置の認可を得ることができたのです。

●都立稔ヶ丘高校開校

　平成19年4月、稔ヶ丘高校は開校し、晴れて1期生を迎えました。学校の体制もまだまだ未完成な部分が多く、開校と同時に赴任して来られた先生方には、「開設準備3年目」と陰口されるほどの多大な負担をかけました。しかし、私たち開設スタッフが掲げた理念をよく理解して、目の前の生身の生徒たちと日々関わりながら、新たな学校づくりの仕事に、前向きに取組んでくれました。

　とくに、担任が授業を行うコーピング・リレーションタイムでは、まったく経験のない科目にもかかわらず、嶋田先生の研修会をはじめ、くり返し持たれた校内研修会を通じて理解に努め、熱心に授業の実践を進めてくれました。

　また、コーピング担当の山﨑教諭は、早稲田の研究室と綿密に連絡を取りながら、目の前の生徒の実態に合った工夫を加えてワークシートをさらに改良し、よりよい授業展開のために知恵を絞ってくれました。

　そうした先生方の取組みの結果、生徒たちは、毎週生き生きと授業に参加し、年度末には、本書でもいくつか紹介されている「体験レポート」を書きました。これを見ると、生徒たちは、それぞれが自分にあったストレスマネジメントの方法を授業の中からつかみとって、自分の生活に活かしていることが伺えます。

　これは、予想を上回る成果です。

●実践の中で磨き上げられた教材

　そうした1年目の実践を通じて生徒の反応もわかり、より現実に即しより効果の上がる方法を求めて、さらに改良を加えながら、2年目の実践が行われてきました。その成果が、本書に紹介するワークシートと展開案です。だから、これは机上の空論ではなく、臨床心理学のバックボーンを持ちながら、本校の先生方が生徒たちを相手に毎週授業をする中で磨き上げてきた、本当の意味で「実践的な教材」なのです。

●"勁（つよ）い心"を育てる

　早稲田大学の菅野先生には、このプロジェクトの指導と平行して、学校運営連絡協議会の委員もお引き受けいただき、学校の理念作りにも多くのご教示をいただきました。その最大のものが、"勁（つよ）い心"ということばです。

　風に吹かれても、踏まれても負けない、しなやかなつよさを持つ野草を「勁草（けいそう）」と言います。言い換えるとそれは、「勝ち続けるつよさ」ではなく、何があっても「負けないつよさ」です。どんなときでも負けないつよさがあれば、人生は生き抜いていけます。

　このことばを菅野先生にいただいて、私は、稔ヶ丘高校の目指すところをこれほど的確に言い表すことばは他にない、と思いました。そして、「"勁（つよ）い心"を育てる」、これが本校の教育理念となったのです。

　開校から2年を経て、成果は未知数ですが、その教育理念の実現に向けて、いくつもの

手立てが用意され、現実は動き出しました。毎日、生徒たちはまじめに授業を受け、休み時間には友達同士のおしゃべりが弾み、笑顔が溢れています。やはり登校できない生徒、休みがちな生徒はいるし、小さな問題は数限りなく起こりますが、先生方の前向きな努力によって、"勁い心"を育てる取組みは、日々続いています。

●現代の若者に求められる"勁い心"

　ところで、近年、仕事に就かず、学生でもなく、職業訓練も受けていない若者「ニート」が社会問題となっています。もちろんその背景には、社会的・経済的な要因も見過ごせないでしょう。しかし、ある調査では、彼らの大半が一度は働いた経験があるものの、職場の人間関係がうまくいかずに離職しているそうです。そして家庭に引きこもることで、ますます人間関係への苦手意識を強め、社会的自立を困難にしていくのです。

　稔ヶ丘高校の理念である"勁い心"こそ、高校生にとどまらず、現代を生きる若者に広く求められていると言って、過言ではないと思います。

　理念を単に理念に終わらせないためには、それを実現する方法論が必要です。そのために、本書で紹介するストレスマネジメントのプログラムは生まれたのです。

●教材にいのちを吹き込むもの

　しかし、優れた方法論も教材も、それだけでは、やはり画に描いた餅に過ぎません。優れた教材を生かすのは「人」です。さいわい稔ヶ丘高校には、開校の理念に共感し、生徒を思って熱心に取組んでくれる先生方がいます。その取組みによって、この教材はいのちを吹き込まれ、生徒のこころに届けられているのです。

　本書を手に取られた方は、おそらく、子どもたちの教育に強い関心や熱意を持ち、真剣に方法論を求めている方々ではないかと思います。その思いがあれば、このプログラムは生かされるでしょう。稔ヶ丘高校のように通年実施は難しくとも、ある部分を取り上げてＨＲや総合学習の時間に実施していただけば、生徒たちのためにきっと役立つはずです。

　本書を契機として、ストレスマネジメントによる人間関係スキルの教育が、小・中・高校の現場に広がっていくことを、心から願っています。

第2節　高校生のストレスとストレスマネジメント

早稲田大学人間科学学術院　教授　嶋田　洋徳

不登校と学校ストレス

　わが国では1990年頃から「学校ストレス」が注目され、子どもたちのストレスが生じるプロセスを検討し、さまざまな学校不適応行動との関係性を実証しようとする取組みが盛んに行われてきた。その中でも不登校の問題は、近年社会的関心が高まり、大きく取り上げられるようになってきている。

　不登校生徒の状態像の特徴の1つとして「人間関係のつまずき」があげられる。「人間関係のつまずき」は、不登校生徒のみが特別に経験することではなく、多くの児童生徒が日常的に経験することである。しかし、不登校を経験したことのある生徒は、概して、そのような「つまずき」が、日々登校を続けてきた生徒より「大きく」、それが本人の生活や価値観、自尊心などに強く影響している、と理解することができるであろう。

　学区などが限定され、地域との結びつきが強かった小中学校までと比べ、高校はより世界が広がり、新しい先生や友人と出会う中で、ある意味で、「はじめて人間関係を意図的に作る必要を感じる」場であるといえる。そのため、中学校までに、「人間関係のつまずき」を経験した生徒は、高校生活における人間関係作りに強い不安を感じている場合が多い。そこで、稔ヶ丘高校では「人間関係形成能力」を身につけ、学校の中での避けられないストレスに対処するスキルを身につけさせるために「コーピング・リレーションタイム」という科目を立てた。

コーピングとストレスマネジメント

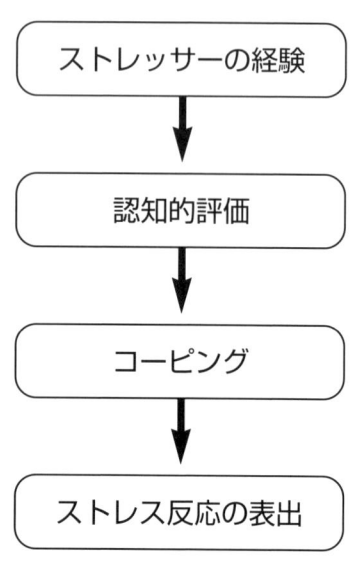

図1：心理的ストレスモデル

　「コーピング」とは、「ストレス反応を低減するための対処行動」のことをさす。心理学では、一般に言われる「ストレス」を、一連の過程（心理的ストレスモデル：右図）、すなわち『ストレッサーの経験→認知的評価→コーピング→ストレス反応の表出』と分けて考えている。『ストレッサー』とは、潜在的にストレス反応が生じる原因となりうる出来事の経験のことである。『認知的評価』とは、経験したストレッサーをどのようにとらえるか（どの程度イヤだと思うかや、どの程度乗り越えられると思うかなど）である。『コーピング』とは、認知的評価に従って、そのストレッサーに対してどのような対処を行うかということであり、『ストレス反応』とは、一連の過程を経て、結果的に生じるネガティブな気もち（怒り、不安、無気力感など）や身体反応（頭痛、腹痛、倦怠感など）のことである。

生徒のストレスマネジメントを考える際には、生徒にとってどのような出来事が「ストレッサー」になりうるかを適切にとらえ、未然に防ぐことが必要である。多くの研究では、先生との関係、友人との関係、学業、部活、進路などが生徒たちのストレッサーとなりうる可能性が示されている。児童生徒の「学校ストレッサーの経験」と「ストレス表出」との関係を調べると、一般にさまざまなストレッサーを経験した子どもほど、ストレス反応の表出が強いこと、「先生との関係」と「不機嫌・怒り反応」、「学業」と「無気力反応」などのように、特定の学校ストレッサーを経験した子どもは、特定のストレス反応を表出することが明らかにされている。さらに「友人関係」に関する学校ストレッサーは、子どもたちにとって最もインパクトが大きく、「抑うつ・不安反応」を中心にすべてのストレス反応に影響を与えていることが示されている。従って、友人関係をめぐるトラブルに起因する学校ストレッサーは、子どもたちにとって非常に重大な意味を持っていると理解できる。

　しかし、ストレッサーが生徒児童のメンタルヘルスに悪影響を及ぼすとわかっていても、生徒たちの経験するストレッサーをすべて排除することは非常に困難である。高校に在籍し卒業を目指す以上、授業や試験を受けないわけにはいかず、また、友人や先生と関係をもたず一人きりで生活することは不可能であるためである。また、ある種のストレッサーは生徒の成長のためにも必要な要素であり、困難に直面しても、自ら考え、行動し、乗り越えるという経験を積むことが、高校生活での１つの重要な課題であるともいえる。

　そこで「コーピング・リレーションタイム」では、そのような避けがたいストレッサーに直面した際に、それらと上手に付き合い、明るい学校生活を送る方法を生徒に身につけさせ、『勁い力』を高めるための具体的な援助を行うことを目的としている。

授業のねらい：「なんとなくを意図的に」

　「コーピング・リレーションタイム」では、先に述べた心理的ストレスモデルの『認知的評価』『コーピング』『ストレス反応』に効果的に働きかけるため、近年注目されている認知行動的アプローチの観点から、ストレスマネジメント授業を展開している。

　従来、不登校などの学校不適応は、実際に問題が生じた後に、それらの原因となった出来事や個人の問題などに介入し、事態の沈静化を目指すような"待ちの対応"になることが多かった。また、そもそもの不適応が生じた背景に、生育暦や家庭での養育態度などの影響が大きい場合には、学校側からの介入は非常に困難なものになる。一方で、認知行動的アプローチとは、対象者の「考え方（認知）」や「ふるまい方（行動）」のあり方を変えることによって、対象者が直面している問題を積極的に解決し、本人の自立（セルフマネジメント）を促進することを目指すアプローチである。つまり、不登校などの不適応状態が、なぜ続いてしまっているのかに着目し、本人が苦手とする部分にうまく働きかけ、自分で乗り越えていく力をつけさせることを目指すのである。

　コーピング・リレーションタイムでは、稔ヶ丘高校の「なんとなくを意図的に」の合言葉のもと、今までなんとなく行われてきた学校不適応に対する取組みを、授業の枠を使って意図的に指導していくことを目指している。また、生徒たちにとっては、今まで経験を通じてなんとなく身につけてきた"ストレスを乗り越えるコツ"を、意図的に学習する機会となることを望んでいる。

授業の成り立ち：認知・行動・情動

　コーピング・リレーションタイムの授業は、大きく分けて『導入』『認知』『行動』『情動』『総合』の５つのまとまりで構成されており、先に示した心理的ストレスモデルの流れと、以下の図のように対応させて理解することができる。
　『導入』のセッションでは、ＴＡＣ－２４やエゴグラム、ＫＪＱ調査といった心理検査を実施し、自分の考え方や行動の傾向などについての自己理解を深め、今後のコーピング・リレーションタイムへの動機づけを高めることを目的としている。
　『認知』のセッションでは、ある「イヤな出来事」を経験したために「不快な気もち」が生起するのではなく、その出来事を「イヤだ」ととらえる認知があるために「不快な気もち」が生起するのだという、"出来事→考え方→気もち"の関係を学習し、同じ出来事でもさまざまなとらえ方ができること理解させることを目的としている。

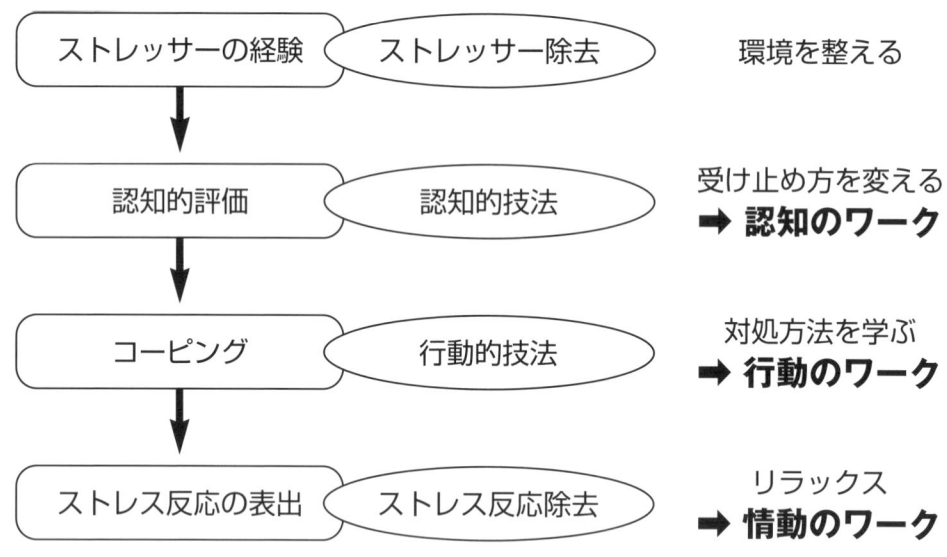

図２：ストレスの生起過程と介入方法

　『行動』のセッションでは、近年教育現場にも導入されつつあるＳＳＴ（社会的スキルトレーニング）のエッセンスを盛り込み、話しかけ方や聞き方、アサーション（主張）のしかたなど、対人関係上必要となる行動のコツを学習したり、問題解決の方法や怒り感情のコントロール方法など、セルフコントロールの方法を学習することを目的としている。
　『情動』のセッションでは、こころと身体の関係（心身相関）と、身体の緊張をほぐすためのリラックス法を学び、日常生じてしまったストレス反応への対応のしかたを身につけることを目的としている。

授業実施上の工夫

●特定のとらえ方や行動を押し付けない
　コーピング・リレーションタイムの目的は、特定の"教育的に望ましい"考え方や行動

を押し付けることではなく、今の自分の考え方や行動が唯一無二のものではなく、場面に応じてさまざまな選択肢があることに気づかせることにある。自分らしい考え方や行動は、1つの個性として尊重しながらも、もしいつも通りの考え方・行動をしていて、うまくいかなかったり、辛い気もちになってしまったりした時に、ふと立ち止まり別の考え方や行動のしかたも試してみようと思う"素地"を作ることが、本授業の最終的な目標なのである。

●侵襲性の低いものから扱う

　侵襲性とは、"相手の気もちに踏み込む度合い"のことである。対人関係に関わることは、生徒たちにとっては、失敗経験などを思い出させる侵襲性の高い題材であると考えられる。そのような題材を始めから扱ってしまうと、生徒たちは防衛的になり、授業への参加を避けるようになってしまう危険性もある。そのため、授業プログラム内では、まず侵襲性の低い一般的な題材を用いて、コーピング・リレーションタイムの考え方を学習しながら、徐々に自分自身の問題についても考えられるように方向づけていきたい。

●生徒に合った方法を用いる

　稔ヶ丘高校の生徒たちの多くは不登校を経験しており、対人関係への苦手意識や学業の遅れなど、学習する上で困難を感じることが多いと思われる。そのため、できるだけ個人で作業を進めることができるようなワークシートを用いる、イラストや文字の分量などを工夫したワークシートや教材を用いて理解しやすく楽しんで取組めるようにする、難易度別に複数の授業案を用意するなど、生徒にあった方法を選択的に用いることができるように工夫した。

コーピング・リレーションタイム　年間学習計画例

回	実施日	単元	タイトル
1	4月3週	導入 1	この授業で何が学べるの？
2	4月4週	導入 2	自分を知ろう！（1）
3	5月3週	導入 3	自分を知ろう！（2）
4	5月4週	導入 4	自分を知ろう！（3）
5	5月5週	導入 5	自分を知ろう！（4）
6	6月1週	認知 1	気もちはどこからくるの？
		中間考査	
7	6月2週	認知 2	ABC「こころの法則」？
8	6月3週	認知 3	いろいろな考え方をしてみよう！（1）
9	6月4週	認知 4	いろいろな考え方をしてみよう！（2）
10	7月1週	認知 5	認知を変えてストレスを小さくしよう！
11	7月2週	認知 6	いろいろなこころを使ってみよう！
12	7月3週	認知 7	いろいろな可能性を考えよう！
		夏期休業	
13	9月1週	行動 1	行動とストレスは関係があるの？
		期末考査	
14	9月2週	行動 2	うまく仲間に入ってみよう！
15	9月3週	行動 3	上手な聞き方を使ってみよう！
16	10月1週	行動 4	答え方を工夫してみよう！
17	10月2週	行動 5	質問をしてみよう！
18	10月3週	行動 6	あたたかいことばかけをしてみよう！
19	10月4週	行動 7	言いたいことをうまく伝えてみよう！
20	10月5週	行動 8	気もちのよい断り方、頼み方をしてみよう！
21	11月1週	行動 9	上手な謝り方をしてみよう！
22	11月2週	行動 10	認知と行動の学習をふり返ろう！
23	11月3週	行動 11	もう一度今の自分を知ろう！
24	11月4週	情動 1	身体とストレスは関係があるの？
		中間考査	
25	12月1週	情動 2	リラックス法を使ってみよう！（1）呼吸法
26	12月2週	情動 3	リラックス法を使ってみよう！（2）弛緩法
27	12月3週	情動 4	リラックス法を使ってみよう！（3）自律訓練法
		冬期休業	
28	1月3週	情動 5	気もちのコントロールをしてみよう！～イライラ感情のコントロール～
29	1月4週	総合 1	ストレスマネジメントに関する知識をふり返ろう！
30	1月5週	総合 2	問題を解決してみよう！（無人島脱出ゲーム）
31	2月1週	総合 3	問題を解決してみよう！
32	2月2週	総合 4	アドバイスをしてみよう！
33	2月3週	総合 5	以前の自分と比較してみよう！
		期末考査	
34	3月2週	総合 6	ストレスマネジメントの実践レポートを書いてみよう！
35	3月3週	総合 7	ストレスマネジメントをまとめてみよう！

授業ワークシート

エクササイズ1-1

実施日： 　月　　日（　）　　　年　　組　　番　氏名

導入1 この授業で何が学べるの？

●ストレスマネジメントとは

今回は、授業の第1回として、この授業で何が学べるのかを紹介します。
1年間のストレスマネジメントの授業は、大きく5つの単元（学習のまとまり）でできています。
とくにこのうち、**認知、行動、情動のエクササイズ** が皆さんが学ぶ内容の大きな柱です。

〈ストレスマネジメントの学習内容〉

学習時期の目安	単元	内容
4～5月	導入のエクササイズ	この授業で自分がどう変わりたいのか、年間の見通しを持ちます。 Key Words：KJQテスト、TACテスト、SRS-18テスト
6～7月	認知のエクササイズ	人との関係でストレスを感じたとき、どうしたら楽な気もちになれるか、その方法を学びます。 Key Words：ABC「こころの法則」、いろいろな認知
9～12月	行動のエクササイズ	会話のコツ、自分の気もちの伝え方など、お互いのストレスを小さくして人間関係を作る方法を学びます。 Key Words：会話のスキル、聴き上手、アサーション
12～1月	情動のエクササイズ	自分で自分の身体とこころを楽にし、ストレスを小さくするリラックス法を練習します。 Key Words：呼吸法、弛緩法、自律訓練法
2～3月	総合のエクササイズ	1年間の学習をふり返り、日常生活に活かす総合的な練習をします。 Key Words：グループワーク、実践レポート

ワーク1 あなたならどうする？

次のエピソードを体験したとしたら、あなたならどうしますか？
自分が我慢したり、文句を言ったりするのでしょうか。
自分だったらどうするか、下の四角に記入してみましょう。

昨日、友だちが学校を欠席したので、あなたは友だちの分のノートもとっておきました。
次の日、友だちに「昨日の分のノートなんだけど……」と話しかけてノートを渡そうとすると、友だちは「あんな授業のノートは別にいいよ～」と言って立ち去ってしまいました。
あなたは、悲しい反面少しイライラした気もちのままで立ちつくしました。

◎自分だったらこうする！

実施日：　　月　　日（　）　　　年　　組　　番　氏名

ストレスマネジメントの授業では、このような場面で使える解決法のヒントが学べます。たとえば**「認知」**では、自分のストレスが小さくなるような「考え方」を学ぶことができます。**「行動」**では、自分も相手もイヤな気もちにならないような「伝え方」を学ぶことができます。あるいは**「情動」**で学ぶ方法を使うと、イライラした気もちを静めることができるのです。この授業を通して、さまざまな方法が使えるようになるといいですね。

●先輩の体験レポートから

これまで学んできた先輩たちの体験レポートの一部を紹介します。

1 「認知」の学習を使って

　私はよく、ものごとをネガティブに考えすぎて、暗い感情になりがちでした。自分でも、なぜこんなに悪いことばかり考えてしまうのか不思議でした。
　ストレスマネジメントの授業で、出来事→認知→感情というこころのメカニズムを知りました。そして、「認知」という物事のとらえ方が感情を左右しているのだと気づきました。考え方を変えるだけで、いろいろな感情になれることを知って、とてもためになったと思います。
　何回もプリント学習を重ね、先生や友だちの意見を聞いていくうちに、たくさんの認知ができるようになりました。今では、悲しいことやつらいことがあったりしても、ストレスマネジメントの授業で習ったいろいろな「認知」を使い、暗くなりがちだった感情も、楽な感情になれるようになりました。「認知」の授業は、私のような落ち込みやすい人間には、ピッタリだったと思います。(女子)

認知のワークを取り上げたレポートです。

2 「聴き方」を使って　初めての友だちとも仲よくなれた

　遊んだことのない友だちと初めて遊ぶことになったときのことです。最初に会ったときに、会話が続くのかなあ、とか、楽しめるのかなと、いろんな不安がありました。
　そのとき、リレーションの授業で習った「聴き方の大切さ」を思い出しました。聴き上手になれば大丈夫だと思いました。そして、話しながら、授業で学んだようにあいづちを打ったり、質問したりしました。そうしたら、友だちとの会話も続いて、自分からも話せるようになりました。
　日常生活で使える友だち関係や人間関係のことを授業で学べて、とても役に立ちました。(女子)

行動のワークを取り上げたレポートです。

3 アサーションの大切さ

　私は人に自分の気もちを伝えることが苦手で、あのときああ言えばよかったなと後悔することが少なくありませんでした。この授業でアサーションを習って、「聴き方」「答え方」「質問のしかた」「言いたいことの伝え方」「断り方」など、自分のストレスを小さく抑えながら相手といい関係を築いていく方法がわかり、とても勉強になりました。
　実際に苦手だった「断り方」を友人に使ってみたら、相手も理解してくれて、何事もなく丸く収まりました。その他にも、頼みたいとき、謝りたいとき、質問するときにも無理なく自分の気もちを伝えることができました。そうしたら、相手の人にもストレスが少なくなってきたような気がするし、前よりもお互いに言いたいことを言い合えるようになってきたと思います。
　あんまり自分の気もちを言わなすぎると、自分にも相手にもストレスをためてしまうんだなと思いました。まだ親しい人にしか自分の気もちを伝えることができないけれど、少しずついろんな人にアサーションを使っていきたいです。アサーションを習って、とてもよかったと思いました。(女子)

エクササイズ1-3

実施日：　　月　　日（　）　　　年　　組　　番　氏名

4 カウント呼吸法で頭もスッキリ

　私は勉強をすると、肩がこって気もちも重くなってしまいます。

　そんなときに、私はカウント呼吸法を使います。集中力は約40分で切れるので、40分に1回カウント呼吸法をします。そうすると頭がスッキリします。そしてまたやる気がおこり、勉強に集中できます。

　他に、風呂に入っているとき、何かにイライラするときにも使っています。

　カウント呼吸法を使うと、頭の中がスッキリして、1から考えることができるようになります。それに加えてイメージ法を入れると、こころもリラックスできます。

　まだ使い始めたばかりですが、日々使って慣れていきたいと思います。（女子）

情動のワークを取り上げたレポートです。

シマック先生
この授業のナビゲーター

このワークでは、大切なところはシマック先生が解説します。

みんな、授業で学んだことを自分なりに使ってみているね。この授業では、たった1つの正解というものはありません。いろいろな方法を試してみて、自分に合うやり方を見つけるヒントになるといいですね。

ワーク2　先輩の体験レポートを読んで

シート1−2、シート1−3「先輩の体験レポートから」を読んで、次の課題に取組もう。

①どれが印象に残りましたか。番号を書き、感想を書きましょう。　　番号 □

②あなたにとって、ストレスマネジメントの授業はどんな点で役立ちそうですか。この授業に期待することを書いてみましょう。そのほか、この授業について思うことを書いておきましょう。

予告　エクササイズ2では、KJQというアンケート形式の心理テストを使って自分を理解し、この1年でどう変わっていきたいかという方向性を考えます。

エクササイズ１　授業展開例

テーマ	導入①　この授業で何が学べるの？
具体的内容	年間の学習の概要を理解し、先輩の体験を読んで、学習への期待や目標を持つ。
学習のねらい	①　３つの柱で構成される学習の流れを理解する。 ②　自分は何を学びたいか、具体的なイメージをつかみ、学習への動機づけを高める。
学習方法	個人ワークシート学習
準　備	ワークシート

展開例	生徒の活動		指導上の留意事項
導入 10分	シート１ ●ストレスマネジメントとは	10分	シート１配布 冒頭の説明文を読み上げる。 表「ストレスマネジメントの学習内容」に沿って内容を説明する。
エクササイズ 30分	ワーク１ あなたならどうする？	10分	エピソードを読み上げ、自分だったらどうするかをしばらく考えさせ、四角の中に記入させる。生徒に発表させて、意見交換を行う。 ここではバリエーションがたくさんあることを強調する。
	シート２、シート３ ●先輩の体験レポートから	 10分	シート２、シート３配布 ストレスマネジメントの授業では……からを読み上げる。 ストレスマネジメントの授業を通して、各単元で学べることや、この授業を通して、たくさんの対処法をもてることを強調する。 ワーク２の課題を説明してから、体験談を教員が読み上げる。 途中小休止して、生徒に問いかけながら、補足説明や教師のコメントを述べてもよい。生徒に無理に発言させる必要はない。 **シート３のシマック先生のことばは、まだ読まないでおく。**
	ワーク２ 先輩の体験レポートを読んで	10分	ワークの説明１行目を読み上げ、①の作業に取組ませる。 書き終わった生徒が出始めたら、②の課題を説明し取組ませる。 書き終わる目安の時刻を全体に知らせ、あとは個別対応にする。手が止まってしまった生徒には、書き方をアドバイスする。
まとめ 5分	【まとめ】 【予　告】	5分	シート３のシマック先生のことばを読んでまとめとする。 シマック先生についてもここで紹介する。 エクササイズ２の予告を読み上げる。

エクササイズ2-1

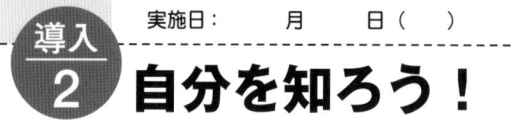

実施日：　　月　　日（　　）　　年　　組　　番　氏名

導入 2 **自分を知ろう！（1）**

●ここまでのおさらい

　エクササイズ1では、ストレスマネジメントの学習で、何が学べるのかを見ました。これからの学習に期待が高まった人も多いのではないでしょうか。
　エクササイズ2では、KJQというアンケートを用いてあなたの今のこころの状態を知りましょう。

ワーク1　KJQってどんなもの？

① **KJQで何がわかるの？**
　KJQとは、自分の「**こころの土台**」がどのくらいあるのかを知るためのアンケートです。「**こころの土台**」とは、「**こころのエネルギー**」と「**社会生活の技術**」からできている、**やる気や意欲、こころの安定、社会の中で行きぬく力のもと**になるものです。

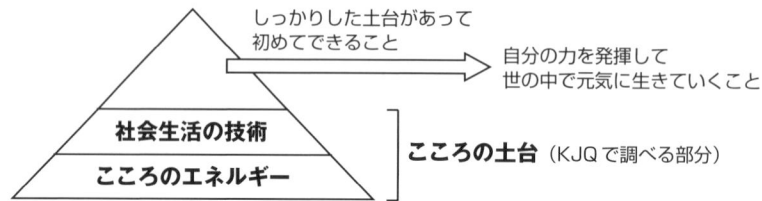

　「こころの土台」がしっかり築かれていれば、その土台の上に大きな自分を作り上げていくことができるでしょう。

　KJQでは、「**こころのエネルギー**」と「**社会生活の技術**」を数値で測り、丁寧に見ていくことで、自分のどんなところが優れているのかを知ることもできます。また、点数の低いところは、なぜこのような結果になったのか、考えることが大切です。考えることによって、あなたが時間をかけて身につけていくことは何であるのかを知ることもできます。

② **KJQの実施にあたって**
　エクササイズ2では、実際のKJQに取組んでみます。KJQを行うときの注意事項を確認しておきましょう。

1．回答はおおよそ10分で行います。必ず全部の質問に答えるようにしましょう。
2．なるべく考えすぎずに、回答するようにしましょう。

KJQワークブック、KJQ実施・採点・指導マニュアルにくわしく載っています。

エクササイズ2-2

実施日：　　月　　日（　）　　年　　組　　番　氏名

> **ワーク2** KJQをやってみよう

あなたの今の気もちやふだんの行動について、「はい」から「いいえ」で答えましょう。少しだけそのとおりと思ったら「ややはい」、少しだけ違うと思ったら「ややいいえ」で答えてください。成績とは関係ないので、思ったとおりに答えてください。回答欄は**シート3**にあります。

1	困ったときに相談できる先生がいます。
2	この学校の中に、自分の気もちを話せる友だちがいます。
3	家での食事は楽しみです。
4	部活や行事など、目標を持って打ち込めるものがあります。
5	友だちから大事な相談にのってほしいと頼まれることがあります。
6	家族の一員として、自分のやるべき仕事や手伝いが決まっています。
7	顔を見ながら「おはよう」「さようなら」とあいさつできます。
8	自分が感じたり思ったりしたことを、親や家族に気軽に話せます。
9	掃除当番をよくさぼります。
10	時間を守って生活できます。
11	まわりの雰囲気にまきこまれずに、冷静に判断したり行動することができます。
12	集会のときなどは、全体の動きを見ながら行動ができます。
13	友だちのさまざまな意見をまとめていくことができます。
14	自分でも解決できない場合には、誰に相談すればよいか、何に頼ればよいかを知っています。
15	いつも明るくニコニコしていると言われます。
16	クラスの友だちをよく励まします。
17	電車やバスでは、お年寄りに座席をゆずります。
18	家の人がつかれていたら、何かを代わりにやってあげます。
19	クラスにいても自分の居場所がないように感じることがあります。
20	家族と一緒にいると、ホッと気もちが安らぐ感じがします。
21	このまま努力を続ければ、自分の将来は明るいと思います。
22	新しい知識や考え方を知ることに興味があります。
23	ゆっくり話してみたい先生がいます。
24	遊びや勉強のとき、友だちが自分のところに集まってきます。
25	先生から「頑張ったね。一生懸命やっているね」とほめられることがあります。
26	授業中、自分の考えを発表することができます。
27	作文や手紙の中に、自分の思いを書くことができます。
28	自分の興味がわかないことでも最後まで聞いていられます。
29	カッとしたときでも、自分の気もちをおさえられます。
30	大声を出していい場所かどうか考えて、友だちとおしゃべりします。
31	先生の表情やしぐさなど、ことば以外の表現をうまく理解できます。
32	ケンカやもめごとの仲裁に入ることがよくあります。
33	これをすればどんな結果になるのか、行動の予測がつきます。
34	おだやかに話すことができます。
35	友だちの輪に自然に入ることができます。
36	自分が知っていることを人に聞かれたら、丁寧に教えてあげます。
37	一人ポツンと離れている友だちがいたら、声をかけてみます。
38	今のクラスは、いて楽しいです。
39	学校の外で、こわい思いをしたときに、まわりの人が助けてくれると思います。
40	自分の気もちをわかってくれる家族がいます。
41	難しい目標を達成して満足したことがあります。
42	家族の誰かの行事に、家族みんなで行くことがあります。
43	係や委員に推せんされることが多いです。
44	休み時間や授業中などに、友だちから相手にされないことがあります。
45	自分に不利になるようなことでも正直に話すことができます。
46	自分の気もちを友だちに伝えたいとき、いろいろな方法で伝えることができます。
47	勉強するときは見たいテレビやゲームなどを我慢しています。
48	夜ふかしなどをして、よく体の具合が悪くなります。
49	その場の雰囲気をさっして、その場にふさわしい話や態度ができます。
50	家族の中で今、自分が何をしなければならないかがわかります。
51	友だちがケガをしたり、急病などの緊急事態が発生したとき、適切な行動をとることができます。
52	友だちがいじめにあっているとき、何らかの方法で助けるようにします。
53	人の話をじっと聞くのが苦手です。
54	緊張した雰囲気のとき、ユーモアや明るい話題でまわりをなごやかにすることができます。
55	体の具合が悪い友だちがいたら、付き添ってあげます。
56	小さい子が一人で泣いていたら「どうしたの？」と声をかけます。
57	イヤな事があって学校を休んだことがあります。

エクササイズ 2-3

実施日：　　月　　日（　）　　　年　　組　　番　氏名

ワーク3　KJQを集計してみよう

① シート2の質問をよく読んで回答欄に以下1～4の数字で答え、白い空欄に記入してください。

| 1：いいえ | 2：ややいいえ | 3：ややはい | 4：はい |

② A～Hの白い空欄に記入された数値を縦に合計し、下の四角の中に書きましょう。

A	B	C	D	E	F	G	H	I

予告　エクササイズ3では、KJQのワークブックを用いて、「**こころのエネルギー**」と「**社会生活の技術**」に関して、さらにくわしく自分のこころの状態を見ていきます。
少しだけ、エクササイズ3の内容をのぞいてみましょう。

> 「**こころのエネルギー**」は、さらに **3つの分野**に分かれます。それは「安心感」「楽しい体験」「認められる体験」です。
> 「**社会生活の技術**」は、**6つの分野**に分かれます。「自分の気もちを伝える技術」「自分をコントロールする技術」「状況を正しく判断する技術」「問題を解決する技術」「人とうまくやっていく技術」「人を思いやる技術」です。
> エクササイズ3では、自分のこころの状態を分野別に知っていきます。自分を知ることで、今の自分を成長させる方向をさぐっていきましょう！

エクササイズ2　授業展開例

テーマ	導入②　自分を知ろう！（1）
具体的内容	KJQに取組み、自己理解を行う。
学習のねらい	学習に取組む準備として、KJQテストを使って自分のこころの状態を調べてみる。
学習方法	個人ワークシート学習
準　備	KJQ調査用紙、KJQワークブックがあると望ましい

展開例	生徒の活動	指導上の留意事項
導入 15分	シート1 【導　入】　15分 ワーク1 KJQってどんなもの？	シート1 配布 ●ここまでのおさらいを読み上げ、今回のワークの導入とする。 ①KJQで何がわかるの？ 　今回実施するKJQテストについて以下の説明を読み上げる。 　「KJQテストは、早稲田大学の菅野純先生が開発したアンケートです。学力を測るものではなく、自分自身を正しく理解するためのものなので、ありのまま答えるようにしてみましょう。」 　KJQ＝Kanno Jun Questionnaire（質問表）の略記であることを、口頭で説明してもよい。 ②KJQの実施にあたって 　KJQを実施する際の注意事項を読み上げ、生徒と一緒に確認をする。 ※ここに掲載しているKJQ質問紙は簡略版です。KJQをより効果的に活用していただくためには、『菅野純のKJQ調査ワークブック』、『KJQ先生用マニュアル』（いずれも、実務教育出版）をお求めのうえ、ご参照ください。
エクササイズ 25分	シート2、シート3 ワーク2　15分 KJQをやってみよう ワーク3　10分 KJQを集計してみよう	シート2、シート3 配布 **KJQを用いる。ワークシートでも代用可。** ① 用紙を開かせ、名前等を書かせる。 ② 説明を読み上げ、理解させる。 ③ **10分後の時刻を予告し、いっせいに開始。** ④ 遅い生徒には、残り時間を知らせ、個別に促す。「考えすぎないで、直感でつければいいんだよ」などの示唆を与える。 ⑤ 終わった生徒は、次へ進まないで待たせる。 　→どうしても遅い生徒がいる場合、個人指導にし、全体は次の集計作業に移る。 ワークシートを用いる場合はワーク2、ワーク3①までに相当する。 【KJQ集計作業】 ① 1枚目は取り外させる。 ② 2枚目「生徒用」の作業説明を読み上げ、集計作業をさせる。 ③ 机間巡視し、個別対応する。 ④ 1枚目と3枚目（教師用）を集め、2枚目のみ手元に残させる。 ワークシートを用いる場合はワーク3②が相当する。 時間があれば、ワーク1の内容の説明をもう一度してもよい。
まとめ 5分	【予　告】　5分	エクササイズ3の予告を読み上げる。

※**KJQの実施にあたって**
　P.22「KJQの採点」において、「9、44、48、53」の質問項目は逆転項目です。
「4：いいえ、3：ややいいえ、2：ややはい、1：はい」として採点して下さい。
　また、「19、38、57」は採点しない項目です。

導入3 自分を知ろう！（2）

●ここまでのおさらい

エクササイズ2では、KJQを実施し、自己理解の学習に一歩踏み出しました。今回は、さらにその結果を見ながら、自分の現在の出発点を確かめ、そこから自分がどう変わっていきたいのか、その方向性を見つける作業をしてみましょう。まずはじめに、**エクササイズ2**で学んだKJQの基礎知識を確認しましょう。

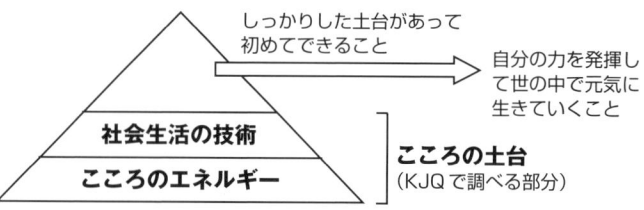

「**こころのエネルギー**」は、生きていくための一番の土台でやる気や意欲のもとになる部分でした。その上に、人とかかわって生きていくためのさまざまな「**社会生活の技術（スキル）**」が必要です。

この2つの土台があってこそ、自分の力を発揮して世の中で元気に生きていけるのです。

ワーク1 結果を写し、くわしく見よう

①KJQのグラフ（写し）をつくってみよう

先生の指示に従って、シートに結果を写し、**こころの土台**について考えてみましょう。

I								II						III							
6 7 8 9 10 11 12 13								14 15 16 17 18						19 20 21 22 23 24						A 安心感	こころのエネルギー
6 7 8 9 10 11 12 13								14 15 16 17 18						19 20 21 22 23 24						B 楽しい体験	
6 7 8 9 10 11 12 13								14 15 16 17 18						19 20 21 22 23 24						C 認められる体験	
6 7 8 9 10 11 12 13								14 15 16 17 18						19 20 21 22 23 24						D 自分の気もちを伝える技術	社会生活の技術
6 7 8 9 10 11 12 13								14 15 16 17 18						19 20 21 22 23 24						E 自分をコントロールする技術	
6 7 8 9 10 11 12 13								14 15 16 17 18						19 20 21 22 23 24						F 状況を正しく判断する技術	
6 7 8 9 10 11 12 13								14 15 16 17 18						19 20 21 22 23 24						G 問題を解決する技術	
6 7 8 9 10 11 12 13								14 15 16 17 18						19 20 21 22 23 24						H 人とうまくやっていく技術	
6 7 8 9 10 11 12 13								14 15 16 17 18						19 20 21 22 23 24						I 人を思いやる技術	
I								II						III							

②気づいたことをメモしておこう

上のグラフを見ながら、現在のあなたの状態を見てみましょう。高い項目はどれでしたか？　逆に低い項目はどれでしたか？　気がついたことを自由に書いてみましょう。

エクササイズ3-2

実施日： 　　月　　日（　）　　　年　　組　　番　氏名

ワーク2　KJQでくわしく自分のことを知ろう！

ワーク1では、自分自身の特徴がわかりましたか？　みなさんが学ぶこのストレスマネジメントの授業では、**社会生活の技術（スキル）** を高めていくことができます。
これから各項目の内容をくわしく知るとともに、それぞれの社会生活の技術は、ストレスマネジメントのどの単元で学習できるのかを見ていきましょう。
あなたの結果のあてはまる記号に○をつけましょう。

「社会生活の技術」について

記号	要素	具体例	あなたの結果	どの単元で勉強するの？
D	自分の気もちを伝える技術	思ったことや感じたことを適切な言葉と態度で表す技術	Ⅰ Ⅱ Ⅲ	「行動」の単元でくわしく学びます！キーワードはアサーション、会話上手！
E	自分をコントロールする技術	こころをかき乱す刺激に負けないで、「待つ」「我慢する」「耐える」「コツコツ頑張る」技術	Ⅰ Ⅱ Ⅲ	「認知」の単元や「情動」の単元でくわしく学びます。キーワードはいろいろな認知、リラックス法！
F	状況を正しく判断する技術	「今はどうふるまうべきか」「これをしたらどんな結果になるか」など状況を正しく判断する技術	Ⅰ Ⅱ Ⅲ	「認知」の単元でくわしく学びます。キーワードは、ＡＢＣこころの法則！
G	問題を解決する技術	困った状況におちいったとき、生じた問題を冷静にとらえ、自分の力で解決していく技術	Ⅰ Ⅱ Ⅲ	「総合」の単元でくわしく学びます。キーワードは、問題解決！
H	人とうまくやっていく技術	新しく友だちを作る技術や、仲のよい友だち関係を保っていく技術	Ⅰ Ⅱ Ⅲ	「行動」の単元でくわしく学びます。「認知」の単元も役立ちます！
I	人を思いやる技術	人の立場を考え、人の気もちを思いやる技術	Ⅰ Ⅱ Ⅲ	「ストレスマネジメント」の学習全体を通して学んでいきます！

Ⅰ→ まだ十分身についていないという感じかな。Ⅱ→ まあまあ技術が身についているね。
Ⅲ→ いいセンいってるんじゃないかい。

ワーク3　現在のあなたのこころのエネルギーについて知ろう！

上の表を見て、これからのストレスマネジメントの授業がますます楽しみになった人も多いのではないでしょうか。次に、社会生活の技術を身につける上で土台になる**こころのエネルギー**についてあなたの結果を見てみましょう。あなたの結果のあてはまる記号に○をつけましょう。

「こころのエネルギー」について

記号	要素	具体例	あなたの結果
A	安心感	・家でほっとできる。家庭で争い事が少ない。落ち着いて暮らせる。 ・クラスに自分の居場所がある。いじめやケンカがなく、安心して過ごせる。先生がどこかで見守っていてくれている。	Ⅰ Ⅱ Ⅲ
B	楽しい体験	・友だちと一緒にすごせて楽しい。打ちこむものがあり、充実している。何かを達成した。感動した。家族そろって楽しんだ。	Ⅰ Ⅱ Ⅲ
C	認められる体験	・家族や先生からほめられた。友だちから認められたり感謝されたりした。	Ⅰ Ⅱ Ⅲ

エクササイズ3-3

実施日：　　月　　日（　）　　年　　組　　番　氏名

ワーク3の「こころのエネルギー」の表を使って、現在のあなたのこころのエネルギーについてくわしく見てみましょう。また、「こころのエネルギー」の補給法も考えてみましょう。

① **ワーク3の「こころのエネルギー」（記号A.B.C）の合計得点を出してみよう。**
　Ⅰ→1点、Ⅱ→2点、Ⅲ→3点になおして、合計得点を出してみよう。

　　　　　　　　　　　　　　　　　　　　　　　　　　　　　　点

② **あなたの「こころのエネルギー」の状態を見てみよう。**
　● 合計得点が3〜4点だったあなた ➡ ちょっとこころのエネルギーが不足しているかも……
　● 合計得点が5〜7点だったあなた ➡ こころのエネルギーはまぁまぁあるね。
　　　　　　　　　　　　　　　　　　ちょっと足りない部分もあるのかな。
　● 合計得点が8〜9点だったあなた ➡ こころのエネルギーは十分あるよ。

③ **「こころのエネルギー」の補給のしかたを考えてみよう。**
　今エネルギーが足りなくても大丈夫、エネルギーは補給できます。
　ここでは今思いつくエネルギーの補給法を考えてみましょう。

　　　例えば……　友だちとおしゃべりする　自分をほめる　誰かに相談してみる……

　ちょっとした工夫で、こころのエネルギーはたまります！
　自分のこころのエネルギーの補給法を考えて、思いつく方法を書き出してみましょう。

きっとまだまだこの授業で見つけられますよ！　生徒用ワークブックにも載っています。

ワーク4　どう変わりたいかな？

さて、あなたは、これからストレスマネジメントの授業を学びながら、いろいろな人たちと人間関係を持ち、**社会生活の技術（スキル）**を身につけていきます。でも、それも、**こころのエネルギー**があってこそできることです。
あなたはこれからの1年で、**こころのエネルギーを高めるため**にどんな体験を増やし、どんな**社会生活の技術（スキル）**を身につけていきたいですか。
1年後の自分を考えてみましょう。

今の自分のグラフから考えて、**1年後の自分がなりたい姿**を、ワーク1①のグラフ上に違う色のペンで描いてみよう。

　　自分のよくないところを直す、というのではなく、自分のよさを発揮して、もっと自分らしく生きられるようにするには、どこが変わるといいかな、と考えてみましょう。

予告　エクササイズ4では、SRS-18（ストレス反応）というアンケート形式の心理テストを使って、自分のストレスについて知ります。

エクササイズ3　授業展開例

テーマ	導入③　自分を知ろう！（2）
具体的内容	KJQの結果を活用して、自己成長の方向性を見つける。
学習のねらい	これからの学習で自分がどう変わっていきたいのか、方向性を見つける。
学習方法	個人ワークシート学習
準　備	ワークシート、エクササイズ2で行ったKJQの結果シート

展開例	生徒の活動		指導上の留意事項
導入 5分	シート1 【導　入】	5分	シート1配布 ●ここまでのおさらいを読み上げ、導入とする。 前回の結果シートを出させる。
エクササイズ 38分	ワーク1 結果を写し、 くわしく見よう ①KJQグラフ（写し）を 　つくってみよう ②気づいたことを 　メモしておこう	15分	結果シートから、KJQグラフ（写し）に記入させる。各々の数値を○で囲み、線で結ぶ。 こころの土台についての説明を行う（エクササイズ2参照）。 結果を見て、意外な点はあったか、できていたところはどこかなどを踏まえた感想を書かせる。
	シート2 ワーク2 KJQでくわしく自分のこと を知ろう！	10分	シート2配布 「社会生活の技術」について 社会生活の技術に着目し、ストレスマネジメントの授業のどの単元で重点的に各下位項目を取り扱うかの説明をする。自分の結果のあてはまる記号に○をつけさせ、A～Hを1つずつ説明する。ストレスマネジメントの各単元が、全ての下位項目に効果があるが、特に効果がある単元は、という形で紹介をして、授業への動機づけを高める。
	ワーク3 現在のあなたのこころの エネルギーについて知ろう！	5分	「こころのエネルギー」について すべてのこころの土台の一番基礎の部分であるこころのエネルギーについて説明する。表の自分の結果のあてはまる記号に○をつけさせ、A～Cを1つずつ説明する。
	シート3		シート3配布 ①合計得点を出してみよう。 　合計得点を算出させる。 ②あなたの「こころのエネルギー」の状態を見てみよう。 　各々の合計得点に従って、こころのエネルギーの状態を知る。 ③「こころのエネルギー」の補給のしかたを考えてみよう。 　こころのエネルギーの補給法を知る。例を読み上げ、自分のこころのエネルギーの補給法を考えさせ、四角の中に記入させる。
	ワーク4 どう変わりたいかな？	8分	吹き出しの中の説明を読み上げ、主旨を理解させる。 作業の説明を行い、シマック先生のことばを読み上げ、理解させる。 指示に従い、未来の自分のグラフを描く作業をさせる。 机間巡視し、個別指導する。
まとめ 2分	【予　告】	2分	エクササイズ4の予告を読み上げる。

実施日：　　月　　日（　）　　　年　　組　　番　氏名

導入 4 自分を知ろう！（3）

●ここまでのおさらい

KJQを活用して、現在の自分を見つめ、自分の成長の方向性を考えてみました。
未来に向けて、自分の変化が楽しみになり、やる気が出てきた人もいるでしょう。
でも、考えてみてください。私たちが「こうありたい」と望んでも、実際には**「なかなか思うようにならない」**と思いませんか。やる気になっても、それをじゃますような出来事が起きたり、何か困ったことがあると、せっかくのやる気もしぼんでしまったりします。

そうした外界の出来事によって、私たちがイヤな気もちになったり、圧迫を感じたりすることを、**「ストレスを感じる」**と言います。
誰でも「ストレスを感じる」ことはあります。ストレスをなくすことはできません。でもストレスに対処することはできます。
この、**「ストレス」にどう対処するか**ということが、
人間関係の中で自分を成長させていく上で重要になるのです。

ワーク1　あなたのいまのストレスはどれくらい？

これから**SRS-18**というアンケートを行います。SRS-18では、自分自身のストレス反応の特徴を知ることができます。
各質問の問題文をよく読んで答えるようにしましょう。

以下の1〜18の質問は、あなたのここ2、3日の感情や行動の状態にどのくらいあてはまりますか。0（まったくちがう）〜3（そのとおりだ）までの数字で答え、白い空欄に記入してください。

0：まったくちがう
1：いくらかそうだ
2：まあそうだ
3：その通りだ

		A	B	C
1	怒りっぽくなる			
2	悲しい気分だ			
3	なんとなく心配だ			
4	怒りを感じる			
5	泣きたい気もちだ			
6	感情をおさえられない			
7	くやしい思いがする			
8	ふゆかいだ			
9	気もちがしずんでいる			
10	イライラする			
11	いろいろなことに自信がない			
12	なにもかもイヤだと思う			
13	よくないことを考える			
14	話や行動がまとまらない			
15	なぐさめてほしい			
16	根気がない			
17	ひとりでいたい気分だ			
18	何かに集中できない			
		A	B	C	合計

回答が終わったら、数値を縦に足し、
A〜Cのそれぞれの合計を出します。

エクササイズ 4-2

実施日： 　月　　日（　）　　年　　組　　番　氏名

ワーク2　SRS-18の採点をしてみよう

今行ったSRS-18の採点をします。指示に従って、各項目の数値を足してみよう。

① SRS-18の採点をしてみよう！

先生の指示に従って、先ほど計算した得点を、対応するアルファベットの後ろの四角に書き入れましょう。

A（よくうつ・不安）	
B（不きげん・怒り）	
C（無気力）	
合　計　得　点	

② SRS-18の結果をくわしくみよう！

①で計算したSRS-18の得点を四角の中に書きましょう。その得点をもとに換算表で換算し、あてはまる評価に○をつけましょう。

　　　　　　　　　　　　　　　　　　　　　　　　　　　　　　　評　価

		点	弱　い　　ふつう やや強い　強　い
A	「よくうつ・不安」では、日常の中で気分が落ち込んでいたり、不安に思うようなストレス反応について知ることができます。		
B	「不きげん・怒り」では、イライラした気分や、むしゃくしゃした気もちのようなストレス反応について知ることができます。	点	弱　い　　ふつう やや強い　強　い
C	「無気力」では、やる気が出ない感じや、元気の出ない感じのようなストレス反応について知ることができます。	点	弱　い　　ふつう やや強い　強　い

男子用		それぞれの合計得点			
		Aよくうつ・不安	B不きげん・怒り	C無気力	合計得点
反応の評価	弱　い	0〜2	0〜3	0〜3	0〜10
	ふつう	3〜6	4〜8	4〜8	11〜22
	やや強い	7〜11	9〜13	9〜12	23〜34
	強　い	12〜18	14〜18	13〜18	35〜54

合計得点	合計の評価
	弱　い　　ふつう やや強い　強　い

女子用		それぞれの合計得点			
		Aよくうつ・不安	B不きげん・怒り	C無気力	合計得点
反応の評価	弱　い	0〜3	0〜2	0〜3	0〜7
	ふつう	4〜7	3〜6	4〜7	8〜21
	やや強い	8〜12	7〜11	8〜11	22〜33
	強　い	13〜18	12〜18	12〜18	34〜54

得点の一番高かったストレス反応が、自分がストレス状態にあるかどうかを知る目安になります。
たとえば、「B・不きげん・怒り」が高い人は、自分が「イライラしているとき」は、ストレスがたまっているようだと気づくことができます。

エクササイズ4-3

実施日：　　月　　日（　）　　年　　組　　番　氏名

ワーク3 ストレスってなんだろう？

SRS-18を用いて、自分のストレス反応について知りました。では、ストレスとはいったい何なのでしょうか。ストレスと上手に付き合っていくために、ストレスについて理解を深めましょう。

●ストレスとうまく付き合うには

> ストレスの生じるしくみを理解すると、解決法が見つかりやすくなります。

ストレスとうまく付き合うには、ストレス反応の生じるしくみを理解することが重要です。右の図に示すように、①ストレッサー（きっかけとなる出来事）の経験が、すぐ④ストレス反応（心身に生じる変化）を引き起こすわけではなく、②認知的評価（出来事の受け止め方）と③コーピング（対処のしかた・対処法）によって、ストレス反応は違ってきます。

たとえば、テストの点が悪かったという①出来事（ストレッサー）に対して、「自分はできない」という②認知的評価をし、「勉強しない」という③コーピングをすると、成績はますます下がり、イヤな気分（④ストレス反応）が続きます。

しかし、同じ出来事でも、「勉強が足りなかった」という②認知的評価をし、「勉強のしかたを工夫してみよう」という③コーピングをすれば、イヤな気分（④ストレス反応）にならずに済むかもしれません。

これからのエクササイズでは、こうした「出来事の受け止め方」や「コーピングのしかた」を工夫して、ストレス反応を小さくする方法を学んでいきます。

| ① **ストレッサーの経験** |
| きっかけとなる出来事 |

↓

| ② **認知的評価** |
| 出来事の受け止め方 |

↓

| ③ **コーピング** |
| 対処のしかた |

↓

| ④ **ストレス反応** |
| 心身に生じる変化 |

ストレス反応の生じるしくみ

まとめ 今日の学習をふり返って感想を書きましょう。

予告 エクササイズ5では、TACというアンケート形式の心理テストを用いて、コーピングについてくわしく学習していきます。

エクササイズ４　授業展開例

テーマ	導入④　自分を知ろう！（３）
具体的内容	SRS-18を用いて、自分のストレスについて知る。
学習のねらい	①自分のストレス反応の状態を知る。 ②ストレスの生じるしくみについて知る。
学習方法	個人ワークシート学習
準　備	ワークシート

展開例	生徒の活動	指導上の留意事項
導入 3分	シート１ 【導　入】　　　3分	シート１配布 ●ここまでのおさらいを読み上げ、導入とする。
エクサ サイズ 37分	ワーク１　　　　15分 あなたのいまの ストレスは どれくらい？	SRS-18というアンケートにこれから取組むことを告げる。 このアンケートは、生徒の現在のストレス状態について知ることができることを説明する。各項目の質問文をよく読むように指示する。「以下の質問項目は、あなたのここ２、３日の感情や行動の状態にどのくらいあてはまりますか。１～18の質問に、自分がどの程度当てはまるかを考えて、０（まったくちがう）～３（その通りだ）の最もあてはまる数字を白い空欄に書きましょう」という教示をして、生徒に回答させる。 生徒が回答し終えたら、ABCの合計と総合計を算出するように指示する。
	シート２ ワーク２　　　　15分 SRS-18の採点を してみよう	シート２配布 ①**SRS-18の採点をしてみよう！** 　ワーク１で算出した各々の得点を対応するアルファベットの後ろの四角の中に記入するように指示する。机間巡視を行い、個別にフォローする。 　**ストレス反応のパターンに正解不正解がないことを強調する。** ②**SRS-18の結果をくわしくみよう！** 　換算表を用いて、各自自分の得点がどの程度の反応強度であるのかについて評価する。あてはまる反応の評価に相当するものに○をつける。 　シマック先生の吹き出しも読み上げ、現在の自分はどのストレス反応が最も高いのかを各自理解させる。ストレス反応の評価によって、今の自分の状態を理解することが可能であることを理解させる。
	シート３ ワーク３　　　　7分 ストレスってなんだろう？	シート３配布 ●**ストレスとうまく付き合うには** 　「ストレス反応の生じるしくみ」の図を用いながら、 　「ストレスとうまく付き合うには」の内容を読み上げる。
まとめ 5分	【まとめ】 【予　告】　　　5分	今日の学習全体についての感想を書く。 エクササイズ５の予告を読み上げる。

エクササイズ 5-1

実施日：　　月　　日（　）　　年　　組　　番　氏名

導入 5　自分を知ろう！（4）

●ここまでのおさらい

ここまでのエクササイズでは、SRS-18という自分のストレス状態を知るためのアンケートを行いました。

このエクササイズでは、TACというアンケートを行うことで、自分のストレス対処法（コーピング）についてより理解を深めていきましょう。

ワーク1　自分のストレス対処のしかたを調べてみよう

今回実施するのは、**TAC**（タック）というアンケートです。これに答えることで、自分のストレス対処のしかたの特徴について、よりよく理解することができます。

> 精神的に何かつらいことがあったとき、それを乗り越え、落ち着くために、あなたはふだんからどのように考え、どのように行動していますか。1～24の行動に、自分がどの程度当てはまるか、以下1～5の数字で答え、白い空欄に記入してください。

> 1：一度もない　2：まれにある　3：何度かある　4：しばしばある　5：いつもそう

		A	B	C	D	E	F	G	H
1	悪い面ばかりでなく、良い面を見つけていく。				◻				
2	誰かに話を聞いてもらって、冷静さを取りもどす。		◻						
3	そのことをあまり考えないようにする。								◻
4	友だちとお茶を飲んだり、好きな物を食べたりする。						◻		
5	原因を考え、どのようにしていくべきか考える。					◻			
6	くわしく知っている人から自分に必要な情報を集める。			◻					
7	解決できない問題だと考え、あきらめる。							◻	
8	責任を他の人に押しつける。	◻							
9	今後は良いこともあるだろうと考える。				◻				
10	誰かに話を聞いてもらい、気を静めようとする。		◻						
11	イヤなことを頭に浮かべないようにする。								◻
12	スポーツなどを楽しむ。						◻		
13	過ぎたことを反省して、次にすべきことを考える。					◻			
14	すでに経験した人から話を聞いて参考にする。			◻					
15	どうすることもできないと、解決を後のばしにする。							◻	
16	自分は悪くないと言いのがれる。	◻							
17	悪いことばかりではないと、楽観的に考える。				◻				
18	誰かにグチをこぼして、気もちをはらす。		◻						
19	無理にも忘れようとする。								◻
20	買い物やゲーム、おしゃべりなどで時間をつぶす。						◻		
21	どのような対策をとるべきか細かく考える。					◻			
22	力のある人に教えを受けて解決しようとする。			◻					
23	自分では手におえないと考え、あきらめる。							◻	
24	口からでまかせを言って、にげ出す。	◻							
		A	B	C	D	E	F	G	H
	回答が終わったら、数値を縦に足し、A～Hのそれぞれの合計を出します。　　合計								

実施日：　　月　　日（　）　　年　　組　　番　氏名

ワーク2　TACの採点をしてみよう！

① TACの採点をしてみよう！

先生の指示に従って、先ほど計算した得点を記入しましょう。

A（情報を集める）	
B（あきらめる）	
C（よい面を探す）	
D（問題解決の計画を立てる）	
E（くよくよ考えないようにする）	
F（気晴らしをする）	
G（誰かに話を聞いてもらう）	
H（責任をのがれる）	

②あなたのストレス対処の力は？

先生の指示に従って、次のグラフ（レーダーチャート）に、結果を書き込もう。
①のA～Hの自分の値を見て、目盛りにしるしをつけ、それを線で結んでみよう。

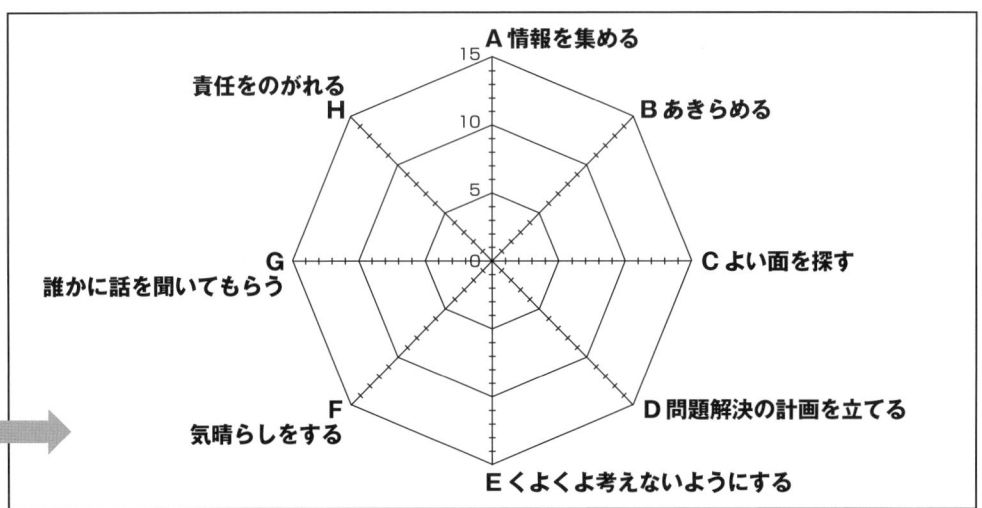

> このグラフが全方向（外側）に広いほど、いろいろなストレス対処法が使えることを表します。
> 自分の努力次第で解決可能な出来事なら、問題解決の計画を立てたり、情報を集めるような対処が有効です。しかし、自分の頑張りだけでは解決できない問題もあります。そういうときには**あきらめる**、**責任をのがれる**などの対処法も必要なのです。

どうしたら使える対処法を増やせるか、これからの学習を通じて、考えていきましょう。

エクササイズ5-3

実施日： 月 日（ ） 年 組 番 氏名

ワーク3 TACの結果についてくわしく知ろう！

あなたのレーダーチャートの結果はどうだったでしょうか。このワークでは、さらにくわしく各々の対処法について見ていきましょう。

コーピングの種類	コーピングのくわしい内容
	すでに経験した人から話を聞いて参考にする 力のある人に教えを受けて解決しようとする くわしく知っている人から自分に必要な情報を集める
あきらめる	自分では手におえないと考え、あきらめる 解決できない問題だと考え、あきらめる どうすることもできないと、解決を後のばしにする
	悪いことばかりではないと、楽観的に考える 今後は良いこともあるだろうと考える 悪い面ばかりでなく、よい面を見つけていく
問題解決の計画を立てる	原因を考え、どのようにしていくべきか考える どのような対策をとるべきか細かく考える 過ぎたことを反省して、次にすべきことを考える
くよくよ考えないようにする	イヤなことを頭に浮かべないようにする そのことをあまり考えないようにする 無理にも忘れるようにする
気晴らしをする	買い物やゲーム、おしゃべりなどで時間をつぶす 友だちとお茶を飲んだり、好きな物を食べたりする スポーツなどを楽しむ
誰かに話を聞いてもらう	誰かに話を聞いてもらい、気を静めようとする 誰かに話を聞いてもらって、冷静さを取りもどす 誰かにグチをこぼして、気もちをはらす
	自分は悪くないと言いのがれる 責任を他の人に押しつける 口からでまかせを言って、にげ出す

①空欄にあてはまるものを下の四角の中から選んで記入しましょう。

情報を集める ・ 責任をのがれる ・ よい面を探す

②自分はどの対処法をよく用いていましたか。また、どの対処法を使えるようになりたいですか。上の表を見て、対処法とストレスとの関係について考えたことを書いてみましょう。

ストレスに対処することを、「**ストレスコーピング**」、自分の中のストレス感情を自分でうまく処理することを、「**ストレスマネジメント**」と言います。こうした**ストレスとの付き合い方**が、この授業の最大のテーマです。
これからの授業では、自分のやりたいことを実現し、なりたい自分になるために、ストレスにどう対処し、人間関係をどう作っていくかを、学んでいきます。

予告 エクササイズ6では、いよいよ「認知」の学習に入ります。

エクササイズ5　授業展開例

テーマ	導入⑤　自分を知ろう！（4）
具体的内容	TACの結果からコーピングの理解を深める。
学習のねらい	TACの結果から自分のコーピングについて知る。
学習方法	個人ワークシート学習
準　備	ワークシート

展開例	生徒の活動	指導上の留意事項
導入 3分	シート1 【導　入】　　　　3分	シート1 配布 ●ここまでのおさらいを説明する。
エクサ サイズ 40分	ワーク1　　　　15分 自分のストレス対処の しかたを調べてみよう	今回はTACというアンケートに回答することを告げる。 このアンケートは、生徒のストレス対処のしかたについて知ることができることを説明する。「精神的に何かつらいことがあったとき、それを乗り越え、落ち着くために、あなたはふだんからどのように考え、どのように行動していますか。1～24の行動に、自分がどの程度当てはまるか、5（いつもそう）～1（一度もない）の最も当てはまる数字を白い空欄に書きましょう」という教示を読み、生徒に回答させる。 生徒が回答し終えたら、ABCDEFGHの合計を算出するように指示する。
	シート2 ワーク2　　　　15分 TACの採点をしてみよう！	シート2 配布 ①**TACの採点をしてみよう！** 　ワーク1で算出した各々の得点を対応するアルファベットの後ろの四角の中に記入するように指示する。机間巡視を行い、個別指導をする。 　コーピングのパターンに正解不正解がないことを強調する。 ②**あなたのストレス対処の力は？** 　各項目の数値を、グラフ上にプロットさせる。 　線でつないでレーダーを作り、完成させる。机間巡視し個別指導を行う。 　全員がプロットし終えたら、このテストは自分自身のストレスへの対処方法を知るためのテストであり、どこが高いからよい、低いから悪いということはないことを強調する。 　シマック先生のコメントも読み上げる。
	シート3 ワーク3　　　　10分 TACの結果について くわしく知ろう！	シート3 配布 レーダーチャートの結果をもとに、各々の対処法はどのような方法なのかくわしく知る。一通り表を読み上げたあと、四角の中の言葉を表の空欄に書くように指示する。 ＜回答＞上から、情報を集める、よい面を探す、責任をのがれる ワーク3の表やワーク2での自分のレーダーチャートを見ながら、自分がふだんどの対処法をよく用いているかについて記述させる。よい、悪いを見るためのアンケートなのではなく、自分がどのような対処法をとりやすい傾向にあるかを知るテストであることを強調する。また、自分のグラフの八角形を大きくするためには、どのような対処法が使えるようになるといいのか等の感想を書かせる。
まとめ 2分	【予　告】　　　　2分	エクササイズ6の予告を読み上げる。

エクササイズ6-1

認知1 気もちはどこからくるの？

実施日：　月　日（　）　年　組　番　氏名

●ここまでのおさらい

これまでに、**TAC**（タック）や**SRS-18**（エスアールエス）などのアンケートを用いて、ストレスについて考えてみました。ストレス対処法は、1つや2つではありません。いろいろな種類のストレス対処法を持つことができれば、さまざまな出来事に、柔軟（じゅうなん）に対処していけるのです。

●感情について考えてみよう

さて、ストレスが問題になるのは、それによって生じる**「感情」**が、私たちを苦しめるからです。この「感情」が生じるメカニズムを理解し、必要以上にイヤな感情にふり回されなくてすむようにするのが「認知」の学習です。
その第一歩として、今日は**「感情」**について考えてみましょう。

ワーク1　ストレスと感情との関係は？

次に挙（あ）げる感情のグループを見て、**ストレスが小さい（またはストレスがない）** ときの感情のグループを自分の好きな色で囲んでみよう。
逆に、**ストレスが大きいときの感情は、黒でなぞり、線を太くしよう。** 何も○をつけないものがあってもOK！

- うれしい　明るい
- 元気になる　気もちいい
- 幸福感　満足感
- 安心感　あったかい

- 笑える　楽しい
- 素直な気もち　感謝する
- かわいい　好きになる
- 困る　とまどう　不安になる

- おもしろい　興味がわく
- ほしい　したい　期待する
- 開放感　スッキリする
- 怖い　緊張する

- 充実感　達成感
- ムカつく　憎らしい
- 後ろめたい　恥ずかしい
- こだわる　意地になる

- やる気になる　勇気が出る
- あせる　イライラする
- ねたましい　くやしい
- 面倒くさい　イヤになる

- 悲しい　つらい
- むなしい　寂しい
- がっかりする　不満だ
- 後悔する　自己嫌悪になる

エクササイズ6-2

実施日：　　月　　日（　）　　　年　　組　　番　氏名

どうでしたか？　いろいろな感情があることがわかりましたね。
では次に、場面（状況）と感情との関係を考えてみましょう。

ワーク2　その感情はどんなとき？

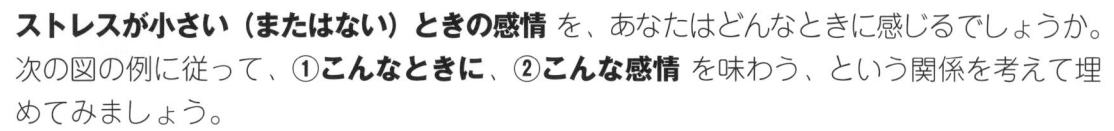

ストレスが小さい（またはない）ときの感情を、あなたはどんなときに感じるでしょうか。次の図の例に従って、**①こんなときに、②こんな感情**を味わう、という関係を考えて埋めてみましょう。
ワーク1にある感情のことばをそのまま使っても、新たなことばを自分で考えてもかまいません。

①こんなとき		②こんな感情
（例）好きなアニメを見ているとき	⇒	楽しい
（例）飼い犬と過ごすとき	⇒	かわいい／ホッとする
	⇒	
	⇒	
	⇒	

※1つできた人はもう1つ、2つできた人はもう1つ書いてみましょう。最低1つは書いてみましょう。

⇒　こうした感情を、いつも味わえるといいですね。でも……

大切なこと

悲しみも、苦しみも、人間には必要な感情です
不安を感じることは、私たちを危険から守ってくれる。
失敗したくやしさが、次の成功につながることもある。
苦しみを通り抜けてこそ、得られる満足感もある。
悲しみを知っているから、他人の悲しみに涙することができる。

だから、イヤな感情を避ければいいのではなく、喜びも悲しみもすべて味わってこそ、人生は豊かなものになります。イヤな感情をこころのエネルギーに変えることもできるのだということを、憶えておいてください。

エクササイズ6-3

実施日：　　月　　日（　）　　年　　組　　番　氏名

●避(さ)けるべき感情とは？

でも、イヤな感情にふり回されて、必要以上に苦しみが多くなったり、思うように行動できなかったりするのはつらいですよね。
自分が「こうしたい」と頭では思っているのに、感情がそのじゃまをしている、と思うときはありませんか。
次に、そのことを考えてみましょう。

> ほんとは手を挙(あ)げて質問したいのに……
> 恥ずかしくて……

ワーク3　「こうしたい！」気もちを、じゃまする感情は？

あなたが、「本当はこうしたいのに、感情がじゃまをする」と感じるのは、どんなときですか。
例にならって、①こんなとき、②こんな感情、という関係を埋めてみましょう。
最低1つ、できれば2つ書いてみましょう。

①こんなとき	②こんな感情
	恥ずかしい
（例）家の手伝いを頼まれたとき	面倒くさい

まとめ　今日の授業をふり返って感想を書きましょう。

●これからの学習に向けて

ストレスになる感情をどうにかできれば、もっと自分の望むように行動できると思いませんか。**行動をじゃまする感情にどう対処していくかということが、「認知」の学習のテーマです。**

予告　エクササイズ7では、「感情」が起こるしくみについてくわしく見ていきます。

エクササイズ6　授業展開例

テーマ	認知①　気もちはどこからくるの？
具体的内容	ストレスが小さいとき、大きいときの感情を考え、それらが生じる場面を考えてみる。
学習のねらい	「認知」の学習の前提として、ストレスが小さいときのプラスの感情と、ストレスが大きいときの感情がそれぞれどういう場面で生じるかを考えてみる。
学習方法	個人ワークシート学習
準　備	ワークシート

展開例	生徒の活動	指導上の留意事項
導入 5分	シート1 【導　入】　　　　　5分	シート1　配布 ●ここまでのおさらい ●感情について考えてみよう 　を読み上げ、今回の導入とする。
エクササイズ 35分	ワーク1　　　　　　10分 ストレスと感情との関係は？	吹き出しの中の指示に従い、取組ませる。ストレスが小さいときの感情は、なるべく明るい好きな色で囲ませるとよい。 いろいろな感情があることを確認する。
	シート2　　　　　　10分 ワーク2 その感情はどんなとき？	シート2　配布 指示に従い、例にならって書き込ませる。 最低1つ、できるだけ多く書かせる。 教員や授業補助者の例を紹介したり、何人かの生徒に発表させてもよい。 ＜回答例＞① 買い物をしているとき → ② うれしい
	こうした感情を、いつも味わえるといいですね。でも……	矢印のあと、こうした感情を、いつも味わえるといいですね。でも…… 「大切なこと」の枠内とシマック先生のことばを読み上げ、悲しみも苦しみも人間には必要な感情だということを強調する。
	シート3　　　　　　15分 ●避けるべき感情とは？	シート3　配布 説明を読み上げ、ワーク3につなげる。
	ワーク3 「こうしたい！」気もちを、じゃまする感情は？	作業の説明とともに、「これは発表させないから、本当の気もちを書いてみよう」ということを伝える。なるべくたくさん書くように指示する。感情がうまく書けない生徒にはシート1のワーク1を参考にするように指示。 ＜回答例＞① お母さんに怒られて謝りたい → ② 恥ずかしい、くやしい
まとめ 5分	【まとめ】　　　　　5分 ●これからの学習に向けて 【予　告】	【まとめ】今日の学習全体についての感想を書く。 ワークシート最後の「これからの学習に向けて」を読み上げ、授業への動機づけを高める。 エクササイズ7の予告を読み上げる。

エクササイズ7-1

認知2　ABC「こころの法則」？

実施日：　月　日（　）　年　組　番　氏名

● ここまでのおさらい

ここまでに、私たちがいろいろな場面で、さまざま感情を味わうことを見てみました。ストレスが小さく、楽しい気もちやあたたかい気もちをいっぱい味わえるといいですね。ただし、必要以上に苦しかったり、自分でしたいと思うことをじゃまする感情は、何とかしたいと思いませんでしたか。
それをできるようにするのが、「認知」の学習です。
そこで今日は、いろいろな出来事にあったときの私たちの感情は、どうやって生じるものなのか、そのメカニズムについて考えてみましょう。

ワーク1　出来事と感情の関係を考えよう

次のような出来事が起こったとき、あなたはどんな気もちになりますか？
①〜④のそれぞれの場合の **あなたの感情（気もち）** を、右のハートの中に書いてみよう。

① 欲しかった時計を誕生日に買ってもらった。　　→　あなたの感情

② かわいがっていたペットがにげてしまった。　　→　あなたの感情

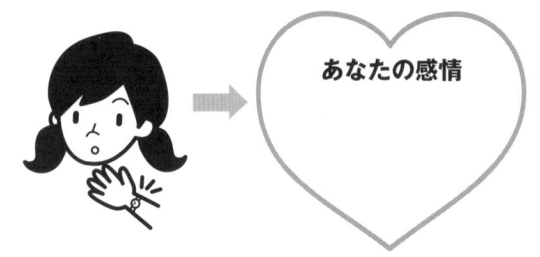

③ 新しい洋服を着ていたら、いつもより、みんなからの視線を感じた。　　→　あなたの感情

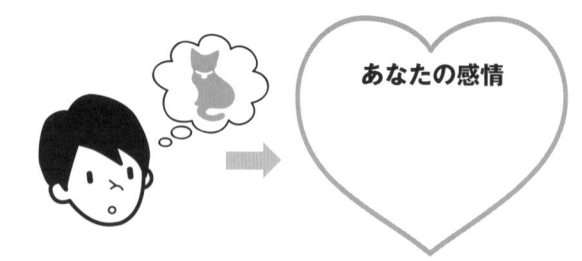

④ 両親が旅行に行っている間、1人で留守番をすることになった。　　→　あなたの感情

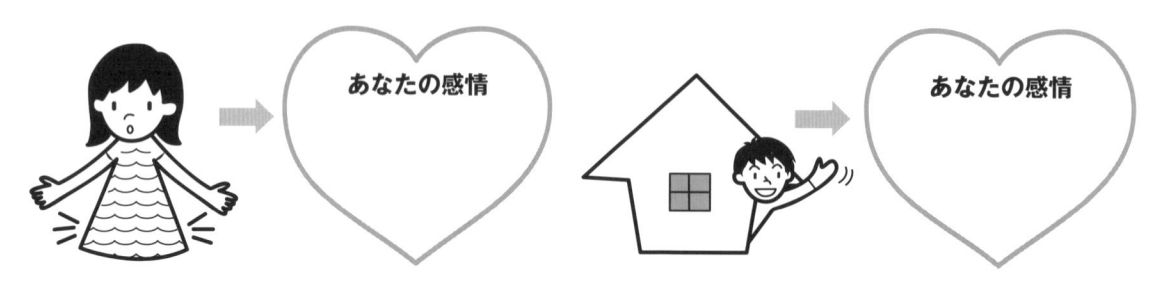

先生の指示に従って、みんながどんな感情を持ったか、聞いてみましょう。

同じ出来事なのに、人によって感情が違うみたい。どうしてだろう？

エクササイズ 7-2

実施日：　　月　　日（　）　　年　　組　　番　氏名

ワーク2　そう感じた理由を考えてみよう

まず感情1にあなたの気もちを書き、なぜそう感じたのか、理由を書きましょう。
次に感情2に、他の人の気もちを書き、その人がそう感じた理由を想像して書いてみましょう。

| 新しい洋服を着ていたら、いつもより、みんなからの視線を感じた。 |

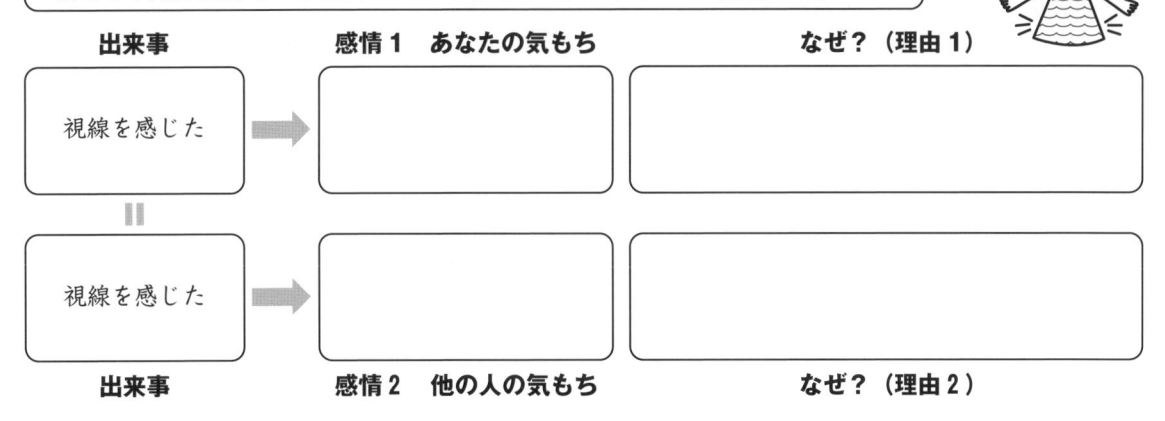

出来事	感情1　あなたの気もち	なぜ？（理由1）
視線を感じた		

＝

出来事	感情2　他の人の気もち	なぜ？（理由2）
視線を感じた		

感情が違うのは、どうやら **考え方** に違いがあるみたい。

ミニワーク　上のことから考えると、次のどちらが正しいと思いますか。どちらかに○をつけよう。

1、ある出来事が起こると、それによって感情が生じる
2、ある出来事に対してある考え方をすると、それによって感情が生じる

●順番を整理してみよう

ワーク2の「理由」を「考え方」として、順番どおりに並べてみると次のようになります。

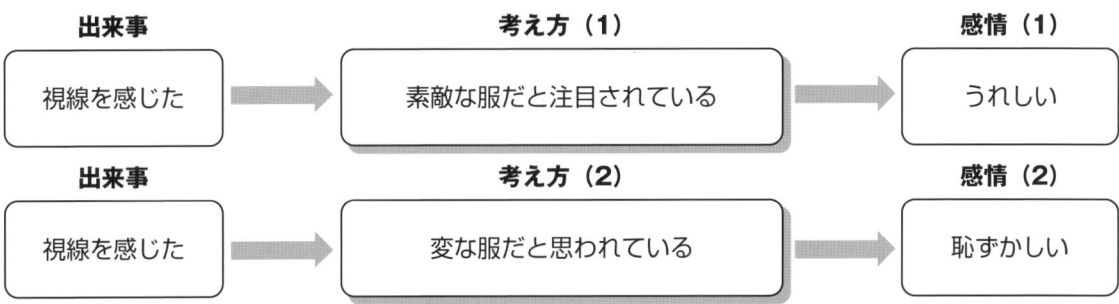

出来事	考え方（1）	感情（1）
視線を感じた	素敵な服だと注目されている	うれしい

出来事	考え方（2）	感情（2）
視線を感じた	変な服だと思われている	恥ずかしい

同じ出来事でも、それをどうとらえるかによって、感情は違ってくるのです。ある出来事を「どうとらえるか」という「考え方」を「**認知**」と言います。
これからの学習のキーワードです。

エクササイズ7-3

● ABC「こころの法則」

先ほど見つけたメカニズムを図示し、まとめてみると次のようになります

A：出来事 ➡ **B：認知** ➡ **C：感情**

ある出来事Aに対して、ある認知（考え方）Bをした結果、感情Cが生じる。
同じ出来事Aでも、認知Bが違えば、感情Cは異なる。

> これは、アルバート・エリスという心理学者が発表した理論（＝ABC理論）です。この授業では、**ABC「こころの法則」**と呼ぶことにします。

ワーク3　ABC「こころの法則」を使ってみよう

次のそれぞれのケースで、出来事Aに対して、感情Cになるのは、どのような認知Bをしたためと考えられるでしょうか。Bに、出来事のとらえ方をことばにして入れてみましょう。

① 両親が旅行に行っている間、1人で留守番することになった。

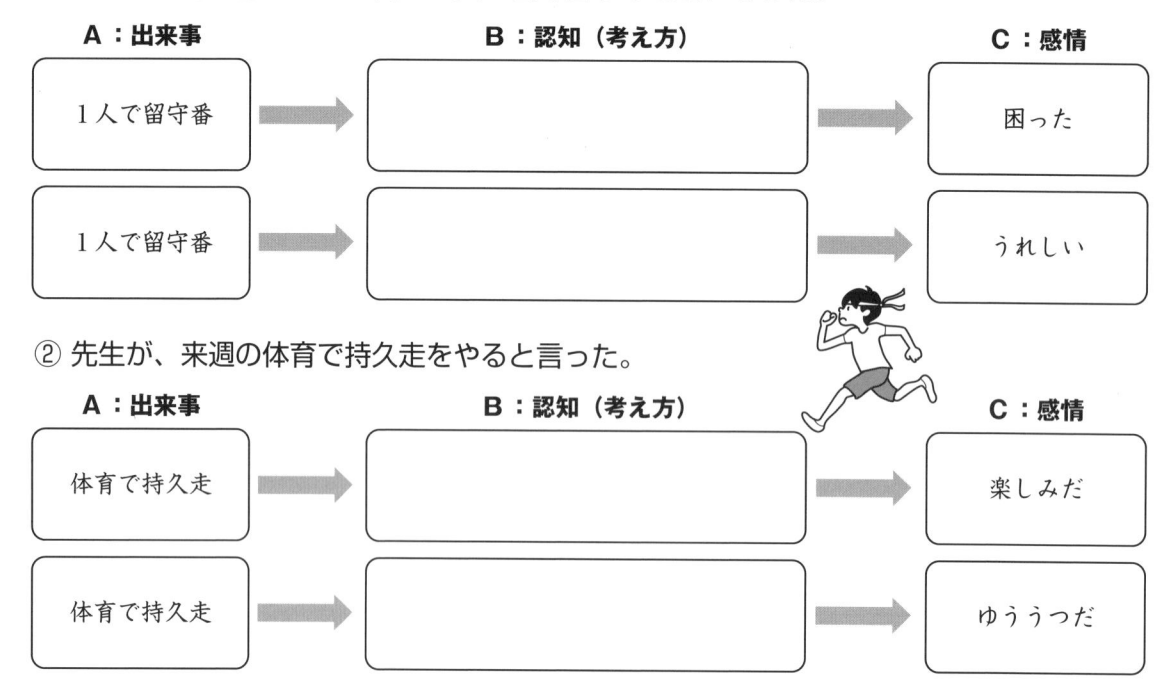

A：出来事	B：認知（考え方）	C：感情
1人で留守番		困った
1人で留守番		うれしい

② 先生が、来週の体育で持久走をやると言った。

A：出来事	B：認知（考え方）	C：感情
体育で持久走		楽しみだ
体育で持久走		ゆううつだ

同じ出来事でも、違う考え方をすると、違う感情が出てくることがわかりましたか。
ABC「こころの法則」は認知の授業の基本になります。憶えておきましょう！

予告　エクササイズ8では、いろいろな認知ができるようになることのメリットを考えていきます。

エクササイズ7　授業展開例

テーマ	認知②　ＡＢＣ「こころの法則」？
具体的内容	具体例を通じて「認知」の存在に気づき、ＡＢＣ「こころの法則」を理解する。
学習のねらい	① 同じ出来事でも違う感情になる場合について考え、「認知」のしくみに気づく。 ② ＡＢＣ「こころの法則」として理解し、その見方を日常生活に活かす。
学習方法	個人ワークシート学習
準　備	ワークシート、(掲示カード)

展開例	生徒の活動	指導上の留意事項
導入 5分	シート1 【導　入】　　　　　5分	シート1 配布 冒頭の吹き出しの中のことばを読み上げ、導入とする。
エクササイズ 37分	ワーク1　　　　　15分 出来事と感情の関係を考えよう	①〜④の感情をハートの中に記入させる。 ③と④について何人かの生徒に感情を発表させる。 吹き出しの中のセリフを読み、ワーク2につなげる。 感情の記入が困難な生徒には、エクササイズ6のシート1を参考にするように指示する。 ⇒第3章 授業の実際とその効果 P.160 参照
	シート2　　　　　12分 ワーク2 そう感じた理由を考えてみよう	シート2 配布 自分がワーク1で書いた感情と、友だちが発表した自分とは違う感情を書きこませ、その理由も書かせる。 感情1＜回答例＞うれしい。　理由1＜回答例＞似合っていると思われているから。 感情2＜回答例＞恥ずかしい。　理由2＜回答例＞変な服だと思われているから。
	ミニワーク	読み上げて、生徒に○をつけさせる。その後「1（2）だと思う人？」と挙手させて確認する。 1でないことの説明の例：同じ出来事でも、違う感情になるんだから、出来事によって感情が生じると言えるかな？　違う気もちになる人は、それぞれ、違う理由があるんだよね。この理由が「考え方」でしょ？
	●順番を整理してみよう	ワーク2を用いながら、感情の前に「考え方」があり、「考え方」によって感情が変化することを確認する。 「出来事」「考え方」「感情」の掲示物を作り、それを用いて説明するなどの工夫をしてもよい。 シマック先生の吹き出しを読み、「考え方」を「認知」と呼ぶことを確認する。
	シート3　　　　　10分 ●ＡＢＣ「こころの法則」	シート3 配布 板書やカード等を用いて説明する。内容を読み上げる。「出来事」→「感情」なのではなく、間にある「認知」によって「感情」が変化していることを再度確認する。
	ワーク3 ＡＢＣ「こころの法則」を使ってみよう	①②に各自回答させる。生徒に自分の回答を発表させてもよい。 ①Ｂ＜回答例＞ご飯とか洗濯とかどうしよう。 ①Ｂ＜回答例＞ゲームやり放題だ!! ②Ｂ＜回答例＞ダイエットになるかも。 ②Ｂ＜回答例＞走るの苦手だしイヤだな。
まとめ 3分	【予　告】　　　　　3分	エクササイズ8の予告を読み上げる。

エクササイズ8-1

認知3 いろいろな考え方をしてみよう！（1）

実施日：　月　日（　）　年　組　番　氏名

●ここまでのおさらい

これまでに、「認知」についての学習をしました。次の図を見て、復習をしましょう。

A（出来事）：視線を感じた

B1（認知）：変な服だと思われているのかな → C1（感情）：恥ずかしい

B2（別の認知）：すてきな服だと注目されている → C2（別の感情）：うれしい

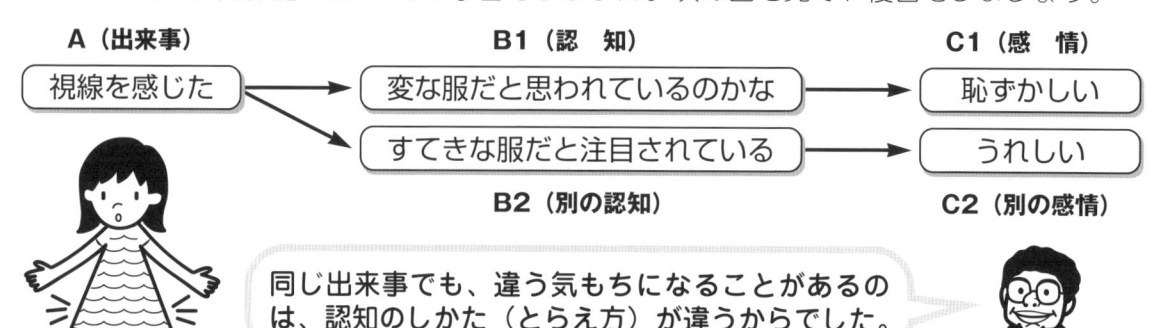

同じ出来事でも、違う気もちになることがあるのは、認知のしかた（とらえ方）が違うからでした。

●いろいろな認知をしてみよう

私たちが、ある出来事に対してある認知をするのは、自分ではあまり意識しないこころの働きです。

だから、ものごとのとらえ方は1つしかない、と思いがちです。

でも、少し意識すれば違う認知のしかたも思いつきます。その練習をしてみましょう。

ワーク1　いろいろな認知を考えよう①

勉強、頑張ってるか？

■エピソード
来週は期末テストです。はなこさんは中間テストで英語の成績がよくありませんでした。今度こそはと頑張っているのですが、最近、いろいろな用事が続いて、なかなか勉強がはかどりません。そんなある日、廊下でたまたま英語の先生とすれ違い、「どうだ？　勉強、頑張ってるか？」と声をかけられました。

はなこさんが先生のことばをどう認知して、どんな感情になるかは、
1通りではなく、いろいろ考えることができます。

●次に2つの例を示すので、考え方と気もちの関係を考えて、空欄を埋めてみよう。

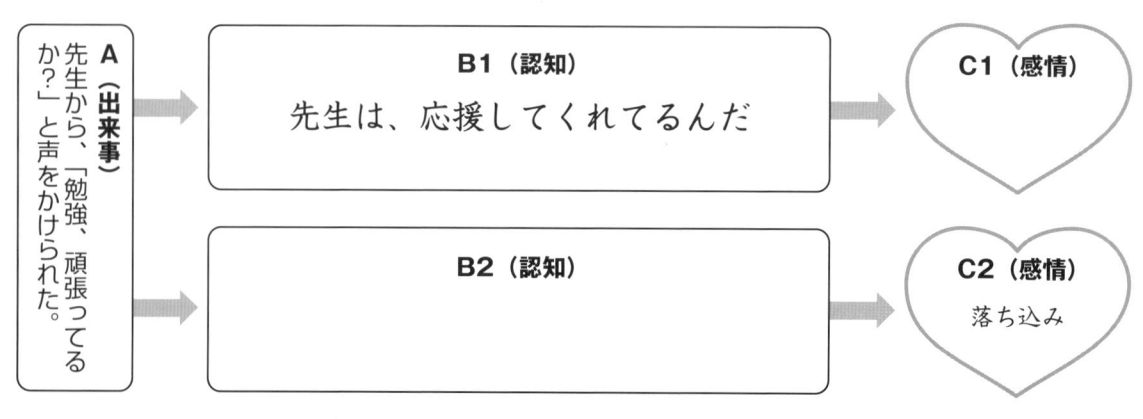

A（出来事）：先生から、「勉強、頑張ってるか？」と声をかけられた。

B1（認知）：先生は、応援してくれてるんだ → C1（感情）：

B2（認知）： → C2（感情）：落ち込み

エクササイズ8-2

実施日：　　月　　日（　）　　年　　組　　番　氏名

ワーク2　いろいろな認知を考えよう②

ワーク1のエピソードに対して、他にどんな認知ができるでしょうか。
頭を柔らかくして、いろいろなとらえ方と、そのときの感情を考えて書く練習です。
先生の合図でいっせいに始め、**5分間で、できるだけたくさん書いてみましょう。**
先に感情を書いてから、認知を考えてもいいですし、
感情がうまく書けない場合は、認知だけを先に書いてみてもいいかもしれません。

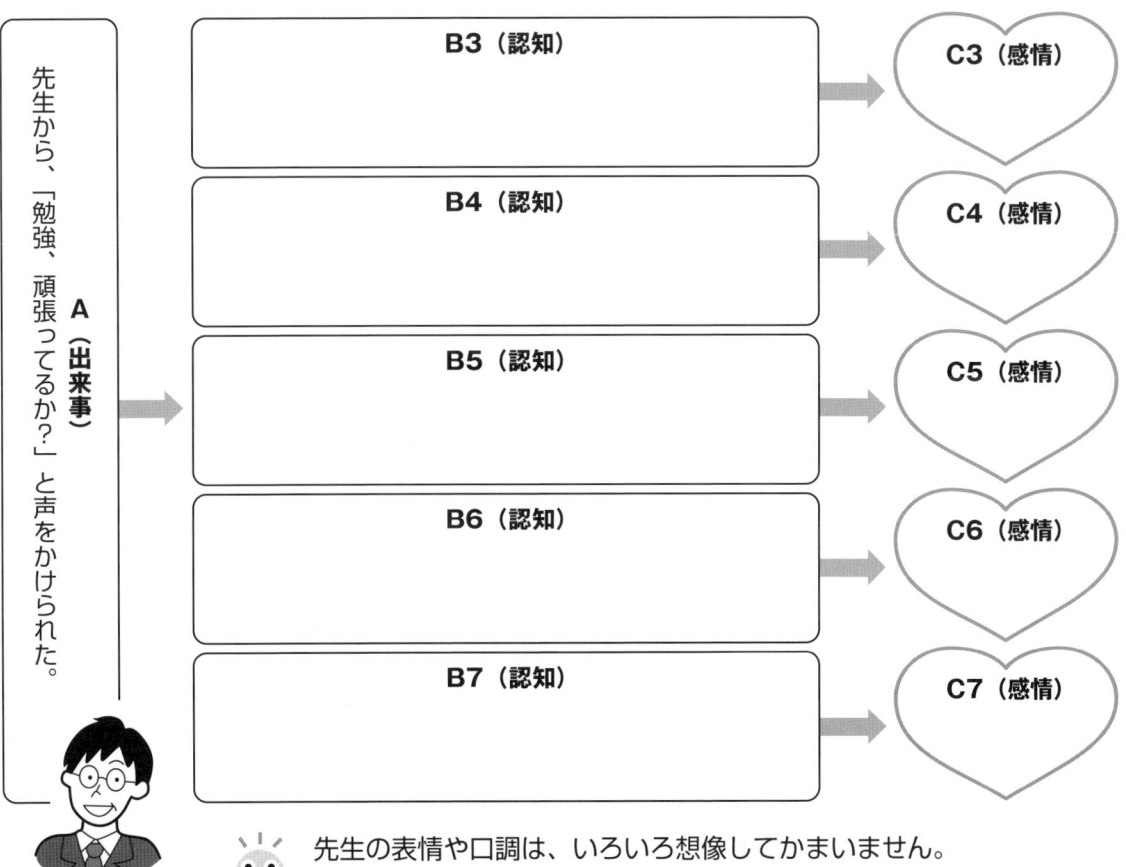

先生から、「勉強、頑張ってるか？」と声をかけられた。　A（出来事）

B3（認知）	→	C3（感情）
B4（認知）	→	C4（感情）
B5（認知）	→	C5（感情）
B6（認知）	→	C6（感情）
B7（認知）	→	C7（感情）

ヒント！　先生の表情や口調は、いろいろ想像してかまいません。
あなたのこころに最初に浮かんだのは、どんな表情や口調でしょうか。
違った表情も、思い浮かべられますか？

みんなでワーク

自分の考えた認知とその時の感情を発表しあいましょう。
人の意見を聞くことで、より多くの認知のしかたを知ることができます。
上で記入したものの中から、1つ選んで発表してください。
また友だちの意見で、おもしろかったものがあったら下の四角の中に書いておきましょう。

エクササイズ8-3

実施日：　　月　　日（　）　　年　　組　　番　氏名

●いろいろな認知ができることのメリットは？

いろいろな認知ができると、どんないいことがあるのでしょうか。

ワーク3　結果を考えてみよう

はなこさんが次のように認知し、感情を抱いたとすると、その結果はどうなるでしょうか。それぞれ、今後の勉強の取組みがどうなるか、先生に対する気もちがどうなるかを想像して書いてみましょう。

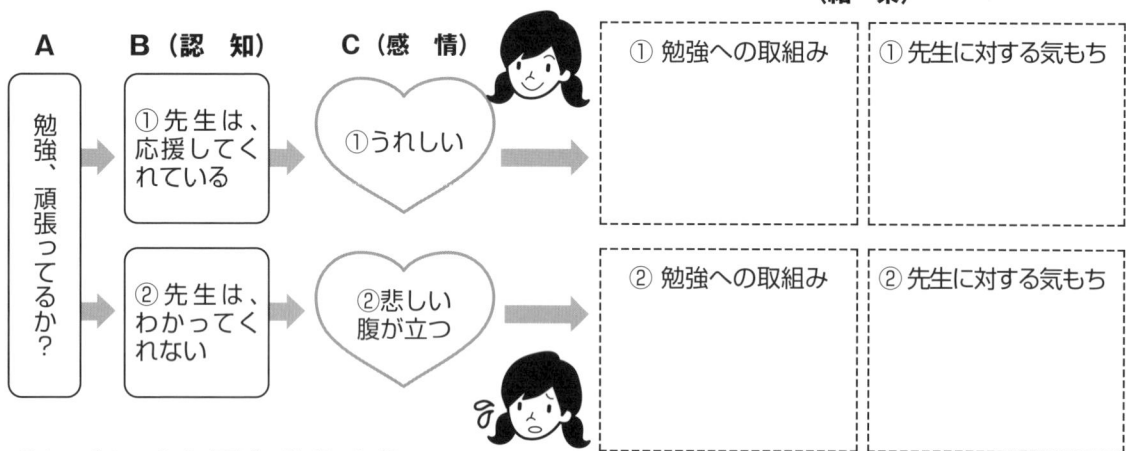

A：勉強、頑張ってるか？

B（認知）
① 先生は、応援してくれている
② 先生は、わかってくれない

C（感情）
① うれしい
② 悲しい　腹が立つ

（結果）
① 勉強への取組み　　① 先生に対する気もち
② 勉強への取組み　　② 先生に対する気もち

●いろいろな面を考えよう

上の**ワーク3**で見たように、認知のしかた1つで、結果は大きく変わってきてしまいます。しかし、**②の認知のしかたがよくない、ということではありません。**

この時点では、本当のところはよくわからないのですから、1つの見方でものごとを決めつけてしまうのではなく、**常に、ものごとのいろいろな面を見て、柔軟（じゅうなん）な考え方ができるようになることが大切です。**

感想　今日の学習をふり返って感想を書きましょう。

認知のしかたに、"いい・悪い"はありません。

人それぞれ、認知のしかたの「傾向」を持っています。それは1人1人の個性です。しかしいつもの認知であまりにストレスが大きくなってしまったとき、別の認知が使えるととても有用なのです。自分の個性を知り、それをどう活かしていくかを考えるのが、ストレスマネジメントのねらいです。
自分の個性も人の個性も、大切にできるといいですね！

予告　エクササイズ9では、いろいろな認知ができるように練習していきます。

エクササイズ8　授業展開例

テーマ	認知③　いろいろな考え方をしてみよう！（1）
具体的内容	ABCこころの法則を応用して、同じ出来事に対してたくさんの認知を考える練習をする。
学習のねらい	1つの出来事からたくさんの認知をしてみることで、出来事と認知の関係が1対1ではなく、自分でもいろいろな認知を考えられることに気づく。
学習方法	個人ワークシート学習
準　備	ワークシート、ストップウォッチ、（掲示カード）

展開例	生徒の活動	指導上の留意事項
導入 5分	シート1 【導　入】　　　5分 ●いろいろな認知を 　してみよう	シート1 配布 ●ここまでのおさらいを説明する。 内容を読み上げ、導入とする。
エクササイズ 35分	ワーク1　　　　10分 いろいろな認知 を考えよう①	エピソードを読み上げ、指示に従って、取組ませる。 生徒を指名して答えさせてもよい。 B2認知＜回答例＞私がなまけて勉強していないと思っているんだ。 C1感情＜回答例＞うれしい。やる気が出る。
	シート2　　　　15分 ワーク2 いろいろな認知を 考えよう② 　　（実施時間：5分） みんなでワーク	シート2 配布 やり方を説明し、下のヒントも読み上げておく。号令をかけ、いっせいに取組ませる。ストップウォッチであと2分、あと1分……と教え、さらに多く書くことを促す。 B認知＜回答例＞先生は心配してくれている。 C感情＜回答例＞うれしい。 ワーク2で複数書いたものの中から、1つ選んで、自分の考えた認知とそのときの感情を生徒に発表させる。各自紙に書いて黒板に張り出す、板書させるなどの工夫をしてもよい。 人の意見を聞いて、いいと思うものはシートの四角の中にメモするように指示する。
	シート3　　　　10分 ●いろいろな認知ができる 　ことのメリットは？ ワーク3 結果を考えてみよう ●いろいろな面を考えよう	シート3 配布 読み上げて、ワーク3への導入とする。 掲示カード等を用いて、ワーク3の図を黒板上に再現し、点線で囲まれた結果の①②のみ、あとから板書する。 生徒や授業補助者に発言を求めて、板書していく。 ①＜勉強への取組み回答例＞やる気になって頑張る。 　＜先生に対する気もち回答例＞うれしくなる、好きになる。 ②＜勉強への取組み回答例＞どうでもよくなって、適当にやるかもしれない。 　＜先生に対する気もち回答例＞悲しくなる、ムカつく。 内容を読み上げて、理解させる。
まとめ 5分	【まとめ】　　　5分 【予　告】	授業の感想を書かせて、シマック先生のコメントを読み上げる。 エクササイズ9の予告を読み上げる。

エクササイズ 9-1

認知 4 いろいろな考え方をしてみよう！（2）

実施日：　　月　　日（　）　　年　　組　　番　氏名

●ここまでのおさらい

ここまでの認知の学習で、私たちの感情を引き起こすのは、出来事そのものではなく、**出来事に対する認知のしかた** なのだということを学習してきました。

すぐにこうだと決めつけるのではなく、いろいろな考え方ができると、必要以上に苦しくなったりせずに、ものごとをありのままに受け止めて、行動していくことができます。

でも……

> その考え方はわかったけど、でも、認知を変えるのって難しい！

> いろいろな認知って、どうすればできるの？

という意見も、もっともです。

●認知を広げるヒント

そこで、今回からは、今までの学習をふまえて、**認知を広げるヒント** を、いろいろな形で考えていくことにします。

今回は、いろいろな人の意見を聞くことで、見方が広がり、いろいろな認知をするヒントになることを体験していきましょう。

ワーク1　違う認知をしてみよう

■エピソード

ある晩、はなこさんは同じ部活であこがれている男子の先輩に携帯メールを送りました。
しかし、30分待っても1時間待っても、先輩からメールの返信がありません。
はなこさんは、「私は嫌われているのかもしれない」と思い、悲しくなってしまいました。

上のエピソードで、
① はなこさんの 認知（B1）と、感情（C1）を書いてみよう。
② 違う 認知（B2）をしたら、どんな 感情（C2）になるかを考えて書いてみよう。

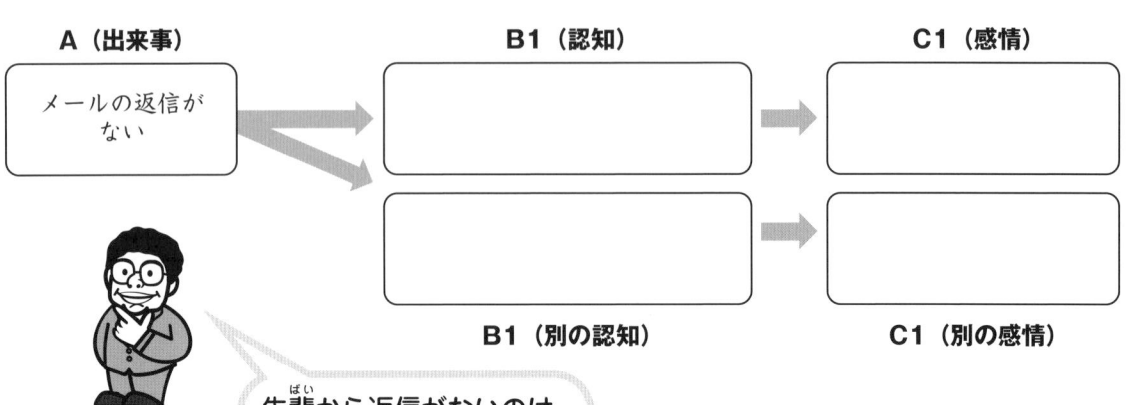

A（出来事）	B1（認知）	C1（感情）
メールの返信がない		
	B1（別の認知）	C1（別の感情）

> 先輩から返信がないのは、どんな理由があるかな？

48

エクササイズ 9-2

実施日：　　月　　日（　）　　年　　組　　番　氏名

みんなでワーク みんなの知恵を出し合って考えよう

①先生の指示で、グループになり、「先輩から返信がない理由」を、できるだけたくさん考え、出し合ってみましょう。これは、「ブレインストーミング」というワザです。

ブレインストーミングでは、こんな効果が期待できます！

- ある問題に対して効果的な解決方法が見つかる可能性が高くなる。
- くり返して行うことで、新たな考え方を生み出せる力がつく。
  → このためになんでもいいので、とにかくたくさんの考えを出すことが重要です。一見して「これはどうせダメだな」と思う考えでも、そこから次の考えのヒントが生まれることが多くあります。

でもなんでもいいって言ったって、変なこと言ったらバカにされそう……

なので、ここではルールを守ってブレインストーミングを行うことが重要です！

ブレインストーミングのルール
① たくさん出そう
② かわった意見大歓迎
③ 批判はしない
④ 人の意見の一部を変えて自分の意見にしてもよい

ブレインストーミングとは、たくさんの考えを出すための方法です。
お母さんが言った→お兄さんが言った→お姉さんが言った、というように、一部分を変えていくとたくさんの意見が出せますね。

②グループで出た意見で、おもしろいと思ったものを、2つだけ書いておきましょう。

エクササイズ9-3

実施日：　　月　　日（　）　　　年　　組　　番　氏名

ワーク2 はなこさんを励まそう！

①先ほど出た理由を参考に、別の認知を示して、はなこさんを励ますことばを書いてみよう。

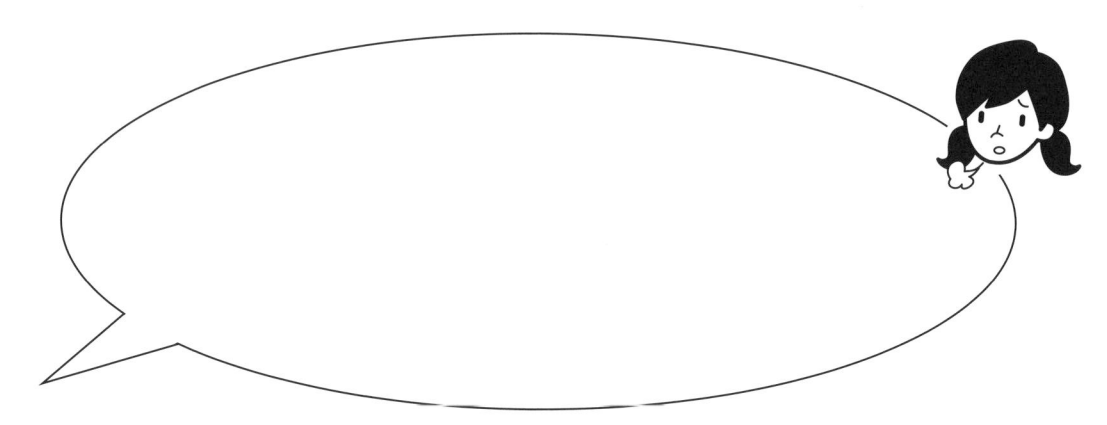

②自分の考えたはなこさんを励ますことばを発表し合いましょう。
　→ 他のグループの人はどんな認知を考えたのか、よく聞いて参考にしてみましょう。
　　 いいと思う意見があったら下の四角の中に書いておきましょう。

自分ひとりだけだと、考えが一方向だけに行きがちです。いろいろな人の意見を聞くことで、発見があったり、ものの見方が広がったりして、別の認知もできるようになるといいですね。

感想 今日の学習をふり返って感想を書きましょう。

予告 エクササイズ10では、認知をうまく使ってストレスを小さくする方法を考えてみます。

エクササイズ9 授業展開例

テーマ	認知④　いろいろな考え方をしてみよう！（2）
具体的内容	グループで自由にさまざまな認知を出し合い、互いの意見を参考にして認知が広がることを体験する。
学習のねらい	人の多様な意見を聞くと、見方が広がり、認知を広げるヒントになることを実感する。
学習方法	個人ワークシート学習、グループワーク
準　備	ワークシート、ブレインストーミング記録用紙（グループ数分）、ストップウォッチ 油性フェルトペン

展開例	生徒の活動	指導上の留意事項
導入 5分	シート１　　　　　　　5分 ●ここまでのおさらい ●認知を広げるヒント	シート１配布 ●ここまでのおさらいから ●認知を広げるヒントまでを説明することが導入となる。 生徒に問いかけるように読む。
エクササイズ 35分	ワーク１　　　　　　　10分 違う認知をしてみよう	エピソードを読み上げ、①と②のやり方を説明し、記入させる。 B1＜回答例＞きっと嫌われているんだ。 C1＜回答例＞悲しい。 B2＜回答例＞気づいていないのかもしれない。 C2＜回答例＞少し安心。
	シート２ みんなでワーク　　　15分 みんなの知恵を 出し合って考えよう （実施時間：5分）	シート２配布 ブレインストーミングの特徴を説明する。ブレインストーミングのルール、シマック先生のコメントを読み上げる。その後グループ活動に入る。 ① 4～6名でグループをつくり、班長と記録係を決めさせる。 ② 記録用紙を配布する。 ③ 班長はグループで意見をとりまとめること、記録係は記録用紙への記入を担当することを確認させる。 ④ 記録用紙にテーマ「先輩から返信のない理由」と記入させる。 ⑤ ブレインストーミングのルールを読み上げて説明する。 ⑥ よーいスタートで、5分間各自意見を言い合う。記録係が記入する。 ⑦ 結果発表を行う。各グループの個数とどこが多くの意見を出した班かについて発表する。 ⑧ 自分のグループで出た「おもしろい意見」を2つ、自分のワークシートにメモさせる。 ⇒第3章 授業の実際とその効果 P.162参照
	シート３ ワーク２ はなこさんを励まそう！ 　　　　　　　　　10分 （実施時間：3分）	シート３配布 ① 3分ほど個人でワークに取組ませる。 ② 各自ではなこさんを励ます言葉を発表させる。 ③ 他のグループの人の意見など、いいと思ったものをメモさせる。 ＜回答例＞電池が切れているだけかもしれないよ。 　　　　　もう少し待ってみたら？ ⇒第3章 授業の実際とその効果 P.164参照
まとめ 5分	【まとめ】　　　　　　5分 【予　告】	まとめとして、シマック先生のことばを読み上げる。 今日の学習全体についての感想を書く。 エクササイズ10の予告を読み上げる。

※「ブレインストーミング記録用紙」は163ページにあります。

エクササイズ10-1

実施日： 月 日（ ） 年 組 番 氏名

認知 5 認知を変えてストレスを小さくしよう！

● **ここまでのおさらい**

同じ出来事でも、認知のしかたによって、感情が変わることを学んできました。
そして、1つの認知だけでなく、いろいろな認知のしかたを考える練習をしました。

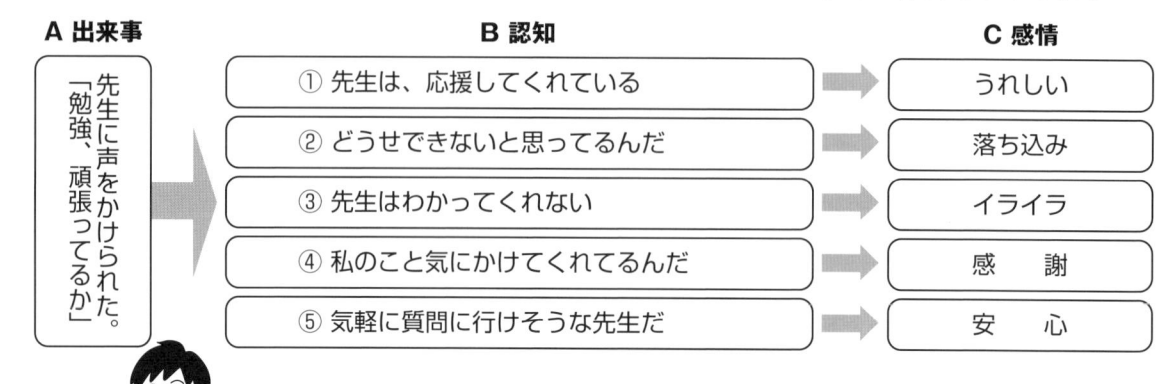

A 出来事	B 認知	C 感情
先生に声をかけられた。「勉強、頑張ってるか」	① 先生は、応援してくれている	うれしい
	② どうせできないと思ってるんだ	落ち込み
	③ 先生はわかってくれない	イライラ
	④ 私のこと気にかけてくれてるんだ	感謝
	⑤ 気軽に質問に行けそうな先生だ	安心

認知のしかたによって、ずいぶん気もちが変わるんだね。

ワーク1 認知によって、ストレスはどう変わる？

上のおさらいの図を見て、ストレスが小さい（または、ストレスがない）認知・感情に、赤ペンか明るい色のペンで下線を引こう。
逆にストレスが大きい認知・感情に、黒で太く下線を引こう。

認知のしかたを自分で変えることができれば、
ストレスを小さくできそうです。その練習をしてみましょう。

ワーク2 ストレスが小さい認知を考えてみよう

次のエピソードで、ストレスの大きい認知の例が書いてあります。下の空欄には、なるべくストレスが小さくなるような別の認知のしかたを考え、そのときの感情も書いてみよう。

■**エピソード　本を貸すと約束したのに……**
友だちが、昨日、本を貸してくれると約束したのに、今日会っても、何も言わない。

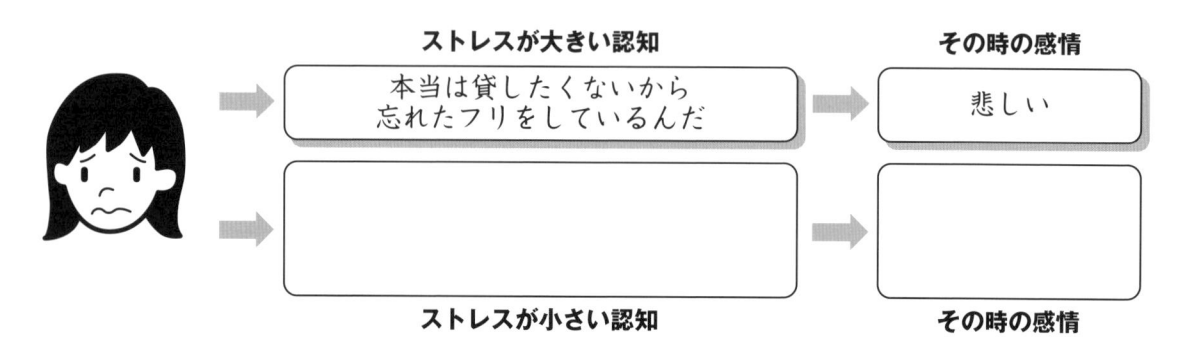

	ストレスが大きい認知	その時の感情
→	本当は貸したくないから忘れたフリをしているんだ	悲しい
→		
	ストレスが小さい認知	その時の感情

52

エクササイズ10-2

実施日：　　月　　日（　）　　年　　組　　番　氏名

ワーク3　別の認知を考える練習を続けよう

次のエピソードを読んで、ストレスが小さくなるように別の認知を考えてみよう。
そのときの感情も書いてみよう。やりやすいものからやってみよう。

■エピソード：1　ふり向いてくれない
英語の授業中、前列の友だちに辞書を借りようと思い、小声で「辞書を貸して」と声をかけたが、ふり向いてくれない。

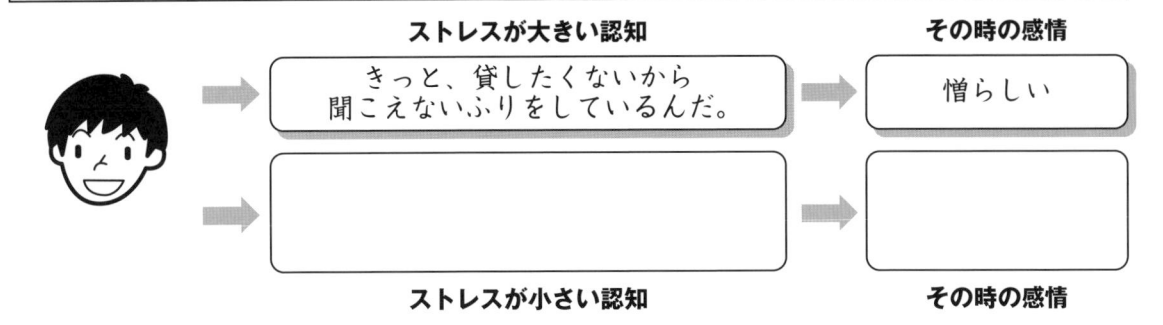

	ストレスが大きい認知	その時の感情
	きっと、貸したくないから聞こえないふりをしているんだ。	憎らしい
	ストレスが小さい認知	その時の感情

■エピソード：2　友だちが他の人と食事をしている
食事場所に遅れて行ったら、いつも一緒に食事する友だちの周囲に、他の人たちがいて、友だちはその人たちと話しながら食事を始めていた。

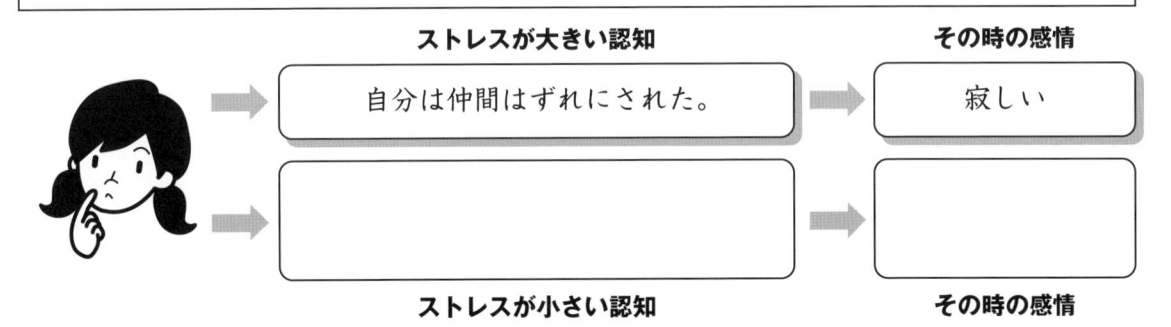

	ストレスが大きい認知	その時の感情
	自分は仲間はずれにされた。	寂しい
	ストレスが小さい認知	その時の感情

■エピソード：3　知らない人たちと遊びに行くことに
友だちに誘われて、週末に、全然知らない他校の人たちと遊びに行くことになった。
自分は、初対面の人と話すのは苦手だ。

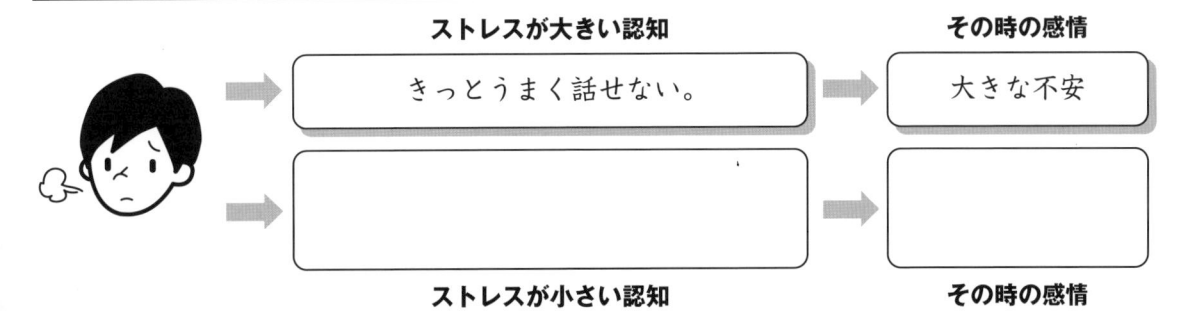

	ストレスが大きい認知	その時の感情
	きっとうまく話せない。	大きな不安
	ストレスが小さい認知	その時の感情

みんなでワーク

先生の指示で、ストレスの小さい認知の例をたくさん出し合ってみましょう。
人の意見を聞くと、思いがけない認知のしかたがあることに気づくかもしれません。

エクササイズ10-3

実施日：　　月　　日（　）　　　年　　組　　番　氏名

●ストレス場面で試してみよう

今回学んだことは、ふだんの生活の中で活かすことができます。
ストレスを感じることがあったら、
自分がどんな認知をしているのかな、と考えて、
意識的に違う認知を考えてみます。
そうすれば、自分の力でストレスを小さくできるかもしれませんね。

次にそれを考えておきましょう。

ワーク4　どんなときに試せそうですか

今回学んだ、認知を変えてストレスを解消する方法を、どんなときに試してみますか。
例を参考にして、自分のふだんの生活のストレス場面を思い出して書いてみよう。
（急に大きなストレス場面で考えるのではなく、ここでは小さいストレス場面にしよう）

① こんなとき……

　例：一緒に帰る約束をしていた友だちが、待ち合わせ時間になっても来ないので、
　　　嫌われたと思い悲しくなった。

② どんなふうにできるかな？　どういう結果になるかな？

　例：友だちはちょっとそそっかしいので、忘れているだけかもしれないと考えてみた。
　　　すると悲しい気もちが減って、まぁいっかと思った。

ストレス場面は、必ずしも悪いものではありません。
人の気もちを理解したり、仲間との付き合い方を学ぶなど、
自分をステップアップさせる貴重な機会にもなります。
いろいろな認知をすることで、**ストレスが小さくなる**といいですね！

予告　エクササイズ11では、「いろいろな認知はどうしたらできるのか」という疑問に答えていきます。

エクササイズ 10　授業展開例

テーマ	認知⑤　認知を変えてストレスを小さくしよう！
具体的内容	ストレスのある場面で、意図的に認知を変えてストレスを小さくするワークに取組む。
学習のねらい	ふだんのストレス場面で、認知を応用してストレスを小さくできることを知り練習する。
学習方法	個人ワークシート学習
準　備	ワークシート

展開例	生徒の活動		指導上の留意事項
導入 2分	シート1 【導　入】	2分	シート1 配布 ●ここまでのおさらいを説明する。次のワーク1と連続する。
エクサ サイズ 40分	ワーク1 認知によって、 ストレスはどう変わる？	5分	指示に従って、ストレスの小さい、大きいを見分けて、色分けする。 回答をして、シマック先生の吹き出しを読み上げる。 これが今回の導入にあたる。
	ワーク2 ストレスが小さい認知を 考えてみよう	5分	エピソードを読み上げ、記入させる。回答を発表させ、1つの例を入れる。 ＜回答例＞持ってきてるのかも。→ 楽しみ 　　　　　うっかり忘れてるんだろう。→ ちょっと残念 生徒から複数出なければ、授業補助者あるいは事前に準備した回答から例をあげる。
	シート2 ワーク3 別の認知を考える 練習を続けよう	10分	シート2 配布 指示に従って取組ませる。 机間巡視して、ヒントを与える。 エピソード1＜回答例＞聞こえていないのかも。→ ちょっと安心 エピソード2＜回答例＞仲間に入れてもらおう。→ 楽しみ エピソード3＜回答例＞新しい友だちが増えるかも。→ ワクワクする
	みんなでワーク	10分	机間巡視し、認知の種類が多いエピソードはどれか見ておく。そのエピソードを1つだけ取り上げて黒板に書き、認知と感情を挙げさせる。 それをもとに意見交換をしてもよい。 最後に、「ふつう考えが浮かぶと、それしかないって思いがちだけど、いろいろな認知ができることがわかったかな？」と確認する。 ⇒第3章 授業の実際とその効果 P.165 参照
	シート3 ●ストレス場面で 　試してみよう	10分	シート3 配布 吹き出しとその下を読み、次のワークへの橋渡しとする。
	ワーク4 どんなときに 試せそうですか		日常のストレスの小さい場面を思い出して、例を参考に、どんなふうに今日の授業の内容を使っていけそうか考えて書くように指示する。 → 重くならないように「ストレスの小さい場面」を強調する。 生徒発表はせず、授業補助者あるいは事前に準備した回答から例をあげる。 まとめとして、シマック先生のことばを読み上げる。
まとめ 3分	【予　告】	3分	エクササイズ11の予告を読み上げる。

認知 6 いろいろなこころを使ってみよう！

●ここまでのおさらい

これまでに、いろいろな考え方をすることの重要性や、認知を変えてストレスを小さくする方法を学び、練習してきました。

このワークでは、**エクササイズ4**で行ったTACを用いて、いろいろなコーピングのパターンによって、認知や感情が異なることを学んでいきましょう。

ワーク1　いろいろなコーピング傾向の理解

TACについて簡単におさらいしましょう。
TACとは、自分のコーピングの傾向を知ることのできるアンケートでした。
結果は八角形のレーダーチャートで示され、この八角形が大きいほどいろいろなコーピングが使えることを示すのでしたね！

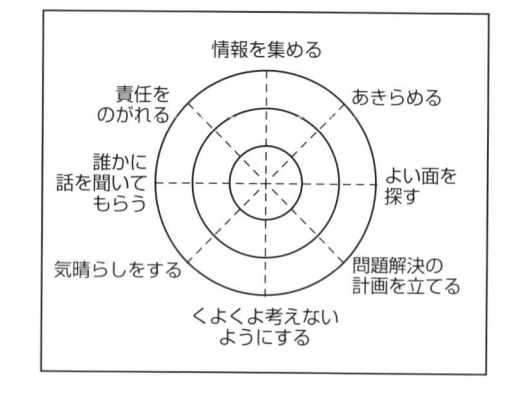

（八角形のレーダーチャート：情報を集める／あきらめる／よい面を探す／問題解決の計画を立てる／くよくよ考えないようにする／気晴らしをする／誰かに話を聞いてもらう／責任をのがれる）

●代表的なTACの形態

私たちのコーピング傾向はひとそれぞれですから、100人いれば100通りのコーピング傾向があるでしょう。今回は、代表的なコーピング傾向をもつ5人に登場してもらいます！

名前	高いコーピング	低いコーピング	TACグラフのタイプ	こういう人！
バランスよしこ	8つのコーピングが全てバランスよく高い	なし		さまざまな状況に対して、その状況にあった対処法を選んで使うことができる。
解決でき太	情報を集める　問題解決の計画を立てる	よい面を探す　気晴らしをする		どんなときでも自分の問題を解決しようとする努力家。解決できない問題があるとストレスがたまる。
ひかえめしずこ	気晴らしをする　誰かに話を聞いてもらう	問題解決の計画を立てる　あきらめる		おとなしくて素直。自分の意見を言うことはあまりしない。言いたい事が言えずに、もやもやした気もちになることも……
気もち整え太	よい面を探す　気晴らしをする	情報を集める　問題解決の計画を立てる		とにかく自分のイヤな感情をなくして楽しく生きたい。具体的な解決ができず、何度も同じ問題にぶつかることも……
のびのび生き太	責任をのがれる　くよくよ考えないようにする	情報を集める　問題解決の計画を立てる		優しくて思いやりがある。人と意見を言い合ったり、ぶつかることはイヤなので、なるべく避けるようにしている。

今回はこの5人になったつもりで、いろいろなストレス場面への対処のしかた（コーピング）を考えてみましょう！

エクササイズ11-2

実施日：　　月　　日（　）　　年　　組　　番　氏名

ワーク2　こんなときどうする？（1）

次のエピソードを読んで、①〜③の課題に答えましょう。

■エピソード1　いなくなった愛犬
あなたはお母さんに頼まれた庭掃除をするために家の門をあけっぱなしにしていました。するとそのすきに、3年前から飼っているクロという犬がにげてしまいました。あなたはこの犬をとてもかわいがっていたので、必死に探しましたが、とうとう見つかりませんでした。こんなとき、あなただったらどうしますか？
そうたずねると、5人は、それぞれの特徴を表わす対処法を教えてくれました。
5人のストレスは、対処法の前後でどうなるでしょうか？

① 「解決でき太くん」と「気もち整え太くん」のキャラクターに一番あうセリフを考えて、「対処法として考えたこと」の欄に書きましょう。

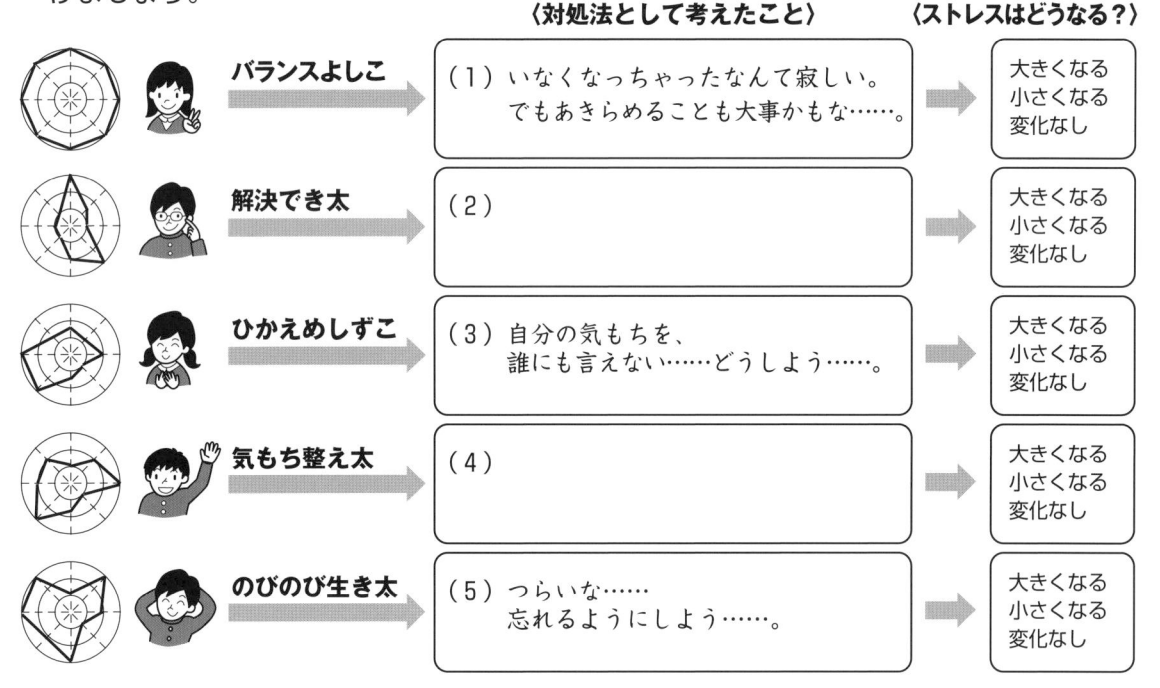

② 右の四角には、その場合のストレスがどうなるか、一番あてはまると思うものに○をつけましょう。

〈対処法として考えたこと〉　〈ストレスはどうなる？〉

キャラクター	対処法として考えたこと	ストレスはどうなる？
バランスよしこ	（1）いなくなっちゃったなんて寂しい。でもあきらめることも大事かもな……。	大きくなる／小さくなる／変化なし
解決でき太	（2）	大きくなる／小さくなる／変化なし
ひかえめしずこ	（3）自分の気もちを、誰にも言えない……どうしよう……。	大きくなる／小さくなる／変化なし
気もち整え太	（4）	大きくなる／小さくなる／変化なし
のびのび生き太	（5）つらいな……忘れるようにしよう……。	大きくなる／小さくなる／変化なし

③ この場合、あなただったらどうしますか。
なるべくストレスの小さくなるような対処法（コーピング）を考えてみましょう。
上の5人を参考にしてもかまいません。

エクササイズ11-3

実施日：　　月　　日（　）　　　年　　組　　番　氏名

ワーク3　こんなときどうする？（2）

ワーク2と同様の練習を、違うエピソードでやってみましょう。

■エピソード2　ケンカしてしまった
あなたはささいなことで友だちのじろうくんとケンカをしてしまいました。そばで見ていたたろうくんは、ケンカの原因はあなたにも、じろうくんにもあると言っています。その日のうちに仲直りをしようかと思いましたが、じろうくんはあなたを避けているようです。
こんなとき、あなただったらどうしますか？　そうたずねると、5人は、それぞれの特徴を表わす対処法を教えてくれました。5人のストレスは対処法の前後でどうなるでしょうか？

①「解決でき太くん」と「気もち整え太くん」のキャラクターに一番あうセリフを考えて、「対処法として考えたこと」の欄に書きましょう。

②右の四角には、その場合のストレスがどうなるか、一番あてはまると思うものに○をつけましょう。

〈対処法として考えたこと〉　〈ストレスはどうなる？〉

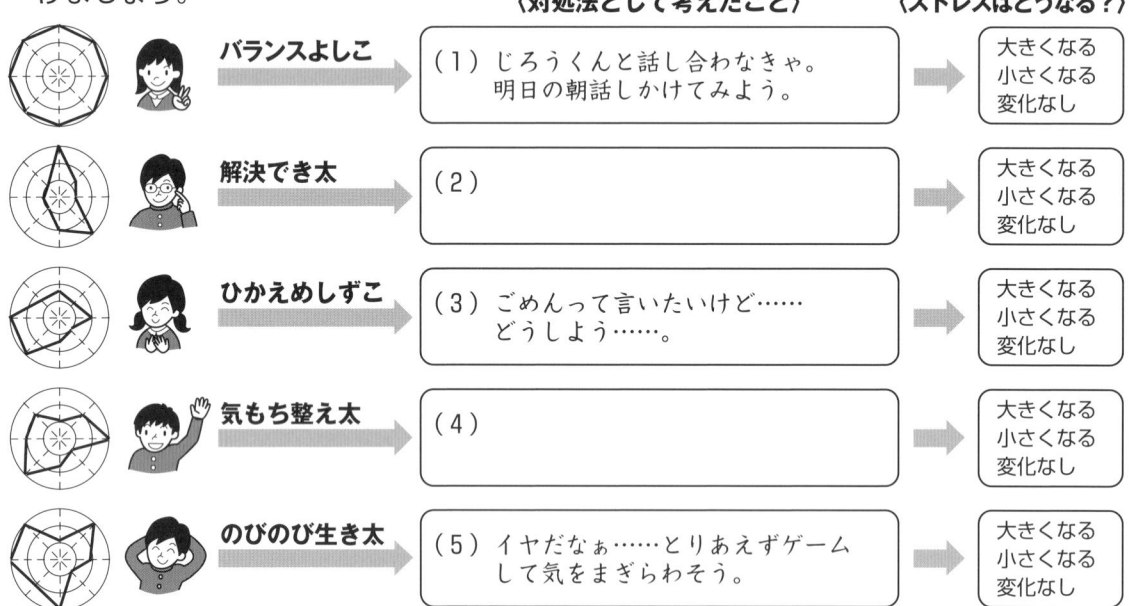

バランスよしこ →（1）じろうくんと話し合わなきゃ。明日の朝話しかけてみよう。 → 大きくなる／小さくなる／変化なし

解決でき太 →（2） → 大きくなる／小さくなる／変化なし

ひかえめしずこ →（3）ごめんって言いたいけど……どうしよう……。 → 大きくなる／小さくなる／変化なし

気もち整え太 →（4） → 大きくなる／小さくなる／変化なし

のびのび生き太 →（5）イヤだなぁ……とりあえずゲームして気をまぎらわそう。 → 大きくなる／小さくなる／変化なし

③この場合、あなただったらどうしますか。ワーク2と同様に考えてみましょう。

起こった出来事によって、効果のあるコーピングは異なっていることがわかったでしょうか？　起こった出来事に対して、ストレスを小さくするようないろいろなコーピングが使えるといいですね。

予告　エクササイズ12では、認知のまとめと、出来事に対していろいろな考え方をする練習をします。

エクササイズ11 授業展開例

テーマ	認知⑥ いろいろなこころを使ってみよう！
具体的内容	TACのコーピング傾向によって、さまざまな対処のしかたとストレスの関係を考える。
学習のねらい	ストレス場面によって有効な対処法が異なること、多くの対処法をもつことの重要性を知る。
学習方法	個人ワークシート学習
準　備	ワークシート

展開例	生徒の活動	指導上の留意事項
導入 3分	シート1 配布 【導　入】　　　3分	シート1 配布 ●ここまでのおさらいを読み上げて、今回の導入とする。
エクササイズ 40分	ワーク1　　　10分 いろいろなコーピング傾向の理解 ●代表的なTACの形態	TACのレーダーチャートを見ながら、TACでは何がわかるのかについておさらいをする。シマック先生の吹き出しの中を読み上げる。 図の中を読み上げ、代表的な5つのコーピング傾向を説明する。上から、理想的なコーピング型、問題焦点型、非主張型、情動焦点型、回避型にあたる。
	シート2　　　15分 ワーク2 こんなときどうする？（1） ストレッサーが なくならない例	シート2 配布 ワーク1の5つのコーピング傾向の観点から、出来事に対してとる対処法と、その時のストレスの関係性について考える。この出来事は、自分の努力で解決することが難しい問題である。したがって、情動焦点型の対処が有効な場合もある。なぜ、ストレスが小さくなるのかについても考えるとよい。 「解決でき太」対処法・回答例　どうにかこの問題を努力して解決しなくちゃ 「気もち整え太」対処法・回答例　好きなことをして寂しい気もちを紛らわそう （1）＜回答例＞ストレスは小さくなる　気もちが切り替えられているから。 （2）＜回答例＞ストレスは大きくなる　自分の努力では解決しづらいから。 （3）＜回答例＞ストレスは大きくなる　つらい気もちを話したいのにできないから。 （4）＜回答例＞ストレスは小さくなる　気もちの切り替えができてきているから。 （5）＜回答例＞ストレスは変わらない　失敗するとよりつらくなるかも。 自分だったらどのような対処法をとるか、ストレスが小さくなるような対処法を考えさせる。 コーピングの具体的な内容は、エクササイズ5のシート3を参考にするように指示する。
	シート3　　　15分 ワーク3 こんなときどうする？（2） ストレッサーを なくすことのできる例	シート3 配布 この出来事は、自分の努力で解決可能である。したがって、問題解決型の対処が有効な場合もある。なぜストレスが小さくなるのかについても考えるとよい。 「解決でき太」対処法・回答例　問題解決のためにじろうくんと話し合おう 「気もち整え太」対処法・回答例　ムカつくから、たろうに八つ当たりだ！ （1）＜回答例＞ストレスは小さくなる　問題が解決する可能性がある。 （2）＜回答例＞ストレスは小さくなる　問題が解決する可能性がある。 （3）＜回答例＞ストレスは大きくなる　話せないままこじれてしまうかも。 （4）＜回答例＞ストレスは大きくなる　たろうくんから反撃されるかも。 （5）＜回答例＞ストレスは変わらない　仲直りはできないかもしれない。 自分だったらどのような対処法をとるか、ストレスが小さくなるような対処法を考えさせる。ワーク2の対処法とどのような点が変わったのかを考えさせる。シマック先生のコメントを読み上げる。
まとめ 2分	【予　告】　　　2分	エクササイズ12の予告を読み上げる。

エクササイズ12-1

認知 7　**いろいろな可能性を考えよう！**

実施日：　月　日（　）　年　組　番　氏名

●ここまでのおさらい

これまで、ABC「こころの法則」を学び、同じ出来事でも、いろいろな認知ができれば、ストレスが小さくなることを見てきました。

> 今回は、よりストレスの小さい認知ができるようになるために、
> **ストレスの大きくなる認知はどうやって起こるのか** を考えてみましょう。

ワーク1　認知の授業のふり返り

ストレスマネジメント「認知」の授業をイラストとともにふり返ろう！

認知のポイント1
「気もちはどこからくるの？」

「出来事」が感情を生み出しているのではなく、「出来事」と「感情」の間に、**認知（考え方）** があって、それが**感情（気もち）** を引き起こしていましたね。

> 同じ出来事でも、人によって違う感情が生じるんだね！

認知のポイント2
ABC「こころの法則」？

こころのメカニズムを示した法則です。

A 出来事 → B 認知 → C 感情

落ち込んだり、イライラしたときに、「どんな**B（認知）** をしたからこの**C（感情）** が生じたのかな」と立ち止まって考えてみるといいかもしれません。

認知のポイント3
いろいろな考え方をしてみよう！

1つの出来事でもさまざまに考えることができましたね。自分ひとりだと、考えが一方向だけに行きがちですが、いろいろな人の意見を聞くことで、ものの見方が広がりましたね。

> 認知（考え方）に'いい''悪い'はない！いろいろな認知ができるようになることが大切です。

認知のポイント4
認知を変えてストレスを小さくしよう！

同じ出来事でもストレス反応を生じさせる考え方と、ストレス反応を小さくする考え方ができましたね。

> いつも通りの考え方をしていてストレスがたまってしまったと感じたら、ストレスが小さくなりそうな考え方も試してみよう！

エクササイズ12-2

実施日： 　月　　日（　）　　　年　　組　　番　氏名

ワーク2　ストレスがたまりやすくなる認知の傾向

以前のワークで、こんなエピソードがありました。
この場合、（ア）、（イ）のような認知をすると、どんな感情が生じるか、書いてみましょう。

■エピソード
英語の授業中、単語を調べることになったが、あいにく今日は辞書を忘れてしまった。前列の友だちが辞書を持っていた。授業中なので、小声で前列の友だちに「辞書を貸して」と声をかけたが、前列の友だちは隣の子と、ひそひそ話していて、ふり向いてくれない。

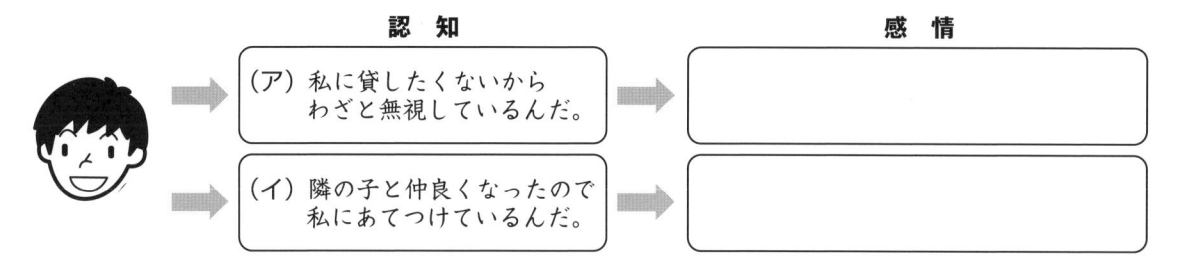

　　　　　　　認知　　　　　　　　　　　　　　　　　感情

（ア）私に貸したくないから
　　　わざと無視しているんだ。

（イ）隣の子と仲良くなったので
　　　私にあてつけているんだ。

（ア）（イ）はいずれも、「ストレスがたまりやすい認知」です。これらには、共通点があります！

この出来事がおこった時点では、友だちは、「自分の声が聞こえていない」のかもしれないし、「聞こえているのに返事をしない」のかもしれません。事実はまだどちらとも言えないのに、上の2つの認知のように、「聞こえているのに返事をしない」と決め込んでしまうことを「早まった結論」と言います。これは、**ストレスがたまりやすくなる「認知の傾向」**です。

●「こころの中のつぶやき」を変える

この場合、事実としては、いろいろな可能性を考えることができます。たとえば、

　可能性①　友だちは、聞こえているのに返事をしない
　可能性②　友だちは、自分の声が聞こえなかった

しかし、いずれの場合も、この時点では、結論を出すことができません。
そこで、こころの中で、次のような言い方をしてみます。

<u>聞こえているのに返事をしない</u>のかもしれないし、<u>聞こえなかった</u>のかもしれない。
とりあえず、<u>もう一回、声をかけて</u>みよう。

これで友だちが明るく返事をしてくれれば、可能性①は「取り越し苦労」だったことになります。人との関係の中で、ストレスがたまりそうになったら、自分が思っている可能性以外の可能性を考えてみて、次の言い方をしてみましょう。

（可能性①）	△△△△△△	かもしれないし、
（可能性②）	□□□□□□	かもしれない。
とりあえず	○○○○○○	してみよう！

こころの中の
つぶやきの法則

エクササイズ12-3

実施日：　　月　　日（　）　　　年　　組　　番　氏名

ワーク3　いろいろな可能性を考えてみよう！

次のエピソードを読んで、たろうくんが思っている「可能性①」を書き、また、別の「可能性②」を考えて書きましょう。そこから、やってみるとよい行動を書いてみましょう。

■エピソード
たろうくんは、文化祭のクラスの出し物で、「劇をやりたい」と主張していましたが、カゼで1日休んで登校すると、「昨日のHRで、カキ氷屋に決めて届けを出した」と言われました。たろうくんは、自分の意見が無視されたと腹が立ち、もう文化祭には協力しないとこころに決めました。

可能性①　[　　　　　　　　　　　　　]　かもしれないし、
可能性②　[　　　　　　　　　　　　　]　かもしれない。
とりあえず　[　　　　　　　　　　　　　]　（して）みよう。

ワーク4　損得勘定表（そんとくかんじょうひょう）で認知のしかたの「損得」を調べる

上のエピソードで、たろうくんが「自分の意見が無視された」と認知して行動した場合と、「自分の案も検討してくれたのかもしれない」と認知して行動した場合の、それぞれのメリットとデメリットをできるだけたくさん書き出し、損得勘定表を用いて比較してみましょう。

> ものごとは損得ばかりではありませんが、迷った時、結論が出しにくい時には、効果のあるやり方の1つです！

〈損得勘定表1〉

認知① 自分の意見が無視された　→　行動① 文化祭には協力しない	
メリット（そう認知すると得すること）	**デメリット**（そう認知すると損すること）

〈損得勘定表2〉

認知② 自分の案も検討してくれたのかもしれない　→　行動② とりあえず話を聞いてみよう	
メリット（そう認知すると得すること）	**デメリット**（そう認知すると損すること）

予告　エクササイズ13から、いよいよ「行動」の単元に入ります。

エクササイズ12　授業展開例

テーマ	認知⑦　いろいろな可能性を考えよう！
具体的内容	1つの出来事について、いろいろな可能性を考えることでストレスを小さくする。
学習のねらい	わからないことに「早まった結論」を出すのをやめ、「～かもしれないけど、～かもしれないから、とりあえず～しよう」という考え方を練習する。
学習方法	個人ワークシート学習
準　備	ワークシート

展開例	生徒の活動	指導上の留意事項
導入 2分	シート1 【導　入】　　　　2分	シート1 配布 ●ここまでのおさらいを読み上げる。シマック先生の吹き出しの中も読み、授業の導入とする。
エクササイズ 40分	ワーク1 認知の授業のふり返り　　　10分	これまでの学習内容を想起させつつ、認知のポイントを1つずつ読み上げる。学習内容を思い出したか生徒に確認し、ワーク2へうつる。
	シート2 ワーク2 ストレスがたまりやすくなる認知の傾向　　　10分	シート2 配布 エピソードを読み上げ、各々の認知に対応する感情を記入させる。 ア・イ＜回答例＞イライラ、怒り、悲しみ、不安、とまどい 全員が感情の記入ができたら、「この2つの認知に共通していることは何かな？」と生徒に問いかける。 この2つの認知はストレスがたまりやすい認知であることを確認して、それを導くのは「早まった結論」であるという解説を読む。
	●「こころの中のつぶやき」を変える	解説を読み上げる。板書等を活用しつつ、ストレスを小さくする「こころの中のつぶやき」のパターンを理解させる。
	シート3 ワーク3　　　　5分 いろいろな可能性を考えてみよう！	シート3 配布 可能性①は、文章から抜き出して埋め、可能性②と「とりあえず」を考えさせる。 可能性①　＜回答＞自分の意見が無視された 可能性②　＜回答例＞多数決で決まった とりあえず＜回答例＞話を聞いて
	ワーク4　　　　15分 損得勘定表で認知のしかたの「損得」を調べる （実施時間：5分）	ワーク3のエピソードに関して、損得勘定表のメリット、デメリットを各自埋めさせる。自分の意見を発表させ、板書してみんなで損得勘定表を埋めていく。認知①のデメリットと、認知②のメリットがたくさん出ればいいので、逆はあまり数が出なくてもよい。損得勘定表で認知の比較ができることを確認する。 ①メリット＜回答例＞気にいらないことをしなくていい。 　　自分の時間が持てる。 ①デメリット＜回答例＞自分の気もちを理解してもらえない。 　　みんなが準備しているのにやることがなくてさびしい。 ②メリット＜回答例＞話し合えばカキ氷屋でも、楽しくやれるかもしれない。 　　自分の意見が通らなくても、みんなとの関係はよくなる。 ②デメリット＜回答例＞自分の意見が無視されていたらショック。 　　やりたかった劇ができない。
まとめ 3分	【予　告】　　　　3分	エクササイズ13の予告を読み上げる。

エクササイズ13-1

行動 1 行動とストレスは関係があるの？

実施日：　月　日（　）　年　組　番　氏名

●ここまでのおさらい
これまで、認知によって、ストレスを小さくするような考え方ができることなどを学習してきましたね。これからは「行動」の単元に入ります。

●ストレスマネジメント　年間の授業の流れと「行動」

4～5月　導入　　自己理解と学習への動機づけ

6～7月　認知　　感情は、出来事の認知のしかたで変わる。
　　　　　　　　認知のしかたを広げて、ストレスを小さくしよう。

9～12月　行動　　**人間関係の行動のしかたは、学習できる。
　　　　　　　　ストレスが小さくて済む行動を身につけよう。**

1～2月　情動　　リラックスできれば、ストレスに強くなれる。
　　　　　　　　自分に合ったリラックス法を身につけよう。

2～3月　総合　　まとめと応用

●「行動」では、何が学べるの？
たとえば、次のように感じるときはありませんか？
少しでも感じると思うものを、カラーペンなどを使って囲んでみましょう。

- 友だちになりたいけど、うまく会話ができるかな……
- 自分の気もちがはっきり言えない。相手がどう思うか気になって……
- 人にものを頼むのは苦手だなあ
- 落ち込んでいる友だちを元気づけてあげたいけど、何て言おう
- 自分が悪いとわかっても、素直に謝れない……
- ほんとはイヤなのに、誘われると断れなくて……

「行動」の単元では、こうした問題を解決するヒントを学んでいきます。
これから学習する**「行動」**の学習を、少し体験していきましょう。

エクササイズ13-2

実施日：　　月　　日（　）　　年　　組　　番　氏名

ワーク1　「認知」のおさらい

①エピソードを読んで、はなこさんの**認知**と**感情**を書いてみましょう。
②"ストレスが小さくなりそう"な①とは別の**認知**と、その場合の感情を書いてみましょう。

> はなこさんは、バイト先にいつも話しかけづらい苦手な先輩がいます。
> はなこさんは前回バイトに行った日、緊張して大失敗をしてしまい、その先輩にしかられてしまいました。はなこさんは「先輩はきっとわたしの事をダメな子だと思っている」と考えて、不安になり、先輩を避けるようになってしまいました。

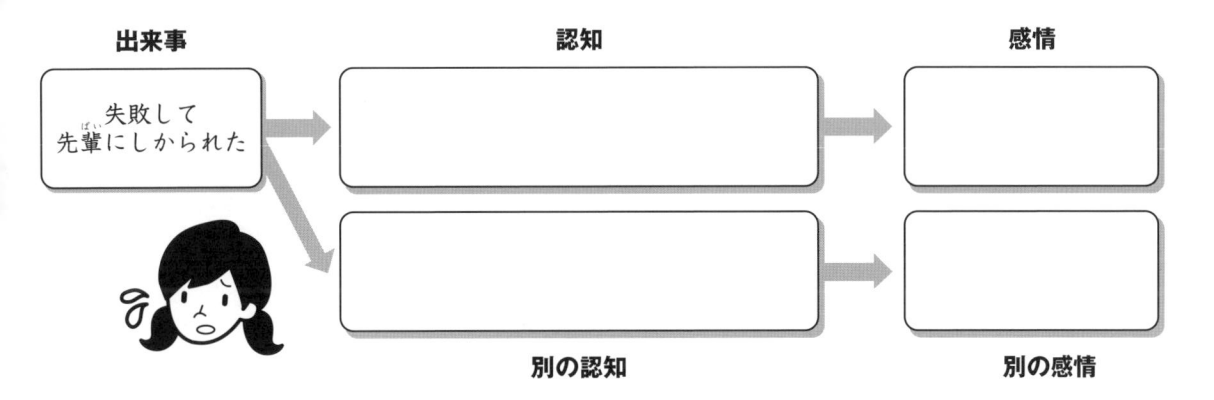

出来事　→　認知　→　感情

失敗して先輩にしかられた

別の認知　→　別の感情

ワーク2　ロールプレイを見てみよう！

以下の**ワーク1**の続きのエピソードについて、これから先生たちがロールプレイをします。その中で、「3つの行動」の例が登場します。それぞれの行動をした時、**(1)"はなこさん"はどのくらいこころの負担を感じるでしょうか？（2）相手はどんな印象を受けるでしょうか？**

> はなこさんが、ある日バイトに行くと、あの先輩が仕事を終えて帰ろうとするところにちょうど出くわしました。すると、はなこさんは……

〈パターン①〉
目もあわさないようにして、何も言わない。
　はなこさんのこころの負担は？　**大・中・小**
　相手の受ける印象は？

〈パターン②〉
「ペコッ」とおじぎする。
　はなこさんのこころの負担は？　**大・中・小**
　相手の受ける印象は？

〈パターン③〉
「お疲れ様です」と大きな声であいさつする。
　はなこさんのこころの負担は？　**大・中・小**
　相手の受ける印象は？

はなこさんは、どの行動をとったらいいと思いますか？

実施日： 　月　　日（　　）　　　年　　組　　番　氏名

パターン③の"大きな声であいさつする"が、正しい行動だと感じる人が多いかも……

> 確かに、大きな声であいさつすることができれば、ベストかもしれませんが、そのことがはなこさんにとって、とても負担が大きかったり、実行することがとても難しかったりすると、それははなこさんの"ストレス"になってしまいます。

かといって、**パターン①の"何も言わない"**では……

> はなこさんのストレスはなくても、先輩との関係が心配です。先輩に「はなこさんって話しかけにくいな」と思われ、ますます話しかけづらい関係になってしまうかもしれません。

パターン②の"おじぎをする"ならどうでしょう？

> はなこさんはストレスを感じずに実行することができるかもしれませんし、先輩もあいさつされたので悪い気分にはならないでしょう。いつかは"大きな声であいさつできる"ようになるといいかもしれませんが、この場面では"おじぎをする"ことでその場をやりすごすことも、1つの有効な方法といえます。

●リレーションタイム「行動」のねらい
～ストレスを小さく抑えながら、相手といい関係を築く～

これからの「行動」の授業では、ある場面で、自分のストレスは小さく抑えながら、相手ともいい関係を築いていくために、"どんなふうにふるまえばいいのか"を一緒に考えていきます。

> この行動の授業では、"正しい行動"を憶えるのではなく、さまざまな行動の選択肢を考え、自分がストレスを感じない範囲でその場面にふさわしい行動を選べるようになることが目標です。

たとえば、次のような行動を取り上げる予定です！
- ●会話が楽しく弾むようになる聴き方、答え方
- ●友だちを元気づけてあげることばかけのしかた
- ●相手を傷つけずに、自分の気もちを伝える方法
- ●上手に謝る方法

☆面白そうだな、と思う内容に○をつけてみましょう。いくつつけてもかまいません。

予告 エクササイズ14では、うまく仲間に入るコツを練習します。

エクササイズ13　授業展開例

テーマ	行動①　行動とストレスは関係があるの？
具体的内容	認知の単元のおさらいと、行動の単元の内容紹介。
学習のねらい	「行動」の授業のねらいを理解する。 さまざまな行動の選択肢を考え、自分や相手のストレスを高くしない行動を選択することが重要であることを理解する。
学習方法	個人ワークシート学習
準備	ワークシート

展開例	生徒の活動	指導上の留意事項
導入 3分	シート1 【導入】　　　　3分	シート1 配布 ●ここまでのおさらいを読み上げ、今回の導入とする。
エクサ サイズ 40分	●ストレスマネジメント 年間の授業の流れと 「行動」　　　　5分	内容を読み上げ、これまでの復習と、ストレスマネジメントの授業の中での「行動」単元の位置づけを確認する。
	●「行動」では、 何が学べるの？　5分	具体的に行動の単元で扱う内容についてみていく。吹き出しの中を読み上げ、自分が共感する内容に色をつけさせる。行動の単元では、これらを解決することができるかもしれないことを生徒に告げ、動機づけを高める。
	シート2 ワーク1 「認知」のおさらい　8分	シート2 配布 教師がやり方を説明し、エピソードを読み上げる。 認知と感情を記入させ、簡単に発表させて復習とする。 認知＜回答＞ダメな子だと思われている。 感情＜回答＞不安 別の認知＜回答例＞頑張りを期待してくれているかも。 別の感情＜回答例＞やる気、ワクワクする
	ワーク2 ロールプレイを 見てみよう！　17分	3つのパターンのロールプレイによって状況を理解させ、それぞれのパターンについて、ワークに記入させる。 ロールプレイは、演じて見せる者や、状況を説明する者がいると望ましい。 ①＜回答例＞　中・無視されてイヤな気分だな。 ②＜回答例＞　小・感じがいいな。 ③＜回答例＞　大・元気がいいな。
	シート3	シート3 配布 3つのパターンのはなこさんのこころの負担や相手の受ける印象のメリット・デメリットを考え、どの行動が一番よいかを決定していく。 各々の四角の中を読み上げる。 「行動」の選択のしかたについて、「どれが正しいか」ではなく、どれならできるか、どこからやっていこうかという考え方を理解させる。
	●リレーションタイム 「行動」のねらい　5分	内容を読み上げる。行動の単元の具体的内容の予告を行い、○をつけさせる。 どれに○をつけたか、生徒に聞いてみるのもよい。
まとめ 2分	【予告】　　　　2分	エクササイズ14の予告を読み上げる。

エクササイズ14-1

行動2 うまく仲間に入ってみよう！

実施日： 月 日（ ） 年 組 番 氏名

●ここまでのおさらい

いよいよ行動の単元に入りました。まず初めに上手な会話のしかたについて勉強していきましょう。会話を楽しむためには、会話の中に入る必要がありますよね。

今回は、**会話の仲間に入る方法**について考えながら、**行動の学習のポイント**を学んでいきます。

ワーク1　会話に入るには

次のような設定で、想像してみてください。

> あなたは、あるボランティア活動の説明会に行きました。
> 集まった生徒は30人ほどです。どうやらお互いに初対面のようです。
> 最初の説明が終わって休憩に入り、ところどころでおしゃべりの輪ができ始めました。
> あなたの近くでも3人の生徒が話し始めたので、自分も話に加わりたいと思いました。
> どうしたら、仲間に入れるでしょうか。

①ブレインストーミングで考えてみましょう。出てきた中から1つ、いいと思う方法を選びましょう。

②お互いに自分の考えを発表し合って、友だちの考えを聞いてみましょう。

●行動の選択肢を考える

私たちは、迷ったとき、自分の取れる行動は1つか2つしかない、と思いがちです。

しかし、**「行動にはいくつもの選択肢がある」**のです。これはとても重要なポイントです。

いろいろな行動を考えてみて、その中から、次の基準を使って、行動を選択していきます。

> ＜行動選択の基準＞　①相手から見て、受け入れやすいか
> 　　　　　　　　　　②自分自身が、無理なくできるか

この基準に従って、どんな行動が良さそうか、順番に考えてみよう！

ワーク2　相手から見てどうか考えてみよう

上のエピソードでの行動を、まず、**相手から見て受け入れやすいか**で、考えてみます。

ここでは立場を変えて、あなたが仲間に入れる側だとしたら、

次のうち、どの態度が、仲間に入れやすいと思いますか。◎、○、△をつけてみよう。

① (　　) 「○○です。ヨロシク！」と、話を割って入る。
② (　　) 「みんな、どこから来たの？」と質問する。
③ (　　) 笑顔で「こんにちは。△△学校の○○です」と自己紹介する。
④ (　　) 「私も入っていいですか」と、笑顔で近づく。
⑤ (　　) 何となくみんなの方を見て、話を聞いている。
⑥ (　　) 資料を読むふりをして、話しかけられるのを待つ。

受け入れやすいのはどれ？

エクササイズ14-2

実施日： 　月　日（ 　） 　年　組　番　氏名

●会話の入り方のポイント

相手が受け入れやすい行動をとることが、上手に会話に入るためのコツです。
会話の入り方のポイントを整理しておきましょう。

【会話の入り方のポイント】
① 相手に**視線を向ける**
② 相手に**近づく**
③ はじめは**相手の話を聞く**
④ **笑顔で**話しかける

今後の授業では、「○○のしかたのポイント」という形で、行動のヒントを示していきます。
でも、これができなければダメ、と考える必要はありません。
「ポイント」を参考にしつつ、**自分で行動の選択肢を考えていくこと**が重要です。

●自分にできるか考えよう

行動の選択肢を見つけていくためには、相手の気もちだけでなく、**自分にできるかどうか**を考えることも大切です。次の図で、それを確かめてみてください。

行動の選択肢	相手の気もち	自分の気もち
①「私も入っていい？」と、笑顔で近づく。	「どうぞ」（自然に受け入れる）○	勇気がいるなあ（ストレス大）△
② 何となくみんなの方を見て、話を聞いている。	「話しかけてみようかな」○	これくらいならできるかな……○
③ 資料を読むふりをして、話しかけられるのを待つ。	「話しかけられたくないみたい……」△	本当は話しかけてほしいのに……△

確かに、積極的に話しかけることができれば、仲間に入れる可能性は高くなるでしょう。
でも、それが難しいと思うなら、相手を見て話を聞いているだけでもいいのです。

「行動」の正解は、1つではありません。今の自分にできることから始めましょう。

エクササイズ14-3

実施日：　　月　　日（　）　　　年　　組　　番　氏名

●ノンバーバル・コミュニケーション

今までの学習を通してわかったように、ことばだけでなく、相手に近づいたり、笑顔を見せるという動作や態度で、仲間に入りたいという気もちが伝わります。
これを**ノンバーバル・コミュニケーション**と言い、人間関係の中で、重要な役割を果たします。ノンバーバル・コミュニケーションのポイントには、**表情、態度、距離、目線、声のトーンや大きさなどがあります。**

※バーバル（verbal）とは、「ことばの」という意味なので、ノンバーバルは、「ことばでない」という意味です。

おまけのワーク　ノンバーバルを意識しよう

あなたは、相手のどんなノンバーバルな面に、印象を左右されるでしょうか。
次の絵の吹き出しの文字で、**あなたが影響を受けると感じるもの**を、明るい色のペンで囲んでみましょう。

→ 吹き出しの中の小さい字は、自分が話すときに気をつけるとよいポイントです。
　実際に活用するときに、気をつけてみるといいかもしれません。

視線
相手を見る。
凝視(ぎょうし)しすぎない。

表情
話の内容に
あった表情で。

距離
声が届く距離。
近すぎない。

声の大きさ
聞こえる大きさで。
大きすぎず。

声のトーン
話の内容に
あったトーンで。

態度
場の雰囲気に合う、
自然な態度。

> ノンバーバルは、これからの「行動」の授業で
> すべての単元に共通する大事なポイントです。
> ノンバーバルな面も、心に留めておきましょう。

まとめ　今日の学習をふり返って感想を書きましょう。

予告　エクササイズ15では、楽しい会話をするために、聴き上手になるコツを練習します。

エクササイズ14　授業展開例

テーマ	行動②　うまく仲間に入ってみよう！
具体的内容	会話の輪に入るやり方を考えながら、「行動」の学習をしていく上での考え方を学ぶ。
学習のねらい	① 会話にうまく入るために、相手が受け入れやすい行動のしかたを学ぶ。 ② 行動の選択の上で、自分にできるか考えることが大切であることを学ぶ。
学習方法	個人ワークシート学習
準　備	ワークシート、ブレインストーミング用紙、（掲示カード）

展開例	生徒の活動	指導上の留意事項
導入 2分	シート1 【導　入】　　　　2分	シート1 配布 冒頭の●ここまでのおさらいを読み上げ、導入とする。
エクササイズ 40分	ワーク1　　　　　12分 会話に入るには	エピソードを読み上げ、仲間に入る行動を考えさせる。 ブレインストーミング用の用紙を配布し、思いついた方法をどんどん書かせる。 その中から1つ、自分がいいと思う方法を選ばせ、発表させる。 発表では、友だちの意見を聞くように指示する。
	●行動の選択肢を考える 　　　　　　　　　5分	説明を読み上げて、2つの基準で考えてみるという方向性を示す。
	ワーク2　　　　　5分 相手から見てどうか 考えてみよう	説明し、記入させる。各項目も読み上げるとよい。 「①に◎つけた人？」（◎のみ）と、⑥まで1つずつ挙手させ、「やっぱり笑顔がいいよね」などと結果をフィードバックして、次につなげる。
	シート2 ●会話の入り方のポイント 　　　　　　　　　3分	シート2 配布 ワーク2で考えたことを受けて、「ポイント」を説明する。 吹き出しの中を読み上げて、次へとつなぐ。
	●自分にできるか考えよう 　　　　　　　　　5分	自分の気もちや相手の気もちを考えて行動を決定していくことが必要であることを伝える。1つの選択肢ごとに説明しながら、○△を読み上げる。 図の下の説明、シマック先生のコメントを読み上げる。 ここでは提示カード等を用いて説明してもよい。 「これが本日の結論で、メインテーマは終了ですが、行動の学習をする上で、大事な点を1つだけ付け加えておきます」と伝えて、次へつなぐ。
	シート3 ●ノンバーバル 　　コミュニケーション 　　　　　　　　　10分	シート3 配布 図を参照させながら、説明を読み上げる。これからの行動の単元でも使えることも伝える。 時間があれば、おまけのワークを実施する。 時間がなければ、各自読んでおくように指示してもよい。
まとめ 3分	【まとめ】　　　　3分 【予　告】	【まとめ】感想を書かせる。 エクササイズ15の予告を読み上げる。

※「ブレインストーミング記録用紙」は163ページにあります。

エクササイズ15-1

行動3 上手な聴き方を使ってみよう！

実施日： 月 日（ ） 年 組 番 氏名

●ここまでのおさらい

前回は、うまく会話に入るコツについて学習しました。うまく会話に入って、さらに会話を楽しむためには、相手の話を上手に聴くことが大切です。このエクササイズでは相手の話を上手に聴く練習をしてみましょう。

●楽しい会話をするには

あなたは、周りの人たちとの会話を楽しんでいますか。「話すのは苦手……」という人もいるでしょう。「家族や友だちとならいいけど、それ以外はちょっと……」という人もいるかもしれません。人と楽しく会話するために、今回は相手の話を上手に聴く方法をいっしょに考えていきます。

毎日の会話が楽しくなるヒントが、見つかるといいですね。

> 今回はまず、「話の聴き方」について考えてみます。

ワーク1　どんな聴き方がいいかな？

これから先生たちが"話の聴き方"について、いくつかの会話をロールプレイします。聴き手の行動と話し手の反応をよく見て、どうしてそうなるのか、考えてみましょう。

①最初の会話を見て、話し手の気もちを想像して書いてみましょう。

	聴き手の聴き方	話し手はきっとこんな気もち
【聴き方①】	携帯をいじりながら	

②聴き手は、聴き方①を反省して、いろいろな聴き方を工夫してみるそうです。

これから実演する②〜④の聴き方をよく観察し、どんな工夫をしたのか、書いてみましょう。「話し手の気もち」は、話し手本人が言うので、それをメモしましょう。

	聴き方の工夫は？	話し手の気もち（本人のことばをメモする）
【聴き方②】		
【聴き方③】		
【聴き方④】		

どういう聴き方をしたら、相手は話しやすいのか、わかりましたか？

実施日：　　月　　日（　）　　年　　組　　番　氏名

● 「会話上手」は「聴き上手」
聴き方の工夫ひとつで、相手は話しやすくなるということがわかったと思います。
「会話上手」になるには、必ずしも「おしゃべり」がうまくなくても大丈夫なのです。
まずは、**「聴き上手」**を心がけてみてもいいかもしれません。

【上手な聴き方のポイント】
① <u>うなずく、あいづちをうつ</u>
② 相手のことばを**くり返す**
③ 適切な**質問をする**

応用編
態度・表情にも気をつけてみよう！
① 話している**相手の方を向く**
② 話の内容にあった**表情**になる
　（相手の話に生き生きと反応する）

楽しい話なら楽しく♪
悲しい話なら悲しく、
怖い話なら……？

もちろん、相手の話に関心を持って、聴こうとする気もちが大切です。
これらのポイントを使えば、「あなたの話、聴いてるよ」という気もちが伝わりやすくなるのです。

（ミニワーク）ちょっと静かに座って、あなたの身近にいる、**聴き上手な人**を
思い浮かべてみましょう。
その人はどのポイントを使っていますか？
その人と話すと、どんな気もちがするでしょうか？

あなたなら、どのポイントが使えそうですか？

次は、実際にやってみることにしましょう。

エクササイズ15-3

実施日：　　月　　日（　）　　　年　　組　　番　氏名

ワーク2　上手な聴き方の練習をしてみよう！

先生の指示に従って、聴き方の練習をしてみよう。
感想の記入は後で行うので、まずは試してみよう！

感想　体験して感じたことをふり返ろう

聴き手役をしてみて
どのポイントを使ったか。やっていてどうだったか。

話し手役をしてみて
聴き手役のどのような聴き方が印象に残ったか。

> どうでしたか？
> 実際にやってみると、相手の反応もわかるし、
> 自分はどれがやりやすいかもわかります。
> ふだんの生活の中で、ときどき思い出して
> 使ってみましょう。
> 楽しい会話が弾むといいですね。

まとめ　今日学んだ「上手な聴き方のポイント」の中で、あなたが使ってみたいのは、どれですか。どんなときに使えそうですか。感想を書きましょう。

予告　エクササイズ16では、会話が弾む「上手な答え方」を学んでいきます。

エクササイズ15　授業展開例

テーマ	行動③　上手な聴き方を使ってみよう！
具体的内容	聴くことの大切さとポイントを知り、実際に練習してみる。
学習のねらい	① 楽しい会話をするために、相手が話しやすい「聴き方」が大切さと理解する。 ②「上手な聴き方」のポイントを考え、練習してみる。
学習方法	個人ワークシート学習、グループワーク
準　備	ワークシート

展開例	生徒の活動		指導上の留意事項
導入 2分	シート1 ●ここまでのおさらい ●楽しい会話をするには	2分	シート1 配布 ●ここまでのおさらい ●楽しい会話をするには この2つを読み上げて、今回の導入とする。
エクササイズ 40分	ワーク1 どんな聴き方がいいかな？	15分	授業者と授業補助者の2人で行うことが望ましい。 【聴き方①】話し手は聞き手に話しかける。聞き手は携帯をいじるふりをして聴く。生徒が気もちを書いたら、話し手に「ちゃんと聞いてもらっていない感じがする」というような気もちを言わせる。授業者は、聴き手にもっとちゃんと聴くように注文する。 【聴き方②〜④】 下記の工夫を参考に1つずつ実演後、「聴き方の工夫」を書かせ、生徒に発表させたのち、聴き手が正解を言う。最後に話し手が自分の気もちを言い、生徒にそれをメモをさせる。 ②の工夫　うなずく、あいづちを打つ ②の気もち　＜例＞ちゃんと聴いてくれている感じがする。 ③の工夫　相手の言葉をくり返す ③の気もち　＜例＞聴こうという意欲が伝わる。 ④の工夫　適切な質問をする ④の気もち　＜例＞会話が広がるように思う。
	シート2 ●「会話上手」は 　「聴き上手」 ミニワーク	5分 5分	シート2 配布 先ほどのロールプレイを復習しながら、聴き方のポイントを説明する。 シマック先生の吹き出しも読み上げて補足する。 少しの間、静かに個人で思い描くように指示する。
	シート3 ワーク2 上手な聴き方の練習をしてみよう！	 15分	シート3 配布 ①聴き手役と話し手役に分かれること。 ②聴き手役は聴き方のポイントを使う。 ③話し手役は、聴き手役の聴き方を見ながら話題を提供する。 何らかの話題のテーマを事前に設定してもよい。 授業者の号令で、いっせいに始める。 約30秒〜1分で終わりの合図をする。2回目は生徒の役割を交代して行う。終わったら、感想を書かせる。 グループで「話し手」「聴き手」「観察者」に分かれて行ってもよい。 ⇒第3章 授業の実際とその効果 P.167 参照
まとめ 3分	【まとめ】 【予　告】	3分	吹き出しの中を読み上げ、まとめの感想を書かせる。 エクササイズ16の予告を読み上げる。

エクササイズ16-1

行動4 答え方を工夫してみよう！

●ここまでのおさらい

ここまでは、会話を楽しくする第一歩として、「聴く」ことの大切さおよび会話への上手な参加のしかたを学びました。今日は、**質問されたときの「答え方」**について考えてみます。答え方のちょっとした工夫で、楽しい会話が弾むようになります。

ワーク1 会話の例を聴いてみよう

先生たちが２つの会話の例を読みます。どうしたら会話が弾むのか、考えながら聞きましょう。

―会話1―
A こないだの日曜、何してたの？
B **寝てた**
A 何もしなかったの
B **うん**
A テレビは見なかったの
B **見なかった**
A （沈黙）

―会話2―
A こないだの日曜、何してたの？
B **寝てた。気づいたら午後で12時間も寝ちゃったよ！**
A へえ、12時間も？
B **うん。でも、最高15時間寝たことあるよ。**
A すっごーい！ そんなに寝てお腹すかない？
B **うん、さすがに腹へって目が覚めた。**
A はははは

会話1と会話2では、Bの答え方が、どう違いますか？

●答え方のポイントは……

◎質問されたら

ワーク2 質問の答えにプラスアルファを考えてみよう

①このポイントを使ったやりとりを先生たちがやってみるので、見てみましょう。
②そのあとで、各自、質問の答えにプラスアルファを考えてみましょう。
　答えやすい質問から最低１つ、なるべくたくさん書いてみましょう。

1）あなたの家の最寄り駅、あるいは家の周りの目印は何ですか？
〈答え＋アルファ〉

2）あなたの好きな食べ物は何ですか？
〈答え＋アルファ〉

3）あなたの好きな動物は何ですか？
〈答え＋アルファ〉

【例】好きな動物は何ですか？
ネコです。うちでもシマネコを飼ってるんですよ。

エクササイズ 16-2

実施日：　　月　　日（　）　　年　組　番　氏名

●同じ質問を相手に返すという方法

プラスアルファの答え方ができたら、次は、「**同じ質問を相手に返す**」というやり方を憶えておくと、さらに会話を弾ませるのに役立ちます。

> 相手「**日曜日は、どこか出かけた？**」
> 自分「うん。ちょっと近所へ買い物くらいかな」
> 相手「ふうん」
> 自分「**きみは、どこか出かけたの？**」
> 相手「うん、横浜へ遊びに行ったんだけど、中華街でね、おもしろいもの見つけたんだ……」（話に乗ってくる）

相手が質問してくる話題は、実は自分が話したいことかもしれません。
自分の話を聴いてもらったあと、同じ話題で「あなたは？」と返せば、相手は喜んでさらに話をしてくれる可能性は高いのです。

●答え方のポイント

以上を、まとめておきましょう。

【会話が弾む　答え方のポイント】

① 質問されたら、**答えだけでなくプラスアルファの情報をつけ加える。**

② 自分の話を聴いてもらったら、**「あなたは？」と返す。**

エクササイズ16-3

実施日：　　月　　日（　）　　年　組　番　氏名

ワーク3　会話の練習をしてみよう

では、**ワーク2**の質問と答えを使って、会話の練習をしてみましょう。

まず、先生たちの実演を見てやり方を理解します。そのあと、指示された形に移動して、1人ずつ、1対1の会話練習をしましょう。

<会話の例>　　　　　　　　　　　　　　　　<手　順>

相手　質問はどれにしますか

自分　1にします。　　　　　　　　　　　←①まず質問を選びます

相手　あなたの家の最寄り駅または家の周り　　②相手が質問します。
　　　の目印は何ですか？

自分　練馬駅です。駅前はにぎやかですよ。　←③答えて、プラスアルファをつけ加えます。

相手　そう、練馬はにぎやかなんだね。　　　　④相手が一言返してくれたら、

自分　あなたの家の最寄り駅、または家の周　←⑤相手に同じ質問を返します。
　　　りの目印は何ですか？

相手　新宿です。人が多いですよ。　　　　　　⑥相手が答えたら、

自分　へえ新宿ですか。大都会ですもんね。　←⑦あなたが、一言返します。

2人　ありがとうございました。　　　　　　　⑧お互いにお礼を言って終わりです。

（先生たちの実演を見よう）

※　1つ終わったら、別の質問でもやってみましょう。
※　相手の答えの内容にも注目してみましょう。自分以外の人はどのように答えるでしょうか。

【質問リスト】
1）あなたの家の最寄り駅、または家の周りの目印は何ですか？
2）あなたの好きな食べ物は何ですか？
3）あなたの好きな動物は何ですか？

（自分が答えたい質問を選んでおきましょう。）

まとめ　今日の学習をふり返って感想を書きましょう。

（答え方のポイントを使いこなして、楽しい会話が弾むといいですね。）

予告　エクササイズ17では、質問をしてから、さらに会話を広げる工夫について学習します。

エクササイズ16　授業展開例

テーマ	行動④　答え方を工夫してみよう！
具体的内容	会話を弾ませるためのちょっとした答え方の工夫を知り、実際に練習してみる。
学習のねらい	① 楽しく会話を続けるために、質問されたときの答え方の工夫を考える。 ② 答え方のポイントを実際に体験練習し、行動の選択肢を増やす。
学習方法	個人ワークシート学習、ロールプレイ
準　備	ワークシート

展開例	生徒の活動	指導上の留意事項
導入 5分	シート1　　　　　5分 【導　入】	シート1配布 ●ここまでのおさらいを読み上げ、動機づけを促す。
エクササイズ 35分	ワーク1　　　　　5分 会話の例を聴いてみよう	授業者と授業補助者でAとBの役割を決めて、セリフを読み上げる。 会話1と会話2の違いを考えさせ、発表させて、ある程度の方向性が出てから、「答え方のポイント」を板書する。 （質問されたら）**プラスアルファの情報をつけ加えよう**
	ワーク2　　　　　10分 質問の答えにプラスアルファを考えてみよう	授業者と授業補助者で3つの質問をそれぞれ実演する。 その後、各自質問への答えを書いてみる。答えやすいものから、最低1つ書けばよい。時間があれば、全部答えるように指示する。 だいたい書けたら、各クラス1、2人ずつ指名して、授業者と生徒の間でやりとりをしてみせる。 あとで、全員やることを予告して次へ進む。
	シート2　　　　　5分 ●同じ質問を相手に返すという方法	シート2配布 枠内の会話は、授業者と授業補助者で役割を決め、ロールプレイを行う。同じ質問を相手に返すことが効果的であることを実感させる。
	●答え方のポイント	ポイントを読み上げて確認する。
	シート3 ワーク3　　　　　15分 会話の練習をしてみよう	シート3配布 説明のあと、「会話の例」を授業補助者で実演する。 地名などは適宜生徒に浸透しているものに置き換えて実演する。 実演は授業者以外が行い、授業者は横で手順を説明するとよい。 以下の手順で2回行い、生徒に作業を理解させる。 〈1回目〉通しで実演　〈2回目〉手順解説入りで再実演 隣同士の生徒でペアを作らせ、お互いに質問を選んでロールプレイを行う。ひと通り終わったら役割を交代して行う。 互いに1つの質問ができたら、別の質問でもロールプレイを行う。 小グループを形成してロールプレイを行わせるなどの工夫をしてもよい。 ⇒第3章 授業の実際とその効果 P.171 参照
まとめ 5分	【まとめ】　　　　5分 【予　告】	【まとめ】感想を書かせる。 エクササイズ17の予告を読み上げる。

エクササイズ17-1

行動5 質問をしてみよう！

●ここまでのおさらい

ここまでに楽しい会話をするためのヒントを学んできました。
会話上手になるためのさまざまな方法を学びましたね。
人の話を**聴いて**、質問に**答えて**、楽しく会話が盛り上がってきたら、
今度は、あなたから**質問して**みましょう。もっともっと楽しい会話になります。

ワーク1　質問してみよう

みんなに向けて、先生が一言だけ話します。
それを聴いて、みんなで質問をしてみよう。
質問と答えのやりとりが終わったら、
話し手が感想を言うので、聴いてみよう。

●質問するのは何のため？

相手の話に興味を感じ、**「もっとくわしく聴きたい」**と思うとき、
私たちは、質問をします。
つまり、質問をすると、
「興味があるよ」、「もっと聴かせて」という気もちが、相手に伝わるのです。
うまい質問ができれば、相手は話がしやすくなり、
楽しい会話が弾むことでしょう。

ワーク2　質問のタイプを考えよう

①次の質問に、あなたならどう答えますか？　思いうかべてみましょう。

質問リストA	質問リストB
①旅行は好きですか	①旅行では、どんな思い出がありますか
②北海道に行ったことがありますか	②北海道っていうと、どんなイメージですか
③じゃがバタは好きですか	③なぜじゃがバタが好き（嫌い）なんですか

②リストAとリストBでは、質問のタイプが違っています。どう違うでしょうか。

___

リストAの質問＝

___

リストBの質問＝

___

エクササイズ17-2

実施日：　　月　　日（　）　　年　　組　　番　氏名

●質問のタイプ

AとBのタイプの違いを、**A) クローズドクエスチョン、B) オープンクエスチョン** と言います。
それぞれの質問の特徴、働きの違いを憶えておくと、会話をスムーズに運ぶのに役に立ちます。

A) クローズドクエスチョン （閉じた質問）	B) オープンクエスチョン （開かれた質問）
イエス・ノーや、一言で答えられる質問 ・日曜日は出かけますか → いいえ ・何時に起きますか → 6時です。	**具体的な内容を答える質問** ・日曜日はどう過ごしますか ・どうして早く起きるんですか
答えやすい質問 **会話のはじめに使うと効果的** でも、相手がプラスアルファの答えをしてくれないと、会話は発展しにくいかもしれません。	くわしい話が聴ける質問 **会話が発展しやすい** でも、いきなり難しい質問や、プライバシーに突っ込んだ質問をすると、相手は困ったり、不快になるかもしれません。

両方の質問の特徴を考えてうまく使い分けると、相手の答えを引き出し、会話を発展させることができます。
また、この違いを憶えておくと、いろいろな質問を考えるときにも役立ちます。

ワーク3　質問のタイプを見分けよう

① それぞれの質問に、自分の答えを書いてみましょう。エクササイズ16で学習したプラスアルファの答えは、ここではつけ加えなくてかまいません。
② その質問は、「クローズドＱ」、「オープンＱ」のどちらなのか、○をつけよう。

---

①音楽を聴くのは好きですか？

〈答〉　　　　　　　　　　　　　　　　　　　　　　　➡　クローズドQ　／　オープンQ

---

②映画を見るのは好きですか？

〈答〉　　　　　　　　　　　　　　　　　　　　　　　➡　クローズドQ　／　オープンQ

---

③どんな音楽（映画）が好きですか？

〈答〉　　　　　　　　　　　　　　　　　　　　　　　➡　クローズドQ　／　オープンQ

エクササイズ17-3

実施日： 　月　日（　）　　年　組　番　氏名

ワーク4　インタビューをしよう

①話を聴こう

先生たちが短い話をします。皆さんはインタビューする人になって、さらに"おもしろい話"を引き出すために、いろいろな質問をしてみましょう。
誰に質問するかは、あらかじめ割り当てられます。

割り当ての話し手は　　　　　　　　先生（さん）

話は、　　　　　　　　　　　　　　　　　　について

---

②質問を考えよう

ブレインストーミングで、質問をたくさん考えてみよう。
思いついた質問は、「ブレインストーミング用紙」に書いていきましょう。
なるべく多くの質問を考えてみよう。

> クローズドクエスチョンとオープンクエスチョンの両方を考えるといいかも！

③質問しよう（インタビュー会見）
（1）ブレインストーミング用紙に書かれた質問を見ながら、1人1問ずつ、話し手に向けて質問します。
（2）答えが返ってきたら、「ありがとうございました」と言って、終わりにします。
（3）全員終わったら、話し手が質問されてどうだったかを話すので、聴いてみましょう。

まとめ　今日の学習をふり返って感想を書きましょう。

予告　エクササイズ18では、相手のストレスを小さくするようなあたたかいことばかけについて学びます。

エクササイズ17 授業展開例

テーマ	行動⑤ 質問をしてみよう！
具体的内容	会話を弾ませるための質問の大切さと働きを理解し、実際に練習してみる。
学習のねらい	① 楽しい会話のための質問の大切さとその働きを理解し、練習してみる。 ② 相手との関係を考えた話題選びのポイントを理解する。
学習方法	個人ワークシート学習、グループワーク
準　備	ワークシート、ブレインストーミング用紙、（掲示カード）

展開例	生徒の活動	指導上の留意事項
導入 2分	シート1 【導　入】　　　2分	シート 配布 ●ここまでのおさらいを読み上げ、動機づけを促す。
エクササイズ 40分	ワーク1　　　5分 質問してみよう	1人の教員もしくは授業補助者が話の冒頭部分だけ話す。 ＜回答例＞「こないだの日曜、●●遊園地に行ったんです。」 授業者が、「みんなで質問しましょう。質問のある人は手を挙げて」と授業への参加を促す。話し手は最後に、「聞いてくれてうれしかった」などの感想を言う。
	●質問するのは何のため？	前の先生の感想を踏まえて、説明するとよい。
	ワーク2　　　5分 質問のタイプを考えよう	(1)の質問を読み上げ、(2)に取組ませる。 1、2分経過したらリストAとリストBについて授業者と授業補助者で実演する。 ※Aの質問にはイエス・ノーだけで答え、Bは具体的に答える。 もう一度、どう違うか考えさせ、そのあとで解答を板書する。 　A【イエス・ノーや簡単な一言で答えられる質問】 　B【具体的な内容を考えて答える質問】 「このタイプの違いを考えてみよう」と言って、次へ進む。
	シート2　　　5分 ●質問のタイプ	シート2 配布 掲示カードを準備し、黒板に順に貼りながら説明するとよい。 シマック先生のコメントを読む。
	ワーク3　　　5分 質問のタイプを見分けよう	各自取組ませ、簡単に答え合わせを行う。 ①はい／いいえ　　→ クローズドQ ②はい／いいえ　　→ クローズドQ ③●●が好きです。→ オープンQ
	シート3 ワーク4　　　20分 インタビューをしよう	シート3 配布 ①教員もしくは授業補助者が全員に向かって話す。インタビュー相手は数名いてもよい。 ②各自ブレインストーミングを行い、質問を考える。 ③各自が割り当てられた話し手にインタビューを行う。 　　　　　　　⇒第3章 授業の実際とその効果 P.167参照
まとめ 3分	【まとめ】　　　3分 【予　告】	【まとめ】各自が感想を書く。 エクササイズ18の予告を読み上げる。

※「ブレインストーミング記録用紙」は163ページにあります。

エクササイズ 18-1

実施日： 　月　日（　）　　年　組　番　氏名

行動6 あたたかいことばかけをしてみよう！

●ここまでのおさらい

ここまでの行動の授業で、友だちと楽しく会話をするスキルについて学んできました。
友だちと会話をしている中で、友だちが、元気がなさそうだったり、落ち込んでいたりしたら、どうしますか？
「何とかしてあげたい。でも、どんなことばをかけたらいいかわからない……」
そんなとまどいを感じることがあるかもしれません。
ちょっとしたことば1つで、ストレスを小さくしてあげられたらいいですよね。
今回は、そんな**「あたたかいことばかけ」**のヒントを考えてみます。

ワーク1　言われてうれしいことばはどれ？

次のたろうくんのセリフを読んで、その気もちを想像しよう。

> 休み時間にみんなで話をしていると、たろうくんが落ち込んだ表情で、こう言いました。 
>
> 昨日塾で、提出物の期限を間違えて出しそびれちゃって。先生にすごく怒られたんだ……

先生たちが、3人の友だち役になってみんなにことばをかけます。
あなたがたろうくんだったら、どのことばがうれしいですか？
うれしさを、○△×で判定してみましょう。理由も考えて書いてみましょう。

　　　　　　　　　　　　　　　　　　　　　　　うれしさは？　　　理由は？

Ⓐ そんなの確認しないで間違える方が悪いんじゃない？　→　□　　［　　　］

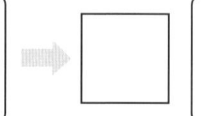

Ⓑ そんなミス、たいしたことないじゃない。たろうくん、気にしすぎなのよ。　→　□　　［　　　］

Ⓒ それは大変だったね。いつもよく頑張ってるよね。次から気をつければ大丈夫だよ！　→　□　　［　　　］

うれしさの違いが出てくる理由が思い浮かびますか？

●相手のストレスを小さくしてあげるには

悩んでいるとき、ただむやみに「元気を出せ」と言われても、なかなかそうはいきません。人が落ち込んでいたら、まず、話をよく聴いて、相手の気もちを受け止めることが大切です。その上で、頑張りをほめたり、その人を思う自分の気もちを伝えたりします。

「あたたかいことばかけ」のパターン

①相手の気もち　相手の様子やことばから、**相手の気もちを受け止めて、ことばにする。**
「つらそうだね」「残念だったね」「そうだったんだあ」など

②自分の気もち　相手に対する**自分の気もちを伝える。**
「頑張ってるよね！」「心配してるんだ」など

③肯定的なことば　**今後に向けて、肯定的なことばを添える。**
「今度は〜だといいね！」「無理しなくて大丈夫だよ」など

パターンを憶えて、いろいろな場面で使いこなそう。

ワーク2 パターンを確認しよう

ワーク1の❻の言い方を、パターンにあてはめて整理してみましょう。

①相手の気もち　「　　　　　　　　　　　　　　　　　　　　　　　　　　　」

②自分の気もち　「　　　　　　　　　　　　　　　　　　　　　　　　　　　」

③肯定的なことば　「　　　　　　　　　　　　　　　　　　　　　　　　　　」

●パターンの応用

❻の言い方は励ます場合ですが、その他、ほめる、心配する、感謝する場合などにも使えます。

	ほめる	心配する	感謝する
①相手のこと	イラストうまいね	具合悪そうだよ	手伝ってくれたんだね
②自分の気もち	うらやましいなあ！	大丈夫？心配だなぁ	ありがとう。すごく助かった
③肯定的なことば	もっと描いて見せてよ！	無理しないで帰ったら？授業のノート、あとで貸してあげるから	今度、そっちが困ったときはいつでも言ってよ！

エクササイズ18-3

実施日：　　月　　日（　）　　　年　　組　　番　氏名

ワーク3　「あたたかいことばかけ」をやってみよう！

①次の３人にどんなことばをかけたら、ストレスを小さくしてあげられるか考えよう。
②１人を選んで、「あたたかいことばかけ」のパターンでセリフを作ってみよう。

A カゼ気味で、ズキズキと頭が痛むじろうくん
「明日は楽しみな旅行なのに、行けるかなぁ……」

B 明日は苦手な英語のテスト。あきらめモードのあきらくん
「絶対に悪い点数だよ、きっと。オレにはムリ……」

C 大会出場目指して練習に励んできたさくらさん
「明日から予選。絶対に、負けられないわ！」

★選んだ相手は　　　　　　　　　

パターン
①相手のこと
　相手の気もち　➡　

②自分の気もち　➡　

③今後に向けての
　肯定的なことば　➡　

③今考えたセリフを使って、実際にあたたかいことばかけを練習しよう
　→ 練習のしかたは、先生が指示します。

まとめ　今日の学習をふり返って感想を書きましょう。

予告　エクササイズ19では、相手に上手に気もちを伝える方法について学習していきます。

エクササイズ18　授業展開例

テーマ	行動⑥　あたたかいことばかけをしてみよう！
具体的内容	悩んでいる相手のストレスを小さくする「あたたかいことばかけ」について考え、そのパターンを学び、練習してみる。
学習のねらい	① あたたかいことばかけのパターンを知り、実際に体験・練習する。 ② アサーションの準備として、相手のストレスを緩和することばの働きに気づく。
学習方法	個人ワークシート学習、グループワーク
準　備	ワークシート

展開例	生徒の活動	指導上の留意事項
導入 2分	シート1　　　　　2分 【導　入】	シート1 配布 ●ここまでのおさらいを読み上げ、動機づけを促す。
エクササイズ 40分	ワーク1　　　　　10分 言われてうれしいことばはどれ？	説明を読み上げ、作業内容を確認してから、授業者または授業補助者が、**生徒全員に向かって、それぞれのセリフを言う**。 （たろうくん役を立ててロールプレイするより効果的） 3人のセリフが言い終わったら、○△×を記入させる。 「どれが一番うれしい？」と聞いて1つずつ挙手させ、どのへんからそう思うのかを質問して、ＡＢＣの違いの細部にはさほどこだわらず、全体的に印象が異なることを感じる。 A＜回答例＞：失敗を責められている感じがする。 B＜回答例＞：無責任な感じがする。 C＜回答例＞：自分の気もちを受け止めてくれたような感じがする。 ⇒第3章 授業の実際とその効果 P.169 参照
	シート2 ●相手のストレスを 　小さくしてあげるには　5分	シート2 配布 前のワークを受けて説明を読み、相手の気もちを考えることの大切さを理解させる。
	ワーク2　　　　　5分 パターンを確認しよう	指示通りことばをあてはめさせる。板書で答え合わせをする。 ①それは大変だったね。②いつもよく頑張っているよね。 ③次から気をつければ大丈夫だよ！
	●パターンの応用　5分	内容を読んで説明し、さまざまに応用できることを確認する。
	シート3 ワーク3　　　　　15分 「あたたかいことばかけ」をやってみよう！	シート3 配布 ① 授業者もしくは授業補助者が各々のセリフを読む。 ② 相手を選んでことばを考える。机間巡視し、個別に指導する。 ③ 隣の席の生徒とペアになり、それぞれ相手が選んだ人のセリフを読む役と、あたたかいことばがけをする役に分かれ、声かけの練習をする。終わったら役割を交代して行う。 A＜回答例＞①具合が悪そうだね。②明日の旅行楽しみにしてたよね。③今日は早く帰って寝た方がいいよ！ B＜回答例＞①そうだったんだ。②でもずっと頑張って勉強してたよね。③明日はできる限り頑張れば大丈夫だよ！ C＜回答例＞①いよいよ明日なんだね。②練習頑張ってたよね。③明日は勝てるといいね！ ⇒第3章 授業の実際とその効果 P.172 参照
まとめ 3分	【まとめ】　　　　3分 【予　告】	【まとめ】まとめとして授業の感想を書かせる。 エクササイズ19の予告を読み上げる。

行動 7 言いたいことをうまく伝えてみよう！

●ここまでのおさらい

ここまでに、相手のストレスを小さくしてあげることばを勉強しました。しかし、会話の中で言いたいことを相手に伝えるのは難しい……と、思ったことはありませんか。

自分の気もちや考えを言ったら、相手が怒ったり、すねてしまったり……。逆に、えんりょして言わなかったために、誤解されたり、自分の気もちがいつまでもおさまらずに、ストレスになってしまったり……。

どうしたら、お互いのストレスを小さくして、言いたいことを伝えられるでしょうか。
「言いたいことをうまく伝えるにはどうしたらいいか」 を考えてみましょう。

ワーク1　「正直に伝えること」のメリット・デメリット

下のようなエピソードがあったとき、左側のさくらさんの立場で考えてみよう。

> ちょっとさくらさん！この間貸したペン、そろそろ返してくれない！？あのペン気に入ってたから、ないと困るんだけど！

（さくらさんの心の中）あれ？ペンはすぐ返したけどなぁ。はなこさんのかんちがいだと思うけど……

自分：さくらさん　　　　　　　　　　　　　　　　　　　　　はなこさん

①あなたがさくらさんならどうしますか。A、Bのどちらかに○をつけ、理由も書きましょう。

　A：「かんちがいだと思う」と伝える　　　B：「かんちがいだと思う」と伝えない

理由：_____

②この場合、自分の考えを伝えた場合と伝えない場合で、どんな結果が予想されるでしょうか。メリット（いい結果）と、デメリット（悪い結果）に分けて想像して、表に入れてみよう。

	A：自分の考えを伝える	B：自分の考えを伝えない
メリット （いい結果）		
デメリット （悪い結果）		

　　デメリット（悪い結果）を避けて、メリットを最大にできればいいですよね。どうしたらいいかな？

エクササイズ19-2

実施日：　　月　　日（　）　　年　　組　　番　氏名

ワーク2　こう言われたら、どんな気もちがするだろう

同じエピソードで、今度みなさんは、ペンの持ち主はなこさんの立場になってください。先生が、さくらさんになって、みなさんに返事をします。3つとも聴いてから、

① 自分（はなこさん）のストレスがどれくらいか、大・中・小 のどれかに〇をします。
② 相手（さくらさん）のストレスがどれくらいか も、想像して〇をつけてみましょう。

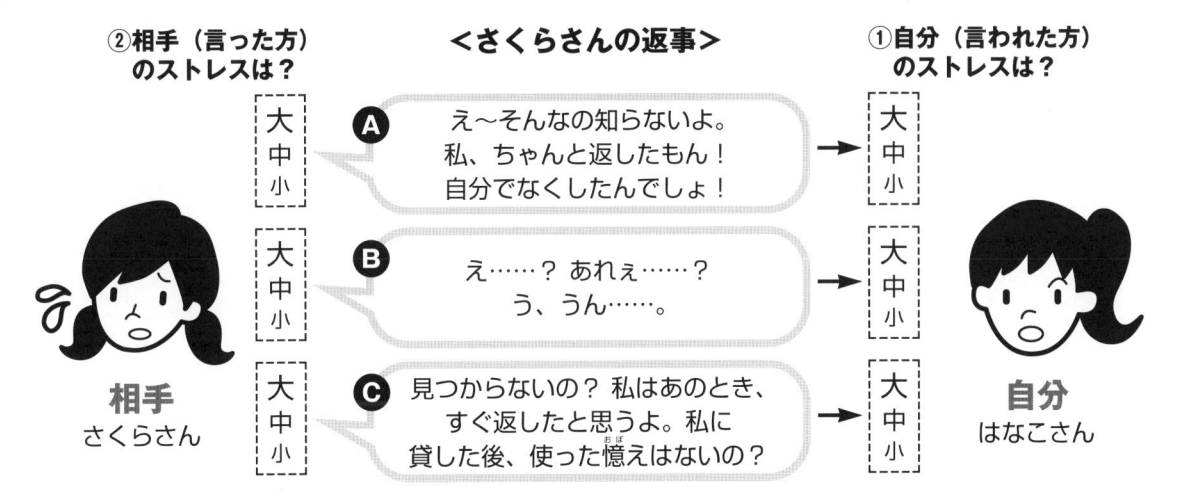

②相手（言った方）のストレスは？　　＜さくらさんの返事＞　　①自分（言われた方）のストレスは？

A　大・中・小　　え〜そんなの知らないよ。私、ちゃんと返したもん！自分でなくしたんでしょ！　→　大・中・小

B　大・中・小　　え……？　あれぇ……？　う、うん……。　→　大・中・小

C　大・中・小　　見つからないの？　私はあのとき、すぐ返したと思うよ。私に貸した後、使った憶えはないの？　→　大・中・小

相手　さくらさん　　　　　　　　　　　　　　　　　　　自分　はなこさん

●アサーションとは？　〜言いたいことが伝わるのはどれ？〜

自分の意思を伝える言い方を、ストレスの面から分類してみると、次のようになります。

| ①アグレッシブ（攻撃的）
相手を非難する言い方
＝相手のストレスが大きい | ②ノンアサーティブ（非主張的）
意思をはっきり言わない
＝自分のストレスが大きい |

③アサーティブ（主張的）相手の気もちに配慮しながら、意思ははっきり伝える
＝自分のストレスも相手のストレスも、必要以上に大きくしない

※アサーティブな言い方を使ったコミュニケーションを、 アサーション と言います。
　アサーションを心がけると、互いにストレスは小さく、理解し合うことができます。

ワーク3　3つの言い方を確かめよう

① ワーク2の返事A〜Cは、①アグレッシブ、②ノンアサーティブ、③アサーティブのどの言い方ですか。記入してみよう。

② 自分が同じような場面を経験した時、使いそうなのはどの言い方ですか？

A→　　　　　　　な言い方　　　　　　B→　　　　　　　な言い方

C→　　　　　　　な言い方　　　　　　自分の傾向→　　　　　　　な言い方

89

エクササイズ19-3

●アサーションの言い方

【アサーションのパターン】
① ありのままの **事実** を述べる
② 自分の **意思** (考え、気もち) を伝える
③ 一緒に **解決** するための **提案** をする

自分の気もちを言うことは、悪いことではない。どんな言い方をしたら聴いてもらえるかを、考えることが大切なんだね。

ワーク4 アサーションをしてみよう！

①下の1）2）で左のセリフを**アサーティブな言い方**に変えて、空欄にセリフを入れよう。
②**アサーティブな言い方を実際にやってみよう**。相手の反応を見ながら体験してみましょう。やり方は先生が指示します。

1）貸したCDをいつまでも返してくれないので返してほしい。

あのぉ……、前に貸したCDなんだけどさぁ。もう聴いた？

→

① ひと月前に、○○のCD貸したよね。
② [　　　　　　　　　　]
③ そろそろ、返してもらってもいい？

2）急に「遊べない」と言われた。

はぁ？ ドタキャン？？ 遊ぼうって言ったのそっちじゃん！

→

① そっか、遊べなくなっちゃったんだ。
② 残念だけど、しょうがないね。
③ [　　　　　　　　　　]

まとめ 今日の学習をふり返って感想を書きましょう。

[　　　　　　　　　　　　　　　　　　　　　　　　　　　　]

予告 エクササイズ20では、アサーションを応用して、相手の申し出を上手に断る方法や相手に上手に頼む方法について学習していきます。

エクササイズ19　授業展開例

テーマ	行動⑦　言いたいことをうまく伝えてみよう！
具体的内容	適切な自己主張の方法であるアサーションのしくみを理解し、少し練習する。 今回は、アサーションの理解が中心となる。
学習のねらい	① 言いたいことをうまく伝えるには、どうしたらいいかを考える。 ② アサーションの方法を知り、体験練習もまじえてそのしくみを理解する。
学習方法	個人ワークシート学習
準備	ワークシート、(掲示カード)

展開例	生徒の活動	指導上の留意事項
導入 2分	シート1　　　　　2分 【導入】	シート1 配布 ●ここまでのおさらいを読み上げ、動機づけを促す。
エクサ サイズ 38分	ワーク1　　　　　8分 「正直に伝えること」の メリット・デメリット	①あなたならどうしますか A、Bのどちらを選んだかについて挙手させ理由は口頭で言わせる。 ②メリット・デメリット表　（板書するとわかりやすい） A メリット　＜回答例＞誤解されずにすむ。 A デメリット＜回答例＞相手は怒るかもしれない。 B メリット　＜回答例＞相手の機嫌はそこねなくてすむ。 B デメリット＜回答例＞誤解されたままになる。 ①で上がった理由の意見を取上げて説明してもよい。
	シート2 ワーク2　　　　10分 こう言われたら、 どんな気もちがするだろう	シート2 配布 「まずはなこさんの立場で聞いて、自分のストレスの大きさを右の欄に○してね」と説明した後で1人の教員がA～Cのセリフを生徒に向けて言う。Aのセリフは、少し強い口調で読み上げる。Bのセリフは、小さな声でボソボソと、Cのセリフは、相手のことを気遣うような口調で読み上げる。 次に「言った方のさくらさんのストレスの大きさも書いてみよう」と指示し、各々の場合のさくらさんのストレスについて考えさせる。 その後以下のような問いかけをして挙手させ理由を言わせてもよい。 ①言われた方のストレスが一番大きい（小さい）のはどれ？ ②言った方のストレスが一番大きい（小さい）のはどれ？ ⇒第3章 授業の実際とその効果 P.169 参照
	●アサーションとは？　2分	ワーク3の導入として、説明を読む。まとめとして、※の部分も読む。
	ワーク3　　　　　3分 3つの言い方を確かめよう	まずは回答を書かせ、回答をしながら3つの言い方を具体的に確かめる。A：アグレッシブ　B：ノンアサーティブ　C：アサーティブ
	シート3 ●アサーションの言い方 　　　　　　　　5分	シート3 配布 アサーションのパターンを説明する。掲示カード等を用いてもよい。
	ワーク4　　　　10分 アサーションを してみよう！	パターンにしたがってセリフを考え、記入させる。記入できたら隣同士の生徒でペアになり、役割を交代しながらロールプレイを行うように指示する。 1)＜回答例＞私もそのCD聴きたいから 2)＜回答例＞また別の日に遊ぼう！ ⇒第3章 授業の実際とその効果 P.170 参照
まとめ 5分	【まとめ】　　　　5分 【予告】	【まとめ】　まとめとして今日の授業の感想を書く。 エクササイズ20の予告を読み上げる。

エクササイズ 20-1

実施日： 　月　　日（　）　　年　　組　　番　氏名

行動 8 気もちのよい断り方、頼み方をしてみよう！

●ここまでのおさらい

ここまでは、**相手の気もちも大切にしながら、自分の意思ははっきり伝える**という**アサーション**の勉強をしました。今回はそれを応用した上手な**「断り方」**と**「頼み方」**について考えてみましょう。

●断ること・頼むことの難しさ・大切さ

> あなたは人の誘いを断ったり、人に何か頼んだりすることが自然にできますか？　相手のイヤな顔を見たくないからといって、自分の気もちを言わないと、大きなストレスになってしまいます。相手との関係は大切にしながらも、できないことは断ったり、必要なときは助けを求めたりできるといいですね。

ワーク1 アサーティブな断り方を考えよう

ある日の休み時間、ナツさんが今朝買ってきた雑誌を読んでいると、同じクラスのフユさんが次のように話しかけてきました。

〔フユ〕
> あっ、ナツ、それ今日発売の●●だよね？
> 今月の星占いのコーナー読みたかったんだ！
> ちょっと、貸してよ！

あなたがナツさんで、今は自分が読みたいのだったら、どう返事をしますか。
A、Bの言い方を参考に、**C**の相手を不快にしない**アサーティブな断り方**を考えてみよう。

A アグレッシブ（攻撃的）な断り方
> ヤダよ！
> 今読んでるんだから！

B ノンアサーティブ（非主張的）な言い方
> えっ……、う～ん。
> （しかたなく渡す）

C アサーティブ（主張的）な断り方は？

〈アサーションのパターン〉
① ありのままの**事実**を述べる
② 自分の**意思**を伝える
③ 一緒に**解決**するための**提案**をする

〔ナツ〕
①
②
③

エクササイズ 20-2

実施日： 　月　　日（　）　　年　組　番　氏名

●「気もちのよい断り方」とは

アサーションを使えば、相手のストレスを必要以上に強くせずに、自分の意思を伝えることができます。とくに「断り方」では、「今回は断るけど、あなたとの関係は大切にしたいんだ」という気もちを込めて、「ごめんね」などの一言を加えるといいでしょう。

「アサーティブな断り方」のパターン

○ **謝罪や感謝の一言**
「ごめんね」「誘ってくれてありがとう」
「気もちはうれしいんだけど」など

① 断らなければならない **理由**（ 事実 ）
「今日は○○があって……」
※「実は」「残念だけど」などをつけるとよい場合もある

② 自分の 意思 （断り）をはっきりと
「私にはできないんだ」「今は無理なんだ」など

③ 代わりの 提案 をする
「また今度」「他のやり方なら」など

ノンバーバルな面

← 関係を大切にしたい気もちをこめて

← 強過ぎない口調で

← 口ごもらず、相手に聞こえる声で

ワーク2　アサーティブな頼み方を考えよう

> アサくんは、前回数学の授業を休んでしまいました。
> そこで、同じクラスのユウくんに、ノートを写させてもらいたいと思いました。

あなたがアサくんだったら、どんな言い方で頼みますか。A、Bを参考にして、Cの相手が受け入れてくれやすい**アサーティブな頼み方**を考えてみよう。

A　アグレッシブ（攻撃的）な頼み方
「ユウくん！今すぐノート貸して！！早く！早く！！」

B　ノンアサーティブ（非主張的）な頼み方
「ユウくん……あのさぁ。数学のノート、ある？」

C　アサーティブ（主張的）な頼み方は？

〈アサーションのパターン〉
①ありのままの**事実**を述べる
②自分の**意思**を伝える
③一緒に**解決**するための**提案**をする

アサ
①
②
③

エクササイズ20-3

実施日： 月 日（ ） 年 組 番 氏名

●「気もちのよい頼み方」とは

「気もちのよい頼み方」も、基本的にはアサーションのパターンを守って、**相手の気もちを考えながら**、**事実**に基づいて、自分の**意思**を正直に述べていけばいいのです。

「アサーティブな頼み方」のパターン

○ **最初に謝罪の一言**「ごめんね」「悪いんだけど」……など
① 相手に頼まなければならない**理由**（事実）を伝える
② **具体的な要求**（自分の意思）をはっきり伝える
③ 提案 を示す
提案通りにしてくれた場合の結果を伝え、相手の考えを求める
「そうすると助かるんだ。どうかな？」「～だとありがたいんだけど、大丈夫？」
○ **最後に感謝の一言**「助かるよ」「ありがとう」……など

← お願いする気もちをこめて
← 強過ぎない口調で
← 口ごもらず、相手に聞こえる声で

口調や表情などのノンバーバルな面も大切にしよう！

頼んだときに、断られたときのことも少し考えておくといいですね！

ワーク3 「アサーティブな断り方」「アサーティブな頼み方」の練習をしよう！

● 「アサーティブな断り方」のセリフを考えてみましょう。

> Aさんに、放課後どこかに遊びに行こうと誘われたけど**明日までの宿題が終わっておらず、遊んでいる時間がない**！

	セリフ
一言	
①事実	
②意思	
③提案	

● 「アサーティブな頼み方」のセリフを考えてみましょう。

> 文化祭実行委員で緊急に話し合わなきゃいけないことができたので**Bくんに放課後30分残ってもらいたい**！

	セリフ
一言	
①事実	
②意思	
③提案	

●考えたセリフをロールプレイで練習してみましょう。

予告 エクササイズ21では、アサーションを応用した上手な謝り方を学習します。

エクササイズ20　授業展開例

テーマ	行動⑧　気もちのよい断り方、頼み方をしてみよう！
具体的内容	アサーションの応用でアサーティブな断り方と頼み方を考え、練習する。
学習のねらい	① 状況に応じて、断ることや頼むことも重要であることを理解する。 ② 相手のストレスを大きくしない断り方と頼み方を、アサーションを応用して考える。 ③ アサーティブな断り方、アサーティブな頼み方を体験練習し、行動の選択肢を増やす。
学習方法	個人ワークシート学習
準　備	ワークシート、（掲示カード）

展開例	生徒の活動	指導上の留意事項
導入 3分	シート1 【導　入】　　　　3分 ●ここまでのおさらい ●断ること・頼むことの難しさ・大切さ	シート1 配布 ●ここまでのおさらい ●**断ること・頼むことの難しさ・大切さ** を読み上げ、動機づけを促す。
エクサ サイズ 40分	ワーク1 アサーティブな断り方を 考えよう　　　　10分	エピソードを読み上げ、A、Bのセリフも読み上げる。Aのセリフは、少し強い口調で読み上げる。Bのセリフは、小さな声でボソボソとした口調で読み上げる。それらと対比して、「アサーションのパターン」を確認する。（掲示カード等を使ってもよい）その後、ワークシートを埋めさせる。 <回答例>　①買ってきたばかりで　②まだ読みたいんだ。 　　　　　　③昼休みならいいよ。⇒第3章 授業の実際とその効果 P.169参照
	シート2 ●「気もちのよい断り方」とは　　　　5分	シート2 配布 アサーションの基本形の応用であることを強調しながら説明する。 ノンバーバルな面の説明も読み上げる。
	ワーク2　　　　10分 アサーティブな頼み方を 考えよう	エピソードを読み上げ、A、Bのセリフも読み上げる。ワーク1と同様の口調で読み上げる。アサーションのパターンを再度確認する。その後、ワークシートを埋めさせる。 <回答例>　① 昨日数学の授業休んじゃって 　　　　　　② ノートを写したいんだ。 　　　　　　③（悪いんだけど）数学のノート貸してくれる？ 　　　　　　　　　　⇒第3章 授業の実際とその効果 P.169参照
	シート3 ●「気もちのよい頼み方」とは　　　　5分	シート3 配布 アサーションの基本形の応用であることを強調しながら説明する。 シマック先生のセリフも読み上げる。
	ワーク3　　　　10分 「アサーティブな断り方」 「アサーティブな頼み方」 の練習をしよう！	①「アサーティブな断り方」と「アサーティブな頼み方」のセリフを、各々のパターンに従って生徒に埋めさせる。 ② 隣同士の生徒でペアになり、ロールプレイの方法を説明する。 ③ 教員が1回ロールプレイを実演し、やり方を説明し把握させる。 ●断り方<回答例>（相手役のセリフ）帰りにどこか遊びに行こうよ 　一言　ごめんね。①まだ宿題が終わっていなくて……②今日帰って頑張ろうと思うんだ。③今度の土曜日はあいてない？ ●頼み方<回答例> 　一言　悪いんだけど……①文化祭のことで緊急に話し合わなきゃいけないんだ。②今日の放課後に話し合いをしたいから③30分残ってもらえるかな？ （相手役のセリフ）「いいよ！」に対して「ありがとう。助かるよ。」 　　　　　　　　　　　　⇒第3章 授業の実際とその効果 P.172参照
まとめ 2分	【予　告】　　　　2分	エクササイズ21の予告を読み上げる。

エクササイズ21-1

行動 9 上手な謝り方をしてみよう！

実施日： 月 日（ ） 年 組 番 氏名

● ここまでのおさらい

前回は、上手に断る方法と頼む方法を学習しました。行動の単元の最後に学ぶのは、「謝り方」のスキルです。

日々の生活の中で、思いがけず人にイヤな思いをさせたり、迷惑をかけてしまうことがあります。失敗しないに越したことはありませんが、失敗を100％なくすことは不可能です。

「失敗したから、人間関係が壊れてしまった」と考えるのではなく、**「失敗しても、人間関係を壊さないためにはどうしたらいいか」**を考えることが大切ですよね。

そこで、**「謝り方」**のスキルが必要になってきます。

ワーク1　「謝り方」について考えてみよう

[そら] [うみ]

そらくんは、昨日、うみくんに英語のノートを借り、今日返す予定でした。しかし、朝寝坊してあわてていたために、家に忘れてきてしまいました。すると、うみくんが……

「昨日貸した英語のノート、返してもらってもいい？」

そらくんの返事のしかたを考えてみましょう。あなたがノートを貸した側のうみくんで、次のような返事をされたらどうですか？

①それぞれの場合の、言われたうみくんのストレスの大きさに○をつけよう。

②それぞれの返事は、今まで勉強した3つの言い方（アグレッシブ・ノンアサーティブ・アサーティブ）のどれに当たるでしょうか。○をつけてみましょう。

[そら] ＜返事A＞
やばい、忘れちゃった……

うみくんのストレス **大 ・ 中 ・ 小**

アグレッシブ　ノンアサーティブ　アサーティブ

[そら] ＜返事B＞
遅刻寸前でさ。ノートどころじゃなかったんだよ！

うみくんのストレス **大 ・ 中 ・ 小**

アグレッシブ　ノンアサーティブ　アサーティブ

③この場合、そらくんは、うみくんとの関係を壊したいわけではないはずです。
　あなたなら、どう返事をしますか。考えて書いてみましょう。

[そら] ＜返事C＞

エクササイズ21-2

実施日： 月 日（ ） 年 組 番 氏名

ワーク2 アサーションの基本パターンで考えてみよう！

そらくんの返事を、アサーションの基本パターンで考えてみると、どうなるでしょうか。以下の空欄にセリフを入れてみましょう。

自分の間違いや過失の**事実を認める**

①事 実

自分の側の**事情や理由**をわかってもらえるように話す

②意 思

解決の提案や改善の約束をする

③提 案

●**アサーティブな謝り方のパターン**

謝り方では、自分の事情を話す前に、「ごめんなさい」と、**まず謝る**ことが必要です。それから、自分のした**事実**を認めます。自分が悪かった点をハッキリ言いましょう。でも、それで終わるのではなく、**事情や理由**を話してわかってもらい、過ちの**原因**を考えます。それによって、**解決の提案**をしたり、失敗をくり返さない**約束**ができるのです。ただ謝ればそれでいい、というのではなく、**自分の事情や考えもきちんと話し、問題解決につなげる**というところにアサーションの意味があります。

「ごめん、まりこ」で憶えるといいよ！

【謝り方のパターン】

ごめん まずは、**謝罪する**。
「ごめんね」「申し訳ないんだけど」「悪いね」など

① 事実 **ま** 自分の**間違いや過失を認める**。
「……しちゃったんだ」「……して悪かった」など

② 意思 **り** **事情や理由**を話す。

③ 提案 **こ** **解決の提案、改善の約束**をする。
「これからは……」「こんど必ず……」など

「謝り方」は特に、**ノンバーバルな表現**も大切です！相手への謝罪の気もちをこめて、声のトーンや表情にも気をつけましょう。

エクササイズ 21-3

実施日：　　月　　日（　）　　年　　組　　番　氏名

ワーク3 「アサーティブな謝り方」をやってみよう！

①下の3つから自分がやりやすいものを1つ選んで、アサーティブな謝り方のセリフを考えよう。1つできたら、他のものにもチャレンジしてみよう。

〈A〉電車で事故があり、待ち合わせに1時間遅刻してしまった。

> 1時間も外で待たされて、カゼひきそうなんだけど……

ごめん（謝罪する）	
ま（間違いを認める）	
り（理由を話す）	
こ（これからは～）	

〈B〉係の仕事がある日に熱を出して学校を休んでしまい、同じ係の子に迷惑をかけてしまった。

> 昨日○○さんがいなかったから、係の仕事大変だったんだよ……

	ごめん（謝罪する）
	ま（間違いを認める）
	り（理由を話す）
	こ（これからは～）

〈C〉宿題の期日をかんちがいしていたため、提出が遅れてしまった。

> 提出期限は昨日までだぞ！　なんで遅れたんだ？！

ごめん（謝罪する）	
ま（間違いを認める）	
り（理由を話す）	
こ（これからは～）	

②考えたセリフの中から1つ選び、先生の指示で練習をしてみましょう。

まとめ　今日の学習をふり返って感想を書きましょう。

予告　エクササイズ22では、これまでの認知と行動の単元のふり返りをします。

エクササイズ21　授業展開例

テーマ	行動⑨　上手な謝り方をしてみよう！
具体的内容	アサーションの応用で適切な謝り方を考え、練習する。
学習のねらい	① 失敗しても人間関係を壊さないための謝り方の大切さを理解する。 ② まず過ちの事実を認め、謝罪することが大切だが、自分の事情や理由もきちんと話し、問題解決につなげることがアサーションの意義であることを理解する。 ③ アサーティブな謝り方を体験練習し、行動の選択肢を増やす。
学習方法	個人ワークシート学習、グループワーク
準　備	ワークシート、（掲示カード）

展開例	生徒の活動	指導上の留意事項
導入 3分	シート1　　　　　3分 【導　入】	シート1 配布 ●ここまでのおさらいを読み上げ、動機づけを促す。
エクササイズ 37分	ワーク1　　　　　10分 「謝り方」について 考えてみよう	シートに取組む前に教員がそらくん役で、生徒たちに向けて返事A・Bを言い、うみくんの立場で感じ取らせるとよい。Aのセリフは、小さな声でボソボソと、Bのセリフは、少し強い口調で読み上げる。 ③はアサーションのパターンにこだわらずに考えさせる。 ③＜回答例＞本当にごめん、今日ノート忘れちゃったんだ…… ⇒第3章 授業の実際とその効果 P.169参照
	シート2 ワーク2　　　　　7分 アサーションの 基本パターンで 考えてみよう！	シート2 配布 掲示カード等を用いて①事実、②意思、③提案を復習し作業させる。回答例も提示カードを用いるなどの工夫をしてもよい。 ＜回答例＞①忘れちゃったんだ。ごめんね。 　　　　　②今朝寝坊して、あわててたから。 　　　　　③明日必ず持ってくるから、許して。
	●アサーティブな謝り方の 　パターン　　　　5分	掲示してある解答例を指さしながら、説明文を読み上げて理解させる。謝り方のパターン（ごめん、まりこ）を説明する。
	シート3 ワーク3　　　　　15分 「アサーティブな謝り方」を やってみよう！	シート3 配布 ①まずはじめに好きなものを1つ選んで、記入する。時間のある生徒は、他のエピソードにも取組ませる。各自1つ以上書ければ、実習ワークに進む。 ②教員が1回やり方を実演してもよい。隣同士の生徒でペアになり、互いに役割を交代しながらどれか1つのエピソードに対してロールプレイを行う。 A＜回答例＞ごめんね。／すごく待たせちゃって。／実は電車が事故で遅れちゃったんだ。／これからは早めに連絡するね。 B＜回答例＞ごめんね。／休んで迷惑かけたよね。／カゼひいて熱が出ちゃってて。／これからできる仕事は私がやるから！ C＜回答例＞すみませんでした。／提出が遅れてしまいました。／実は提出期限が明日までだとかんちがいしていました。／次回からは必ず提出期限を確認して守ります。 ⇒第3章 授業の実際とその効果 P.172参照
まとめ 5分	【まとめ】　　　　5分 【予　告】	【まとめ】感想を書かせる。 エクササイズ22の予告を読み上げる。

エクササイズ22-1

実施日： 　月　　日（　） 　年　組　番　氏名

行動 10 認知と行動の学習をふり返ろう！

●ここまでのおさらい

ここまで、自分のストレスも相手のストレスも大きくしない行動のポイントを学習してきました。しかし、**「その行動がいいのはわかっているけど……」**と、実際にはなかなか思うように行動できないということはありませんか。そんな時こそ、「認知」の学習が役に立ちます。

今日は**「認知」の学習と「行動」の学習の「合わせワザ」**を練習して、さまざまな対処法を考えてみましょう。

ワーク1　行動の授業のふり返り

ストレスマネジメント「行動」の授業をふり返ろう！

行動のポイント1

「会話上手になるためのポイント」

会話上手になるために、聴き方、答え方、質問のしかたを学びました。

上手な聴き方のポイント	上手な答え方のポイント	上手な質問のしかたのポイント
①うなずく、あいづちをうつ。 ②相手のことばを**くり返す**。 ③適切な**質問**をする。	①質問されたら、**答えだけでなくプラスアルファの情報**をつけ加える。 ②自分の話を聴いてもらったら、**「あなたは？」**と返す。	①会話の始めに使うと効果的なのは**クローズドクエスチョン**。 ②会話が発展しやすいのは**オープンクエスチョン**。

行動のポイント2

「アサーティブな言い方を使おう」

相手の気もちに配慮（はいりょ）しながら、意思ははっきり伝える言い方をアサーティブな言い方といい、それを用いたコミュニケーションをアサーションといいました。アサーションを心がけると、互いにストレスは小さく、理解し合うことができましたね。

アサーションの共通パターン		断り方	頼み方	謝り方
①ありのままの 事実 を述べる ②自分の 意思 （考え、気もち）を伝える ③一緒に 解決 するための 提案 をする	①事実	断る理由・事情	頼む理由・事情	間違いを認める
	②意思	断りの言葉	具体的な要求	理由・事情を話す
	③提案	代わりの提案	相手の意向を聞く言い方	解決のための提案

合言葉は「ごめんまりこ」

エクササイズ 22-2

実施日：　　月　　日（　）　　年　　組　　番　氏名

ワーク2 認知と行動の合わせワザを練習してみよう！（1）

次のエピソードについて「認知」と「行動」の学習を応用して考えてみましょう。

■エピソード1

テスト前、トモくんは数学の問題でわからないところがあったので、隣のクラスで数学の得意なカズくんに質問してみようと思いました。
しかし、「カズくんに迷惑じゃないかな」と考えると、「やっぱりやめようか」と、尻込みする気もちになってきました。

① ＡＢＣ「こころの法則」を使って、ストレスが小さくなりそうな認知とその時の感情を考えてみよう！

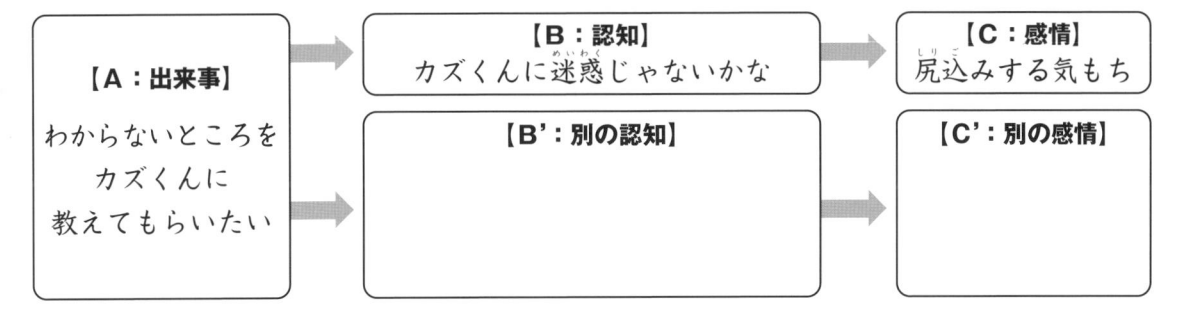

【A：出来事】	【B：認知】	【C：感情】
わからないところをカズくんに教えてもらいたい	カズくんに迷惑じゃないかな	尻込みする気もち
	【B'：別の認知】	【C'：別の感情】

トモくんも、「アサーションのポイント」を憶えていれば、頼みやすいかもしれませんね。

② 「アサーション（頼み方）のポイント」を思い出して、下のセリフを考えてみよう！

カズくん：あれ？トモくん、めずらしいね。どうしたの？

トモくん：

○ 一言 _____

① 理由（事実） _____

② 要求（意思） _____

③ 提案（の言い方） _____

どうでしたか？ ここまで認知や行動についていろいろ学んできましたね。
認知と行動を組み合わせることで、上手にストレスを小さくできるといいですね！

エクササイズ22-3

実施日：　　月　　日（　）　　年　　組　　番　氏名

ワーク3　認知と行動の合わせワザを練習してみよう！（2）

認知と行動の合わせワザの練習をもう1つ次のエピソードで考えてみましょう。

■エピソード2
ユミさんは、仲良しの友だちが休みだったので、一緒に昼ごはんを食べる友だちが見当たりません。すると同じクラスのミホさんたちが、一緒に食べようと誘ってくれました。せっかくなので、一緒に食べることにしたのですが、ユミさんは「うまくしゃべれなかったら、どうしよう」と思い、緊張してきてしまいました。

①ＡＢＣ「こころの法則」を使って、ストレスが小さくなりそうな認知とその時の感情を考えてみよう！

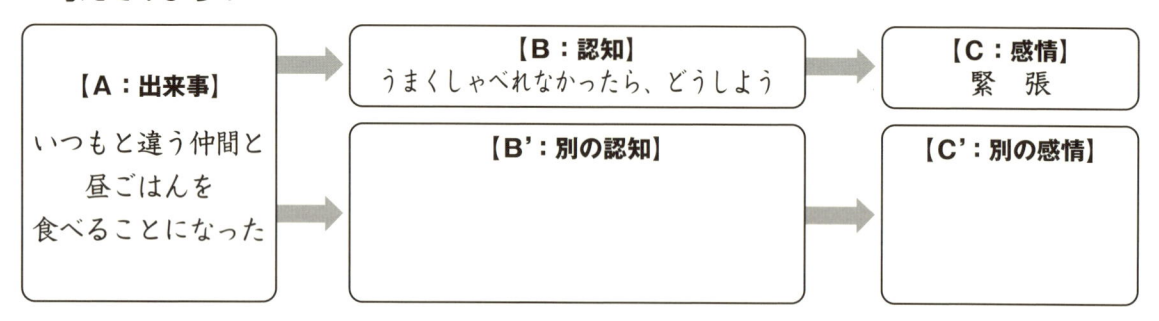

【Ａ：出来事】	【Ｂ：認知】	【Ｃ：感情】
いつもと違う仲間と昼ごはんを食べることになった	うまくしゃべれなかったら、どうしよう	緊張
	【Ｂ'：別の認知】	【Ｃ'：別の感情】

②「会話上手になるためのポイント」を思い出して、下のセリフを考えてみよう！

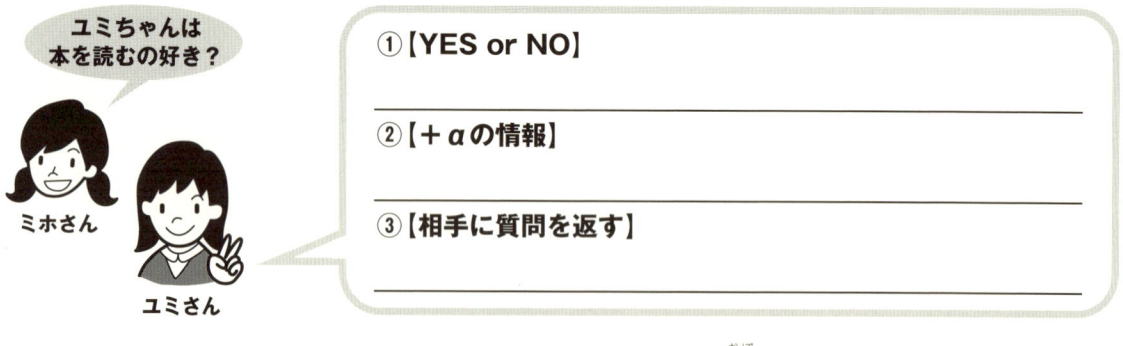

ミホさん：ユミちゃんは本を読むの好き？

①【YES or NO】
＿＿＿＿＿＿＿＿＿＿＿＿＿＿＿＿＿＿

②【＋αの情報】
＿＿＿＿＿＿＿＿＿＿＿＿＿＿＿＿＿＿

③【相手に質問を返す】
＿＿＿＿＿＿＿＿＿＿＿＿＿＿＿＿＿＿

ユミさんが「聴き方」や「返事のしかた」のポイントを憶えていたら、「"聴き上手"になればいいや」という認知のしかたをして、リラックスできるかもしれませんね。

まとめ　ワークで見たように、**「認知」**と**「行動」**は、互いに助け合う関係にあります。
いろいろな**「認知」**ができると、**行動**へのストレスが小さくなり、したいことが楽にできるようになるでしょう。
また、**「行動」**のポイント（コツ）を知って、少しずつでも実行すると、人間関係がスムーズに運び、いろいろなものの考え方（**認知**）ができることに気づくかもしれません。
「認知」と「行動」の両方をうまく組み合わせて自分らしい行動のしかたを身につけていきましょう。

予告　エクササイズ23では、自分のコーピング傾向を知り、自己理解を深めます。

エクササイズ22　授業展開例

テーマ	行動⑩　認知と行動の学習をふり返ろう！
具体的内容	① 行動の単元の簡単なふり返りをする。 ② 認知と行動の両学習をまとめて、実際にどう使っていくかを考える。
学習のねらい	①「認知」と「行動」授業内容をふり返り、より使いこなせるようにする。 ②「認知」の学習と「行動」の学習はどうつながっているのか、考えさせる。
学習方法	個人ワークシート学習
準　備	ワークシート

展開例	生徒の活動	指導上の留意事項
導入 3分	シート1　　　　　　　3分 【導　入】	シート1 配布 ●ここまでのおさらいを読み上げ、動機づけを促す。
エクササイズ 37分	ワーク1　　　　　　　10分 行動の授業のふり返り	四角い枠の中を読み上げ、行動単元のおさらいを行う。それぞれのポイントを確認する。
	シート2 ワーク2　　　　　　　15分 認知と行動の合わせワザを練習してみよう！（1）	シート2 配布 エピソード1を読み上げたら、あとは、生徒が個別に取組む時間を与える。個別指導で、学習を促す。 生徒数名に発表させて、認知と行動のつながり、および認知と行動を両方用いることで、解決策が増えることを理解させる。 ①＜回答例＞ 　B'＝ダメもとで頼んでみよう → C'＝楽な気もち 　B'＝教えてもらって解けるといいな → C'＝期待感 ②＜回答例＞ 　一言　ごめんね 　①数学の問題でわからないところがあるんだ。 　②教えてもらえるとうれしいんだけど 　③今日、時間ある？ 最後にシマック先生のコメントを読む。
	シート3 ワーク3　　　　　　　12分 認知と行動の合わせワザを練習してみよう！（2）	シート3 配布 ワーク2と同様の手順で行う。 ①＜回答例＞ 　B'＝無理に話さなくてもいいや → C'＝楽な気もち 　B'＝ミホさんたち、どんな話してるのかな → C'＝楽しみ ②＜回答例＞ 　YES ①うん、好きよ ②こないだ、『○○○（適当な具体的な本の名前）』読んだよ 　　　③ミホさんは、どんな本が好きなの？ 　NO ①うーん、あんまり好きじゃないかな。②映画なら見るけど。 　　　③ミホさんは本好きなの？
まとめ 5分	【まとめ】　　　　　　5分 【予　告】	【まとめ】＜まとめ＞を読み、強調する。 エクササイズ23の予告を読み上げる。

エクササイズ23-1

実施日： 月 日（ ） 年 組 番 氏名

行動 11 もう一度今の自分を知ろう！

●ここまでのおさらい

ストレスマネジメントの授業では、認知面、行動面からストレスコーピング（対処法）のさまざまな方法を見てきました。その学習を通じて、あなたのコーピングのしかたには変化があったでしょうか。エクササイズ5で実施したTACテストを再度実施し、自分のコーピング傾向についてもう一度見てみることにしましょう。

ワーク1　TACテストをやってみよう

精神的に何かつらいことがあったとき、それを乗り越え、落ち着くために、あなたはふだんからどのように考え、どのように行動していますか。1～24の行動に、自分がどの程度当てはまるか、以下1～5の数字で答え、白い空欄に記入してください。

1：一度もない　2：まれにある　3：何度かある　4：しばしばある　5：いつもそう

		A	B	C	D	E	F	G	H
1	悪い面ばかりでなく、良い面を見つけていく。								
2	誰かに話を聞いてもらって、冷静さを取りもどす。								
3	そのことをあまり考えないようにする。								
4	友だちとお茶を飲んだり、好きな物を食べたりする。								
5	原因を考え、どのようにしていくべきか考える。								
6	くわしく知っている人から自分に必要な情報を集める。								
7	解決できない問題だと考え、あきらめる。								
8	責任を他の人に押しつける。								
9	今後は良いこともあるだろうと考える。								
10	誰かに話を聞いてもらい、気を静めようとする。								
11	イヤなことを頭に浮かべないようにする。								
12	スポーツなどを楽しむ。								
13	過ぎたことを反省して、次にすべきことを考える。								
14	すでに経験した人から話を聞いて参考にする。								
15	どうすることもできないと、解決を後のばしにする。								
16	自分は悪くないと言いのがれる。								
17	悪いことばかりではないと、楽観的に考える。								
18	誰かにグチをこぼして、気もちをはらす。								
19	無理にも忘れようとする。								
20	買い物やゲーム、おしゃべりなどで時間をつぶす。								
21	どのような対策をとるべきか細かく考える。								
22	力のある人に教えを受けて解決しようとする。								
23	自分では手におえないと考え、あきらめる。								
24	口からでまかせを言って、にげ出す。								
	合計	A	B	C	D	E	F	G	H

回答が終わったら、数値を縦に足し、A～Hのそれぞれの合計を出します。

エクササイズ23-2

実施日：　　月　　日（　）　　年　　組　　番　氏名

ワーク2　自分のストレスコーピング傾向を知ろう

①A～Hの得点を、男女別の表で1～5点に換算し、コーピング傾向表の「今回」の欄に記入しよう。

②エクササイズ5で実施したTACテストの結果がわかる人は、その時の得点も換算し、コーピング傾向表の「前回」の欄に記入しよう。

男子用		それぞれの合計得点							
		A	B	C	D	E	F	G	H
換算得点	1点	3～4	3～4	3～6	3～6	3～5	3～5	3～4	3
	2点	5～6	5～6	7～8	7	6～7	6～7	5～6	4～5
	3点	7～8	7	9～10	8～9	8	8	7～8	6
	4点	9～10	8	11	10～11	9～10	9～10	9	7
	5点	11～15	9～15	12～15	12～15	11～15	11～15	10～15	8～15

女子用		それぞれの合計得点							
		A	B	C	D	E	F	G	H
換算得点	1点	3～5	3～4	3～7	3～6	3～5	3～6	3～7	
	2点	6～7	5	8～9	7～8	6～7	7	8～9	3～4
	3点	8	6	10～11	9	8～9	8～9	10	5
	4点	9～10	7～8	12～13	10～11	10	10	11～12	6～7
	5点	11～15	9～15	14～15	12～15	11～15	11～15	13～15	8～15

●コーピング傾向表

記号	換算得点		ストレスへのコーピング（対処）のしかた
	前回	今回	
A			情報を集める
B			あきらめる
C			よい面を探す
D			問題解決の計画を立てる
E			くよくよ考えないようにする
F			気晴らしをする
G			誰かに話を聞いてもらう
H			責任をのがれる

> A～Hは、ストレスに直面した時の8つの対処法です。
> あなたはどの対処法を取る傾向が強いでしょうか。
> また、前回と比べて変化したところがあるでしょうか。

ワーク3　さらにくわしく傾向を見てみよう

シート3の「TACコーピング判定シート」の記号の右に、前回と今回のA～Hの換算得点を写し、それぞれの合計も出しましょう。1つずつ記号をよく見て写しましょう。
また、3つの側面ごとに、上と下の合計を比べて、大きい方の数字に○をつけましょう。前回と今回で変化があるでしょうか。どちらが大きいかだけではなく、細かい数値の変化も見てみましょう。

エクササイズ23-3

実施日：　　月　　日（　）　　　年　　組　　番　氏名

●TAC　コーピング傾向判定シート

① 関与的⇔回避的（積極的に関わろうとするか、一度離れようとするか）

記号	前回	今回	対処
A			情報を集める
C			よい面を探す
D			問題解決の計画を立てる
G			誰かに話を聞いてもらう
合計			**関与的：積極的に問題に関わろうとする傾向**

記号	前回	今回	対処
B			あきらめる
E			くよくよ考えないようにする
F			気晴らしをする
H			責任をのがれる
合計			**回避的：困ったことから一度離れようとする傾向**

② 問題焦点的⇔情動焦点的（問題をなくすか、イヤな気もちをなくすか）

記号	前回	今回	対処
A			情報を集める
B			あきらめる
D			問題解決の計画を立てる
H			責任をのがれる
合計			**問題焦点的：問題を解決しよう（なくそう）とする傾向**

記号	前回	今回	対処
C			よい面を探す
E			くよくよ考えないようにする
F			気晴らしをする
G			誰かに話を聞いてもらう
合計			**情動焦点的：イヤな気もちをなくそうとする傾向**

③ 行動的⇔認知的（行動するか、考え方を変えるか）

記号	前回	今回	対処
A			情報を集める
F			気晴らしをする
G			誰かに話を聞いてもらう
H			責任をのがれる
合計			**行動的：行動で対処する傾向**

記号	前回	今回	対処
B			あきらめる
C			よい面を探す
D			問題解決の計画を立てる
E			くよくよ考えないようにする
合計			**認知的：考え方で対処する傾向**

> ここまでに学んだこれらの対処法は全て、場合に応じて必要だったり、有効だったりするものです。
>
> ストレッサーによってうまく使い分けられることが、1番重要なのです。

予告 エクササイズ24から、「情動」の単元に入り、こころと身体の関係を学びます。

エクササイズ23　授業展開例

テーマ	行動⑪　もう一度今の自分を知ろう！
具体的内容	TACを実施し、今の自分のコーピング傾向を知る。
学習のねらい	自分のコーピング傾向を知り、今までの学習の成果をふり返る。
学習方法	個人ワークシート学習
準　備	ワークシート、TAC質問紙、（前回実施分TAC質問紙）

展開例	生徒の活動	指導上の留意事項
導入 3分	シート1 【導　入】　　　3分	シート1配布 ●ここまでのおさらいを説明し、導入とする。
エクササイズ 40分	シート1 ワーク1　　　　10分 TACテストをやってみよう	指示に従って、TACに回答する。四角の中の教示文を読み上げ、いっせいに回答させる。 24項目すべてに回答できた生徒は、各々数値を縦に足し合わせて、A～Hの合計を算出するように指示する。
	シート2 ワーク2　　　　15分 自分のストレスコーピング傾向を知ろう ワーク3 さらにくわしく傾向を見てみよう	シート2配布 ●コーピング傾向表 ①A～Hの得点を、得点換算表を用いて男女別の表で1～5点に換算し、コーピング傾向表の「今回」の欄に記入する。 　換算例：男子Aの得点が8点→得点換算表でA、8点は3点に換算されるので、コーピング傾向表の今回の欄には、3点と記入する。 ②ワーク4で実施したTACテストの結果が分かる場合は、その時の得点も換算し、コーピング傾向表の「前回」の欄に記入させる。前回行ったTACを準備しておくとよい。
	シート3　　　　15分 ●TACコーピング傾向判定シート	シート3配布 説明を読み上げ、シート3の「TACコーピング傾向判定シート」の記号の右に、前回と今回のA～Hの換算得点を写し、それぞれの合計を算出させる。 また、3つの側面ごとに、上と下の合計を比べて、大きい方の数字に○をつけ、前回と今回の変化を確かめる。どちらが大きいかだけではなく、細かい数値の変化にも注目させる。 シマック先生の言葉を読み上げて、まとめとする。
まとめ 2分	【予　告】　　　2分	エクササイズ24の予告を読み上げる。

エクササイズ24-1

情動1 身体とストレスは関係があるの？

実施日：　月　日（　）　年　組　番　氏名

●ここまでのおさらい

これまでのワークでは、認知および行動について学習を進めてきました。さまざまな認知ができるようになったり、適切な行動ができるようになると、自分のストレスが小さくなることが実感できたのではないでしょうか。ここからは「情動」の単元に入っていきます。**「情動」**の単元では、身体に直接働きかけて**リラックスする方法**について勉強していきましょう。

●ストレスマネジメント　年間の授業の流れと「情動」

時期	段階	内容
4～5月	導入	自己理解と学習への動機づけ
6～7月	認知	感情は、出来事の認知のしかたで変わる。認知のしかたを広げて、ストレスを小さくしよう。
9～12月	行動	人間関係の行動のしかたは、学習できる。ストレスが小さくて済む行動を身につけよう。
1～2月	情動	**リラックスできれば、ストレスに強くなれる。自分に合ったリラックス法を身につけよう。**
2～3月	総合	まとめと応用

●「情動」の学習はどんなときに使えるの？

次のエピソードを読んでみましょう。何が違うのでしょうか？

①今日は大好きなマンガの発売日だ。さっそく買って帰り、部屋で読んだので、とてもリラックスした気もちになった。そのときお母さんから「早くお風呂入っちゃいなさい」と声をかけられた……

→「はーい」と返事をして、お風呂に入りに行く。

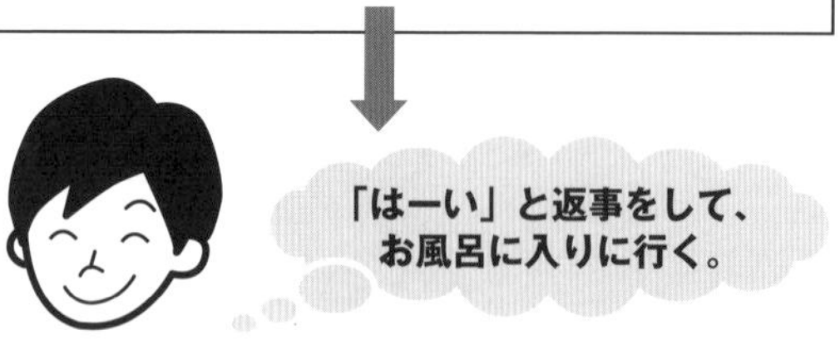

②今日は学校で友だちとケンカをした。結局お互い1日中口をきかなかった。学校から帰ってきても、とてもイライラした気もちだ。そのときお母さんから「早くお風呂入っちゃいなさい」と声をかけられた……

→「わかってるよ！！うるさいな！」と部屋のドアを閉めてしまう。

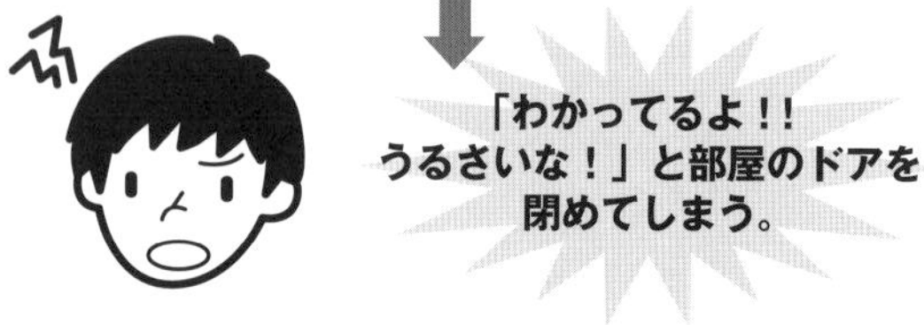

②のエピソードの場合、お母さんはケンカをしたことを知りません。しかし、このように返事をされたら、おそらくイヤな気もちになるでしょう。自分で気もちをコントロールできたらいいと思いませんか？

エクササイズ24-2

実施日：　　月　　日（　）　　　年　　組　　番　氏名

ワーク1　「こころ」と「身体」の関係について知ろう

大事な試合や試験の前などで緊張している時、皆さんの身体はどうなっているでしょうか？きっと、肩に力が入ったり、足がガクガクしたり、心臓がドキドキしたりするでしょう。こころが緊張すると、身体も緊張します。

逆に、家で身体の力を抜いてゴロンと寝転がっている時や、ゆったりとソファーに座っている時は、おだやかで落ち着いた気分になります。これは身体と一緒にこころもリラックスしている証拠なのです。

このように、こころと身体は相互に影響しあって、一方がリラックスしたり緊張したりすると、もう一方もリラックスしたり緊張したりするのです。このような働きを**心身相関**といいます。

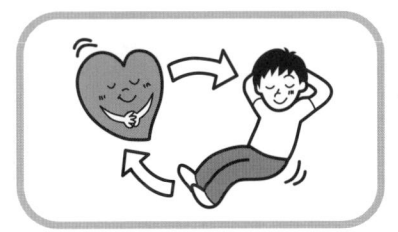

> この、**心身相関**のしくみを利用して身体のリラックスをすることで、こころもリラックスさせる3つの方法をこれから学習していきます！

ワーク2　どんなリラックス法を勉強するの？

こんな経験、ありませんか？

> あきらくんは、今日たくさんの人の前で話さなければなりません。とても緊張してきて、心臓がバクバクいっているのがわかります。ストレスマネジメントの授業で「認知」「行動」を使う自信がついたはずなのに、身体がこわばってしまって、うまく考えられません……。

このような場面で、あなたがふだんよく使うリラックス法を書いてみましょう。

> ふだん使うリラックス法に加えて、心身相関を利用したリラックス法が使えるといいかもしれません。合わせて使えば、気もちを落ち着かせるための方法の幅がより広がりますよね！

●これから学習する3つのリラックス法

★ 呼吸法 ★
腹式呼吸などを用いて呼吸を整え、身体とこころをリラックスさせる方法。

★ 弛緩法（しかん）★
わざといったん身体に力を入れ、その後フッと力を抜くことで、リラックス状態をつくる方法。

★ 自律訓練法（じりつくんれんほう）★
シュルツ（Shultz, J. H.）が開発した、こころと身体をリラックスさせる方法です。うまく身につけると効果が高いことが示されています。

> 当面の気もちの安定を図ることで、認知や行動もうまく使えるようになります。

ワーク3　リラックス法を体験してみよう

実際に情動のワークの中で実践するリラックス法として呼吸法を体験してみましょう。効果的にリラックスするための準備として、「練習姿勢」があります。
また、リラックス法を行った後には**必ず「解除動作」という運動を行います**。
リラックス法を行って、ぼぉっとしている状態から、こころと身体のリラックスは保ちながら**身体を目覚めさせる**ために行います。

練習姿勢
①椅子に深く腰かけて、背筋を伸ばす。
②肩と首の力を抜く。
③両腕は、太ももの上か、下に下ろす。
④軽く目を閉じるとよい。

解除動作（かいじょどうさ）
①大きく深呼吸しながら、腕の曲げ伸ばしをして目を開ける。
②背伸び、首回しなど、身体を動かす。

● 練習姿勢と解除動作（かいじょどうさ）を用いて、腹式呼吸をしてみよう！

練習の姿勢をとり、お腹に手を当てて、ゆっくりと息を吐き出し、ゆっくりと息を吸ってみましょう。お腹がへこんだり、膨らんだりする感覚がわかりますか？　そのままゆっくり、息を吐いたり吸ったりすることをくり返してみましょう。練習の終わりには解除動作を行います。

> どうでしたか？　少し気もちがリラックスしましたか？
> 呼吸法については、次回さらにくわしく練習します。

予告　エクササイズ25では、「呼吸法」についてくわしく勉強し、実際に体験していきます。

エクササイズ24　授業展開例

テーマ	情動①　身体とストレスは関係があるの？
具体的内容	心身相関について理解を深め、これから学ぶ情動の授業への動機づけを高める。
学習のねらい	① 身体とストレスの関係性について理解をする。 ② 心身の緊張をほぐし、リラックスする方法を知る。
学習方法	個人ワークシート学習、リラックス法体験
準　備	ワークシート

展開例	生徒の活動	指導上の留意事項
導入 3分	シート1 【導　入】　　　　　　3分	シート1 配布 ●ここまでのおさらいを読み上げ、動機づけを促す。
エクササイズ 40分	●ストレスマネジメント 　年間の授業の流れと 　「情動」　　　　　　5分	図の流れに沿って、ここまで学習した内容を簡単に読み上げ、情動の授業の位置づけを確認する。
	●「情動」の学習は 　どんなときに使えるの？ 　　　　　　　　　　　5分	2つのエピソードを読み上げ、何が違うのかを生徒に問いかける。自分の気もちのコントロールが重要であることを確認する。
	シート2 ワーク1　　　　　　5分 「こころ」と「身体」の関係 について知ろう	シート2 配布 説明を読み上げ、心身相関について理解させる。こころの緊張は身体の緊張をほぐすことでもほぐれることと、リラックス法はそのための方法であることを説明する。
	ワーク2　　　　　　15分 どんなリラックス法を 勉強するの？	エピソードを読み上げ、生徒がふだんよく使用するリラックス法を書かせる。生徒に発表させてもよい。 書きだしたリラックス法に、気分に直接的に対応する方法が入っていたか、シマック先生のコメントを読み上げながら確認する。
	シート3　　　　　　10分 ●これから学習する 　3つのリラックス法 ワーク3 リラックス法を 体験してみよう	シート3 配布 これから学習する3つのリラックス法について、解説する。説明文を読み上げながら、生徒の動機づけを高める。 情動の授業の導入として、全てのリラックス法に共通する練習姿勢と解除動作について説明する。 説明後、双方を用いて、リラックス法を実際に体験してみる。ここでは腹式呼吸を実際に体験し、気もちがリラックスすることを確認する。
まとめ 2分	【予　告】　　　　　　2分	エクササイズ25の予告を読み上げる。

情動 2 リラックス法を使ってみよう！（1）呼吸法

●ここまでのおさらい

ここまでの学習では、こころと身体は相互に影響しており、一方がリラックスしたり緊張したりすると、もう一方もリラックスしたり緊張したりすることを学習しました。そしてこの働きを**心身相関**とよびましたね。今日の**「情動」**の単元では、**自分のこころや身体に直接働きかけて、ストレスを和らげて行く方法**を具体的に学び、体験していきます。

ワーク1　リラックスすることの大切さ

たとえば、次のような悩みは、誰にでもあることですが、とくにストレスが多すぎて、こころや身体の緊張が続くと、こうした状態が出てくることがあります。

- **a 肩がこる**
- **b 疲れがとれない**
- **c 夜なかなか眠れない**
- **d イライラする**
- **e 小さなことが気になる**
- **f 集中できない**
- **g 考えがまとまらない**
- **h 思うように行動できない**

①a～hのうち、自分にあてはまるものがあれば、○をつけてみましょう。

②あなたがストレス解消のためにしている方法を挙げてみよう。

人それぞれにストレス解消法があると思いますが、上に挙げたような悩みの改善には、さまざまな**リラックス法**もとても役立ちます。

> ふだんのあなたのストレス解消法では「うまくいかないとき」に、使ってみてもいいかもしれません。習慣化するといざというときにも使えるので、たとえば発表前でドキドキがとまらないときなどに試してみるとよいかもしれません。

エクササイズ25-2

実施日：　　月　　日（　）　　　年　　組　　番　氏名

ワーク2　練習の姿勢と、解除動作を憶えておこう

まず、練習の**基本姿勢**を憶えましょう。

また、これから体験する方法は、リラックスのために有効ですが、その効果で身体の力が抜けすぎてしまうと、動くときクラッとしたり、頭がボーッとしたりすることがあります。それを避けるため、練習の最後に、こころと身体のリラックスは保ちながら**「身体を目覚めさせる方法」**として、**解除動作**を憶えておく必要があります。

練習の姿勢
① 椅子に深く腰かけて、背もたれに背中をつける。
② 足の裏全体を床につける。
③ 背筋を伸ばして姿勢を整える。
④ 肩と首の力を抜いて、首が前に垂れるようにする。
⑤ 両腕は、太ももの上におくか、身体に沿って、だらんと下ろす。
⑥ 軽く目を閉じると集中しやすい。（伏し目で下を見ていてもよい。）

解除動作（練習の終了のしかた）
① 目を閉じたまま、大きく息を吸いながら、こぶしをにぎり、胸のほうに引きつける。
② 腕を身体の前、もしくは斜め下に伸ばし、両手をパッと開く。
③ 2、3回手の力を入れたり抜いたりする。
④ 背伸びをしたり、首を回したり、身体のあちこちを動かす。

※練習を終了するときには、必ず、この解除動作をしましょう。

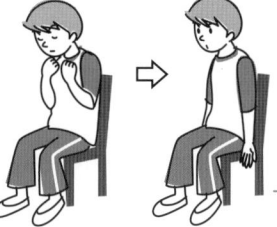

基本姿勢　　腕を下ろしてもよい

ワーク3　呼吸を意識してみよう

先生の指示に従って、練習の姿勢をとり、呼吸を意識してみましょう。練習の終わりには、解除動作をします。

呼吸を意識し、吐く息を長くすると、気もちが落ち着き、リラックスしてきます。そのことを憶えておくだけでも、役立ちます。

● お腹で呼吸する（腹式呼吸）

今、息を吸うとき、身体のどこが膨らんでいましたか。肺は胸の中にあるので、胸が膨らむのが当たり前だと思うかもしれませんが、肺の下には横隔膜というものがあって、それが下がることで深く吸うことができます。横隔膜が下がると、その分、お腹が膨らむのも自然な現象です。とくに、意識してお腹（おへその下あたり）が膨らむようにしていくと、深い呼吸ができ、よりリラックスしやすくなります。これを**「腹式呼吸」**と言います。

吸うときは鼻から。吐くときは、鼻からでも口からでもOK

ワーク4　腹式呼吸を練習しよう

先生の指示に従って、腹式呼吸を練習してみましょう。
練習の姿勢をとって、実施します。目は開けたままでも大丈夫です。

113-3

エクササイズ25-3

実施日：　　月　　日（　　）　　　　年　　組　　番　氏名

どうでしたか？
ズボンやスカートのウエストが締まっていると、やりにくかったかもしれません。
家でやるときには、ジャージなど、お腹が楽な服装でやってみてください。
腹式呼吸は、すぐにできなくても、心がけて続けていると、だんだんできるようになります。呼吸法をするときは、**腹式呼吸**を意識するといいかもしれません。
呼吸を整えて身体とこころをリラックスさせる方法は、たくさんあります。武道やさまざまなスポーツでも、呼吸法が取り入れられています。自分に合った呼吸法を習慣にすればいいのですが、とくに身につけやすい方法として、ここでは、**「カウント呼吸法」**を練習してみます。

ワーク5　「カウント呼吸法」を練習しよう

先生の指示に従って、実施します。

① 練習の姿勢をとる。
② こころの中で1、2、3、4と、4まで数えながら息を吸う。
③ 軽く、一瞬息を止める。
④ 5、6、7、8、9、10……と、数えながらゆっくりと吐き、10以上になるようにする。
⑤ また、1、2、3、4と数えながら息を吸い、同じように吐く。
⑥ 以上をくり返す。
⑦ 1、2分続けたら、解除動作を行なって終了する。

吸う　1.2.3.4
止める
吐く　5.6.7.8.9.10…
1〜2分くり返す

カウントする間隔は、自分の呼吸に合わせて調節します。
吐くときは、吸うときよりも長くし、吐き終わるまで数え続けるということがポイントです。
吐きながら、身体の力が抜け、気もちもリラックスしていく感じを味わうようにします。

※「カウント呼吸法」は、「10秒呼吸法」と言われる方法を改良したものです。

> 形として憶えて習慣にするには、このカウント呼吸法がおすすめです。ぜひ、毎日の習慣の中に取り入れてみてください。

まとめ　呼吸法を体験してみてどうでしたか。
自分が使えそうだと思った日常生活の場面を思い浮かべて書いてみましょう。

［　　　　　　　　　　　　　　　　　　　　　　　　　　　　　　　　　］

※この単元では、呼吸法、弛緩法、自律訓練法という3つのリラックス法を紹介します。これらは互いに関連していますが、それぞれに特徴があり、人によって合う方法は違います。ひと通り体験しながら、自分に合った方法を見つけてください。

予告　エクササイズ26では、「弛緩法」について勉強し、実際に体験していきます。

エクササイズ25　授業展開例

テーマ	情動②　リラックス法を使ってみよう！（1）呼吸法
具体的内容	① リラックス法の必要性、目的を理解する。 ② 呼吸法について理解し、体験練習してみる。
学習のねらい	① リラックス法とはどういうものか、なぜ必要なのか考える。 ② リラックス法のベースとなる呼吸法について理解し、体験練習をする。
学習方法	個人ワークシート学習、リラックス法体験
準　備	ワークシート

展開例	生徒の活動	指導上の留意事項
導入 3分	シート1 【導　入】　　　　3分	シート1配布 ●ここまでのおさらいを読み上げ、動機づけを促す。 ⇒このエクササイズの呼吸法の体験ガイドシナリオはP.174にあります。
エクサ サイズ 35分	ワーク1　　　　5分 リラックスすることの 大切さ	各項目はストレス反応なので、回答に抵抗を感じる生徒もいることが想定される。「誰にでもある」ことを強調し、とくに教員が「先生も半分以上当てはまるよ。肩こりで、不眠だし、考えがまとまらないし……」などと少し誇張ぎみに自己開示するとよい。 ストレス解消法を発表させる。 授業者や授業補助者のストレス解消法を質問し合い、開示してもよい。 シマック先生の吹き出しを読み上げ、自分だったらいつ使えるかということを考えながら、授業を受けることを生徒に推奨する。
	シート2 ワーク2　　　　8分 練習の姿勢と、解除動作を 憶えておこう	シート2配布 練習の姿勢と解除動作について、モデルになる教員と、説明する教員とで、実演し、理解させるとよい。そのあと、生徒と一緒に実施する。間違っている生徒は、個別に指導し、修正する。
	ワーク3　　　　5分 呼吸を意識してみよう	実施後、感想を適宜インタビューする。
	●お腹で呼吸する 　（腹式呼吸）	腹式呼吸の説明を読み上げ、理解させる
	ワーク4　　　　7分 腹式呼吸を練習しよう	教員の指示に従って腹式呼吸の練習を行う。 お腹に手を当てさせるなどして体験しやすいように工夫をするとよい。
	シート3 ワーク5 　　　　　　　　10分 「カウント呼吸法」を 練習しよう	シート3配布 シート3を配布後、腹式呼吸の感想をインタビューし、解説を読み上げる。 授業者の指示で手順通りにカウント呼吸法を体験する。 体験後、最後の解説とシマック先生のコメントを読み、習慣化の大切さを強調する。
まとめ 7分	【まとめ】　　　　7分 【予　告】	【まとめ】体験した感想を書かせる。 エクササイズ26の予告を読み上げる。

エクササイズ 26-1

情動 3 リラックス法を使ってみよう！（2）弛緩法

●ここまでのおさらい

これまでの情動の授業で呼吸法を体験しました。吐く息を長くすること、腹式呼吸を心がけることなどを学び、**「カウント呼吸法」** を練習しました。教室外でもやってみましたか？　今回はさらに、意識的に身体の力を抜くことで、こころも身体もリラックスさせる方法をやってみましょう。これを、**「弛緩法」** と言います。「弛緩」とは、力を抜いてゆるめることです。

> 弛緩法は、手軽に用いることができるので、あれこれ考えても案がうかばないときや、肩を触ってみて固まっているときなどに使うといいですよ！

おさらい　練習姿勢と終了のしかた

前回やったやり方を復習しておきましょう。これらは、リラックス法すべてに共通です。

練習の姿勢	練習の修了のしかた（解除動作）
① 椅子に深く腰かけて、背筋を伸ばす。 ② 肩と首の力を抜く。 ③ 両腕は、太ももの上か、下に下ろす。 ④ 軽く目を閉じるとよい。	① 大きく深呼吸しながら、腕の曲げ伸ばしをして目を開ける。 ② 背伸び、首回しなど、身体を動かす。 ※練習を終了するときには、必ず、この解除動作をしましょう。

ワーク1　緊張と弛緩の違いを感じよう

先生の指示に従って、緊張と弛緩の違いを感じ取ってみましょう。
利き腕の前腕を使って行います。

緊張　　弛緩

●弛緩法のポイント

どうでしたか。緊張と弛緩の違い、そしてさらに緩んでいく感じがわかりましたか。
私たちはふだん力を抜いたつもりでも、自分でも意識しない緊張があるものです。
これが肩こりや疲れの原因になることもあります。

> だから、力を抜いたあとに、『さらに緩んでいく感じ』が大事なのです。
> これが、弛緩法の重要なポイントになります！！

実施日：　　月　　日（　）　　年　　組　　番　氏名

ワーク2　弛緩法をやってみよう

先生の指示に従って、実施してみましょう。

身体の各部の筋肉にぐぐっと力を入れ、先生の合図でフッと力を抜いて、緊張と弛緩の違いを感じてみましょう。力を入れるとき、息を止めないように注意してください。
力を抜いたら、全身の緩んでいく感じを味わいます。

〈注意〉身体の具合の悪い部分や、過去にケガなどをしたことがあるところは、無理をしないでください。

① 手、腕、胸、肩　さらに首、顔を加えて上半身
② 脚、腹部さらに上半身をくわえて、全身

上半身の緊張　　上半身の弛緩

全身の緊張　　全身の弛緩

どうでしたか？　緊張と弛緩の違い、そして、さらに緩んでいく感じがわかりましたか？　身体のリラックスを味わっていると、こころものびのびとリラックスしてきます。

ワーク3　弛緩法に呼吸法を組み合わせてみよう

先生の指示に従って、実施してみましょう。

息を吸いながら身体に力を入れ、吐きながら力を抜きます。
そのまま静かな呼吸を続け、カウント呼吸法に切り換えて、さらに深いリラックスを味わいましょう。

どうですか。弛緩法と呼吸法を組み合せると、より深いリラックスを体験することができます。力を抜くときは、パッと一気に抜くやり方と、呼吸に合わせてじんわりと抜く方法があります。試してみて、自分に合う方を選ぶとよいでしょう。

全身の弛緩法を練習して、リラックスのコツがつかめたら、いつでもどこでもできるように、簡略版の「ミニ弛緩法」を練習しておこう！
今日の授業の一番のポイントです！！

エクササイズ26-3

実施日：　　月　　日（　）　　　年　　組　　番　氏名

ワーク4　ミニ弛緩法を練習しよう

先生の指示に従って、「ミニ弛緩法」を練習してみましょう。

① 練習の姿勢をとる。
② 息を吸いながら、肩を持ち上げ、肩と首の緊張を感じ取る。
③ ゆっくり息を吐きながら、肩の力を抜く。
（ゆっくり抜くのでも、一気に抜くのでもよい）
④ 肩が完全に下りても、息をゆっくり吐きながら、さらに緩んでいくのを感じる。
⑤ これを3回くり返す。
⑥ あとは肩を下ろしたまま、深い呼吸を続け、吐くたびに、さらに緩んでいくのを感じる。
⑦ カウント呼吸法で続けてもよい。
⑧ 2、3分続けたら、解除動作をして、終了する。

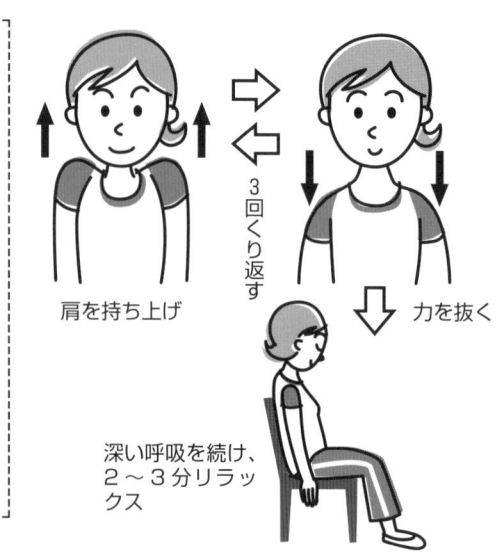

肩を持ち上げ　　力を抜く
3回くり返す
深い呼吸を続け、2～3分リラックス

「ミニ弛緩法」は、いつでもどこでもできるので、習慣化しやすい方法です。

●弛緩法を活用するには

今回練習したように、弛緩法は、呼吸法と合わせて使うと効果的です。

活動を終えて、のんびりしたいときに使うのもいいかもしれません。
とくに、弛緩法をお風呂の中やお風呂上りにしてみたり、寝るときに布団の中でやったりすると疲れが取れます。習慣化もしやすいので、おすすめの方法です。
また、勉強や作業に取り掛かるとき、集中したい試合の前など、ミニ弛緩法をやると、集中力が出てしかも長続きします。自分なりの活用法を工夫してみましょう。

まとめ　今回体験した弛緩法は、あなたのふだんの生活の中でどんなときに使えそうですか？思いつく場面を書いてみましょう。
　　　また、弛緩法を使った後に、こころや身体の状態にどんな変化が起きるかを想像して書いてみましょう。

[　　　　　　　　　　　　　　　　　　　　　　　　　　　　　　　　　　　　　　　]

予告　エクササイズ27では、自律訓練法について勉強し、体験します。

エクササイズ26　授業展開例

テーマ	情動③　リラックス法を使ってみよう！（２）弛緩法
具体的内容	① 弛緩法について、段階的に体験練習し、理解する。 ② 習慣化しやすい方法としてミニ弛緩法を練習する。
学習のねらい	① 弛緩法を体験し、力が抜けると、気もちもリラックスすることを実感する。 ② 呼吸法と弛緩法を合わせて練習することで、深いリラックスを体験する。
学習方法	個人ワークシート学習、リラックス法体験
準　備	ワークシート

展開例	生徒の活動	指導上の留意事項
導入 5分	シート1　　　　　　　5分 【導　入】	シート1 配布 ●ここまでのおさらいを読み上げ、動機づけを促す。 2行目まで読んだら、 「呼吸法を家でやってみた人？」と感想を聞いてもよい。 女の子の吹き出しの中を読み、案が出てこない、肩が固まっているなどの自らのストレス場面で、いつ使えるかということを意識して取組むように促すと効果があがる。 ⇒このエクササイズの弛緩法の体験ガイドシナリオはP.176にあります。
エクササイズ 35分	おさらい　　　　　　　5分 練習姿勢と終了のしかた	先生の実演を見せながら、同時にやらせる。 生徒は目を開けたまま、先生を見ながら実施する。
	ワーク1　　　　　　　5分 緊張と弛緩の違いを 感じよう ●弛緩法のポイント	身体を机に近づけ、前腕全体を机に載せるように指示する。手のひらを上に向けてこぶしを握り利き腕全体にぐっと力を入れさせた後に、ふっと力を抜かせる。 読み上げて解説する。
	シート2 ワーク2　　　　　　　10分 弛緩法をやってみよう	シート2 配布 まずはじめに弛緩法のやり方の実演を見せて理解させる。 そのあと ①上半身　再度の実演を見ながら一緒にやらせる。 　　　　　途中から目を閉じて、リラックスを味わう。 ②下半身から上半身　同様に行う。
	ワーク3　　　　　　　5分 弛緩法に呼吸法を 組み合わせてみよう	軽くフリつきで説明したのち、本格的な実演を見せながら、実施する。 途中から目を閉じて、リラックスを味わうように指示する。 実施後、感想を適宜インタビューしてもよい。
	シート3 ワーク4　　　　　　　5分 ミニ弛緩法を練習しよう ●弛緩法を活用するには 　　　　　　　　　　5分	シート3 配布 実演抜きで説明し、実演を見ながら、一緒にやらせる。 途中から目を閉じて、リラックスを味わう。 四角の中を読み、習慣化のヒントとする。
まとめ 5分	【まとめ】　　　　　　5分 【予　告】	【まとめ】自分が弛緩法を活用できそうな場面を想起させ、記入させる。 エクササイズ27の予告を読み上げる。

エクササイズ27-1

実施日： 月 日( ) 年 組 番 氏名

情動 4 リラックス法を使ってみよう！(3) 自律訓練法（じりつくんれんほう）

●ここまでのおさらい

ここまで呼吸法、弛緩法を体験してきました。静かに呼吸や弛緩を味わうことで、自分の身体とこころをリラックスさせるコツが少しずつわかってきたでしょうか。

今日は、それをさらに発展させ、ことばで身体に働きかけて、自律神経の調整を図る「自律訓練法」を紹介します。これを身につけると、心身の健康に優れた効果があると言われています。

ワーク1 カウント呼吸法とミニ弛緩法を復習しよう

実演の先生を見ながら、カウント呼吸法とミニ弛緩法を、復習してみましょう。

共通 練習姿勢と終了のしかた

練習の姿勢
① 椅子に深く腰かけて、背筋を伸ばす。
② 肩と首の力を抜く。
③ 両腕は、太ももの上か、下に下ろす。
④ 軽く目を閉じるとよい。

練習の終了のしかた（解除動作）
① 大きく深呼吸しながら、腕の曲げ伸ばしをして目を開ける。
② 背伸び、首回しなど、身体を動かす。

※練習を終了するときには、必ず、この解除動作をしましょう。

★カウント呼吸法★
① 1、2、3、4 で息を吸う。
② 軽く止め、ゆっくり吐きながら、5、6、7、8、9、10、11……と、数えていく。
③ 以上をくり返す。
④ 肩と首の力を抜いて、首が前に垂れるようにする。

★ミニ弛緩法★
① 息を吸いながら肩を持ち上げ、首と肩の緊張を感じる。
② 息を吐きながら、力を抜く。
③ 3回くり返す。
④ 深い呼吸を続けながら、リラックスを味わう。

（カウント呼吸法で続けてもよい）

●自律訓練法とは

こころの中でことば（公式）をくり返すことで、これらの状態を意識的に出せるようにしたのが、**自律訓練法**です。これを「腕が重い」から始めて、段階的に練習していきます。

今日は、腕の重い感じとあたたかい感じを体験してみましょう。

深いリラックスを表す6つの感覚
～自律訓練法の6つの公式～

① 両腕・両脚が重い（四肢重感）
② 両腕・両脚があたたかい（四肢温感）
③ 心臓が静かに打っている（心臓の安静）
④ 呼吸が楽だ（呼吸の安静）
⑤ 胃のあたりがあたたかい（腹部温感）
⑥ 額が涼しい（額部清涼感）

実施日：　　月　　日（　）　　年　　組　　番　氏名

ワーク2　腕の弛緩法から、腕の重感・温感を味わおう

先生の指示に従って腕・胸・肩の弛緩法をやり、**「腕が重い感じ」**と**「あたたかい感じ」**を味わってみよう。両方ではなく、どちらか片方が感じられるかもしれません。
この重い感じは、はっきりしたものではないかもしれません。かすかな感じでいいので、それを味わうようにします。

〈結果〉どうでしたか？　かすかでもいいので、得られた感じを○で囲んでみよう。
　　　　a.重い感じ　　　b.あたたかい感じ

自律訓練法は原則として**「腕が重い」**から始めますが、ここで**「あたたかい」**方がはっきり感じられた人は、次の練習は、**「腕が重い」**の代わりに、**「腕があたたかい」**でやりましょう。

ワーク3　自律訓練法の基本練習

練習の流れをひと通り理解しましょう。
そのあと、先生の指示に従って体験してみましょう。

① 深い呼吸をくり返してリラックスする。
② 背景公式「気もちが落ち着いている」をとなえる。
③ こころが静まったら、利き腕に気もちを向け、「腕が重い（またはあたたかい）」ととなえる。
④ その感じがかすかにでも出たら、唱え続けながらその感じを味わう。
⑤ 1分ほど続けたら、解除動作をして、静かに目を開ける。

〈結果〉どうでしたか。体験をふり返って、五段階評価を○で囲んでみよう。
　　　（1）気もちが落ち着いた（5 4 3 2 1）　　　（2）腕が重くなった（5 4 3 2 1）
　　　（3）腕があたたかくなった（5 4 3 2 1）

自律訓練法は、これを毎日くり返し練習して、段階的にマスターしていきます。
両腕・両脚の「重い」と「あたたかい」だけでもしっかりできるようになれば、心身の健康面でかなりの効果があると言われています。

自律訓練法の習得には、毎日の練習が必要ですが、
その意志さえあれば、自分で学ぶこともできます。
興味がある人は、参考図書に挙げたものを読んでみてください。

参考図書

① 佐々木 雄二『自律訓練法 新装版―1日10分でリラックスできる』ごま書房
② 松岡 洋一・松岡 素子『自律訓練法』日本評論社

エクササイズ27-3

実施日：　　　月　　　日（　）　　　　年　　　組　　　番　氏名

最後に発展編として、今までのリラックス法にイメージすることを組み合わせる方法を練習してみましょう。

ワーク4　イメージしてみよう

たとえば、自律訓練法に「額が涼しい」という公式があります。なかなかうまくこの感じを実感できない時に、額をうちわであおぐようなイメージをすると、徐々に額が涼しい感じを実感できることがあります。そこでこのワークでは、これまで学習してきた呼吸法、弛緩法、自律訓練法の効果をさらに高めるために、イメージをする練習をしてみましょう。

● **お風呂に入っているイメージをしてみよう**

練習姿勢をとり、あたたかなお湯につかって、ほっとしているイメージをしばらくしてみましょう。お湯のやわらかな感じや、湯気の感じなどをイメージしてみてください。手や身体があたたかくなった感じがしませんか？

● **開けた風景をイメージをしてみよう**

練習姿勢をとり、あなたが今までに見たことのある開けた風景をイメージしてみましょう。海や山、高原、場所はどこでもかまいません。風の感じや、太陽の光などをしばらく感じてみましょう。

どんな気もちの変化がありましたか？　四角の中に書いてみましょう。

```
┌─────────────────────────────────────┐
│                                     │
│                                     │
│                                     │
│                                     │
└─────────────────────────────────────┘
```

なかなかイメージがしにくいなという人は音楽を使ってみるのもいいかもしれません。

> 1）音楽は、リラックスした後に流す方がうまくいくので、目を閉じたままスイッチが押せるように工夫してみてください。
> 2）曲は、「リラクセーション・ミュージック」などのタイトルで、多くのCDが出ています。歌のない静かな映画音楽やバロックなどもいいかもしれません。自分がリラックスできる曲を選んでみてください。

ここまで、呼吸法、弛緩法、自律訓練法という3つのリラックス法を体験しました。自分に合うリラックス法を見つけて、ふだんから使ってみるようにしてみてください。
穏やかな気もちで毎日が過ごせるといいですね。

予告　エクササイズ28では、イライラした気もちを静める方法を考えます。

エクササイズ27　授業展開例

テーマ	情動④　リラックス法を使ってみよう！（3）自律訓練法
具体的内容	自律訓練法に関して、体験的に理解を深める。
学習のねらい	① 自律訓練法を学び、自ら心身をリラックスさせる方法について知る。 ② リラックス法の効果をより高めるためにイメージ法を練習し、より深いリラックスを体験する。
学習方法	個人ワークシート学習、リラックス法体験
準　備	ワークシート

展開例	生徒の活動	指導上の留意事項
導入 3分	シート1 【導　入】　　　　　3分	シート1 配布 ●ここまでのおさらいを読み上げ、動機づけを促す。 ⇒このエクササイズの自律訓練法の体験ガイドシナリオはP.180にあります。
エクサ サイズ 40分	ワーク1　　　　　10分 カウント呼吸法と ミニ弛緩法を復習しよう	練習姿勢と解除動作、カウント呼吸法とミニ弛緩法を教員が実演しながら一緒にやらせる。 ●自律訓練法とは 説明を読み上げ、自律訓練法の公式について理解させる。
	シート2 ワーク2　　　　　7分 腕の弛緩法から、 腕の重感・温感を味わおう	シート2 配布 実演の教員と一緒に、練習の姿勢をとり、息を吸いながら腕、胸、肩の順に緊張させ、息を吐きながら力を抜くという弛緩法を体験させる。そのまま静かに目を閉じさせて、「腕に気もちを向けて、力が抜けて、重く、あたたかい感じを味わってみよう」と教示する。30秒ほどで、解除動作をして目を開けるよう指示する。 一呼吸置いてから、重い、あたたかい、どちらがより感じられたか、○をつけさせる。かすかな感じでもよいと強調する。
	ワーク3　　　　　10分 自律訓練法の基本練習	練習の姿勢をとり、目を閉じさせる。①〜⑤の順にゆっくりと教示し、体験させたら、解除動作で終了する。 意識をはっきりさせる時間を数十秒置いてから、結果評価に記入させる。 その後の説明とシマック先生の吹き出しを読み上げ、参考図書も紹介する。
	シート3 ワーク4　　　　　13分 イメージしてみよう ●お風呂に入っている 　イメージをしてみよう ●開けた風景を 　イメージをしてみよう	シート3 配布 今まで学習したリラックス法の効果を高めるために、イメージ法を練習することを説明する。 練習姿勢をとらせ、あたたかなお湯につかっているイメージを教示する。解除動作の後で感想を聞いてもよい。 練習姿勢をとらせ、開けた風景をイメージさせる。解除動作の後で気もちの変化を四角の中に書きこむ。 体験のあと、音楽を使ったイメージ法について四角の中を読み上げ説明する。 シマック先生のコメントも読み上げる。
まとめ 2分	【予　告】　　　　　2分	エクササイズ28の予告を読み上げる。

エクササイズ28-1

実施日： 　月　日（　）　　　年　組　番　氏名

情動5 気もちのコントロールをしてみよう！
～イライラ感情のコントロール～

●**ここまでのおさらい**

これまでに、呼吸法、弛緩法（しかん）、自律訓練法（じりつくんれんほう）などのリラックス法を学習してきました。こころと身体はつながっていることが十分に体験できたと思います。

自分の気もち（こころ）をコントロールすることができるようになると、自分のストレスも相手のストレスも必要以上に大きくならないかもしれませんね。今日は**イライラを感じたとき**に、自分の**気もちを上手にコントロールする方法**を練習していきましょう。

ワーク1　自分の感情をコントロールする方法とは？

これから、ある場面について先生がロールプレイをします。みなさんは「たろうくん」になったつもりで、ロールプレイを見てみましょう。

たろうくんは今、毎週楽しみにしているTV番組を見ています。TVを見終わったら、勉強をしようと思っていたところに、お母さんがやって来て言いました。

```
＜パターン①＞
たろう　：（これ見終わったら宿題やろうっと）
お母さん：また、あんたはTVばっかり見て！ちゃんと勉強しなさい！
たろう　：うるさいなぁ！！わかってるよ！見終わったらやるつもりだったのに！
　　　　　もうやる気なくした！！
```

Q：このとき、たろうくんはどのような気もちだったと思いますか？
　　また、なぜそう思いますか？

気もち⇒ [　　　　　　　　　　　]　　　理由⇒ [　　　　　　　　　　　]

●**3ステップのセルフトーク（こころの声）で、
　起こってしまったイライラ感情を上手にコントロールしよう！**

　　●　●　●

ステップ① ストップ（赤）：待て待て落ち着け、深呼吸。自分を落ち着かせることばをとなえる。

ステップ② 考えよう（黄）：どうすればいいか考える。1番良さそうな解決法を選ぶ。

ステップ③ チャレンジ（青）：考えたことをやってみる。うまくいかなければ②に戻る。

エクササイズ28-2

実施日：　　月　　日（　）　　年　　組　　番　氏名

ワーク2　3ステップのセルフトーク（こころの声）を使って考えてみよう

―＜パターン②＞――――――――――――――――――――――――――――
　たろう　　：（これ見終わったら宿題やろうっと）
　お母さん　：また、あんたはＴＶばっかり見て！ちゃんと勉強しなさい！
（たろうこころの声）：なんだよ！ この後やるつもりなのに！
　　　　　　　　ステップ①：でも、待て待て、落ち着け～
　　　　　　　　ステップ②：このＴＶは絶対見たいし、お母さんを説得する方法を考えよう
　　　　　　　　ステップ③：よし、この後やるつもりだってことをきちんと説明してみよう
　たろう　　：**これを見終わったらちゃんとやるつもりだから、心配しなくて大丈夫だよ。**

Q：このとき、たろうくんはどのような気もちだったと思いますか？
　　また、なぜそう思いますか？

　　気もち⇒［　　　　　　　　　　　］　　理由⇒［　　　　　　　　　　　　］

―――――――――――――――――――――――――――――――――――
イライラ感情は、誰にでもあるものです。イライラしたり、ムカついたりすることは人間にとって自然なことで、決していけないことではありません。しかし、それをすぐに表に出してしまうことは問題です。相手の反感をかってイライラが増えてしまったり、喧嘩(けんか)になってしまうこともあります。
一呼吸して、イライラ感情を上手にコントロールすることが大切です！

ワーク3　イライラ感情コントロールのシナリオを作ろう

下のエピソードではなこさんになったつもりになり、自分なりの**3ステップのセルフトーク（こころの声）と実際に相手に言うことば**を［　　］に入れて、＜シナリオ＞を完成させましょう。

はなこさんは、今日の放課後、友だちのさくらさんと一緒に帰る約束をしていました。ところが、さくらさんはそのことをすっかり忘れている様子で、あきさんと一緒に帰ろうとしています。

はなこ：さくら、お待たせ！ あれ？ なんであきと一緒なの？
さくら：あ！ ごめん、ごめん。約束してたんだっけ。うっかりしてた。
（はなこの心の声：約束してたのに、忘れるなんてひどい！！ 頭にくる！）

ステップ①	
ステップ②	
ステップ③	

はなこ：［　　　　　　　　　　　　　　　　　　　　　　　　　　　　　　］

125

エクササイズ28-3

実施日： 　月　　日（　　）　　　年　　組　　番　氏名

ワーク4　イライラ感情コントロールのシナリオを実演してみよう

ワーク3で作ったシナリオをグループで実演（ロールプレイ）してみましょう！

ロールプレイのやり方
① 3人組を作ります。（3人組の作り方は、先生からの指示を待ちます）
② 3人で輪を作って座り、順番を決めましょう。1番の人はさくらさん役、2番の人ははなこさん役、3番の人は観察者になります。
③ ロールプレイを始めます。さくらさん、はなこさんはセリフを読んで、観察者は2人をじっくり観察してみましょう。
④ ロールプレイが終わったら、はなこさん役は下のQに答えましょう。
⑤ これで1回目のロールプレイは終了です。2回目、3回目は役を変えて、全員が3つの役を体験してみましょう！

Q.（はなこさん役になりきって）3ステップの前後で気もちにどのような変化がありましたか。3ステップ後の気もちを書いてみましょう。

　　3ステップの前の気もち：約束を守らないなんてひどい！　頭にくる！

　　3ステップの後の気もち：（　　　　　　　　　　　　　　　　　　　　　　　　　）

ワーク5　ふり返りをしましょう

ロールプレイが終わったら、交代でふり返りをしてみましょう。

① はじめに、それぞれの役をしてみての気もちや気づいたことを下の□にそれぞれ書いてみましょう。

さくらさん役の時の気もち	はなこさん役の時の気もち	観察者役の時の感想

② 1回目の観察者役から、さくらさん役に感想を聞いてみましょう。
　特に、はなこさんのセリフを受けて、どう感じたかを尋ねてみましょう。
③ 次は観察者役から、はなこさん役に感想を聞いてみましょう。
　自分が考えた3ステップから、気もちがどのように変化したかについても聞いてみましょう。
④ 最後に観察者役から、ロールプレイを見た感想を言いましょう。
⑤ 2回目、3回目と交代して①～④をくり返してみましょう。

予告　エクササイズ29では、ここまでのストレスマネジメントの学習の総復習をしていきます。

エクササイズ28 授業展開例

テーマ	情動⑤ 気もちのコントロールをしてみよう！〜イライラ感情のコントロール〜
具体的内容	イライラ感情を上手にコントロールする方法を知る。
学習のねらい	① 怒りは自然な感情であることを理解する。 ② 怒り感情をなくすのではなく、怒り感情とうまくつきあうコツを学習する。
学習方法	個人ワークシート学習、グループワーク
準 備	ワークシート

展開例	生徒の活動	指導上の留意事項
導入 2分	シート1　　　　　2分 【導　入】	シート1 配布 ●ここまでのおさらいを読み上げ、今回の授業の動機づけを促す。
エクササイズ 40分	ワーク1　　　　　7分 自分の感情をコントロールする方法とは？	説明を読み上げ、作業内容を確認してから、授業者または授業補助者が、ロールプレイを行う。できれば2名の教員で行うのが望ましい。 生徒には**たろうくんの目線で見るように**指示する。 たろうくんの気もちを考えさせ、そう思う理由とともにワークシートに記入するように指示する。 気もち＜回答例＞うるさいな〜ムカつく！ 理由　＜回答例＞やろうと思っていたところで言われたから。
	●3ステップのセルフトーク（こころの声）で、起こってしまったイライラ感情を上手にコントロールしよう！3分	前のワークを受けて説明を読み、イライラ感情を上手にコントロールするための3つのステップを信号に例えながら確認する。
	シート2 ワーク2　　　　　5分 3ステップのセルフトーク（こころの声）を使って考えてみよう	シート2 配布 3ステップのセルフトーク〜の部分を引用しながら3ステップを確認する。その後3ステップを経たときのたろうくんの気もちとそう思う理由を書かせる。 気もち＜回答例＞イラっとするけど、お母さんにわかってもらおう。 理由　＜回答例＞イライラ感情がおさまり落ち着いて考えられたから。
	ワーク3　　　　　10分 イライラ感情コントロールのシナリオを作ろう	①手順を説明し、授業者もしくは授業補助者がシナリオを読む。 ②はなこさんになったつもりで3ステップを考えさせる。 ステップ①＜回答例＞待て待て落ち着け〜深呼吸だ！ ステップ②＜回答例＞さくらさんに気もちを伝えたいな。 ステップ③＜回答例＞約束したから待っていたことを伝えてみよう。 ③3ステップを経たはなこさんのセリフを考えさせ書かせる。 ＜回答例＞一緒に帰る約束をしたから、さくらを待ってたんだよ〜！
	シート3 ワーク4　　　　　10分 イライラ感情コントロールのシナリオを実演してみよう	シート3 配布 3人組を作るように指示する。手順に従ってロールプレイを行い、はなこさん役の人が3ステップ後の気もちを考えさせる。 ＜回答例＞まぁ、さくらさんもうっかりしてたのかなぁ……
	ワーク5　　　　　5分 ふり返りをしましょう	ワーク4での3人組のまま、手順に従って取組ませる。
まとめ 3分	【予　告】　　　　3分	エクササイズ29の予告を読み上げる。

エクササイズ29-1

実施日： 　月　日（　）　　年　組　番　氏名

総合1 ストレスマネジメントに関する知識をふり返ろう！

●**ここまでのおさらい**

これまでのストレスマネジメントの授業をとおして、「認知」「行動」「情動」の3つの柱があること、自分のストレスとうまくつきあっていく方法など、多くのことを学びましたね。重要な言葉もたくさん出てきました。今回は、これまでに学習してきた内容をクイズ形式でふり返っていきましょう！

ワーク1 ☆ストレスマネジメントクイズ・ファーストステージ☆ ― 自分編 ―

まずは あなた自身に関するクイズ から挑戦してみましょう！ ストレスマネジメントの学習で知った自分のことをよく思い返して、問題にチャレンジしてみましょう！

①あなたのKJQのこころのエネルギーは、どれが一番高かったか憶えていますか？　もっとも高かったものに○をつけてみましょう！　複数あった場合は、複数○をつけてかまいません。

安心感　・　楽しい体験　・　認められる体験

②TACのレーダーチャートで、あなたのもっとも高かったコーピングの名前を書いてみましょう。

[　　　　　　　　　　　　　　　　　　　　　　　　　　　]

③「認知」の単元で、もっともこころに残っていることは何ですか？

[　　　　　　　　　　　　　　　　　　　　　　　　　　　]

④「行動」の単元で、もっとも使えそうだと思った方法は何ですか？

[　　　　　　　　　　　　　　　　　　　　　　　　　　　]

⑤「情動」の単元で、どんなときにリラックス法を使いたいと思いましたか？
　すでに使っている人は、どんなときにどの方法を使っているのか書いてみましょう。

[　　　　　　　　　　　　　　　　　　　　　　　　　　　]

> もちろん、ファーストステージの答えは人それぞれです。
> 自分のことをふり返ることができましたか？
> 前のページを見てもかまいませんよ。

エクササイズ29-2

実施日：　　月　　日（　　）　　年　　組　　番　氏名

ワーク2　☆ストレスマネジメントクイズ・セカンドステージ☆ ― 基礎編 ―

では次に、**これまでの学習内容のクイズ**に挑戦してみましょう！これまでの学習をよく思い返して、高得点目指して問題にチャレンジしましょう！各問題に、〇か✕で答えてみよう！

（1問1点）

〈導入編〉

① 【　　】ストレッサーとは、ストレスを生じさせるきっかけになる出来事である。
② 【　　】TACのコーピングとは、ストレスへの対処法のことである。
③ 【　　】ストレス反応は、自分でコントロールすることはできない。

〈認知編〉

④ 【　　】ABC『こころの法則』では、「出来事が感情（気もち）を引き起こす」と言える。
⑤ 【　　】ストレスは誰でもたまるものなので、どうすることもできない。
⑥ 【　　】同じ出来事でも、「認知（考え方）」を変えれば、気もちを変えることもできる。
⑦ 【　　】ストレスを小さくするには、物事のいろいろな面を見て、いろいろな認知のしかたができるといい。
⑧ 【　　】迷ったときや、結論が出しにくいときは、「損得勘定表」を使って、認知のメリットとデメリットを比較してみるのもいい。

〈行動編〉

⑨ 【　　】どんなときも必ず正しい行動が1つ決まっていて、その行動をすれば、ストレスがたまらない。
⑩ 【　　】行動を選択するときには、「相手にとっていいか」ということだけでなく、「自分にできるか」を考えることが重要だ。
⑪ 【　　】うなずきやあいづちによって、「聴いているよ」という気もちが相手に伝わる。
⑫ 【　　】質問に対して答え以外の情報もつけ加えると、会話を発展させるきっかけになる。
⑬ 【　　】イエスかノーで答えられる質問を、オープン・クエスチョンと言う。
⑭ 【　　】「アサーション」とは、お互いのストレスがなるべく小さくなるような言い方で、自分の意思を伝えることである。
⑮ 【　　】アサーティブな言い方は、①ありのままの事実を述べる、②自分の意思を伝える、③解決するための提案をする、という順番で伝えるとよい。

〈情動編〉

⑯ 【　　】リラックス法は、一度憶えればいつでも使えるので、習慣化する必要はない。
⑰ 【　　】こころと身体は相互に影響しているので、身体の力を抜くことで、こころもリラックスさせることができる。
⑱ 【　　】ミニ弛緩法では、息を吐きながら肩に力を入れ、吸いながら力を抜く。
⑲ 【　　】自律訓練法では、「腕が重い」とくり返すと、実際に腕が重い感じがしてくる。
⑳ 【　　】認知、行動、情動は別々に使うものなので、一緒に使うとストレスには効かない。

　　／**20**　あなたの得点はどうだったかな？これまでの学習が思い出せましたか？

エクササイズ29-3

実施日：　　月　　日（　　）　　年　　組　　番　氏名

ワーク3 ☆ストレスマネジメントクイズ・ファイナルステージ☆ ― 難題編 ―
　　　　　〜これができればストマネ・マスター！！〜

さあいよいよ最後のステージです！ このステージはかなり難しい問題が出てきます。ストマネ・マスター目指して挑戦してみましょう！ 各問題に、当てはまることばを書いてみましょう。
（1問2点）

①TACの8つのコーピングは、「情報を集める」「あきらめる」「よい面を探す」「くよくよ考えないようにする」「気晴らしをする」「誰かに話を聞いてもらう」「責任をのがれる」あと1つは？

[　　　　　　　　　　　　　　　　　　　　　　　　　　　　　　　]

②『経験しているストレッサーに対して、うまく【1】をすると、【2】が強くならなくてすみます。』この文の（1）と（2）にあてはまることばは何でしょうか？

[1：　　　　　　　　　　　][2：　　　　　　　　　　　]

③上手な謝り方のポイントの憶え方 **「ごめん、まりこ」** の「ごめん」は「ごめんと謝罪する」、「ま」は「間違いを認める」、「り」は、「理由を話す」です。では、「こ」は何？

[　　　　　　　　　　　　　　　　　　　　　　　　　　　　　　　]

④こころが緊張すると身体も固くなったり、逆に身体の力を抜くとこころもリラックスしたりします。このようにこころと身体がお互いに関わりあっていることを、四字熟語で何と言うでしょうか。

[　　　　　　　　　　　　　　　　　　　　　　　　　　　　　　　]

⑤イライラ感情が起こったときに使う、3ステップのセルフトーク（こころの声）のステップ1では、何をしていたでしょうか。

[　　　　　　　　　　　　　　　　　　　　　　　　　　　　　　　]

　　　　　　　　　　　　　　　　　　　　　　　　　　　　/10

ストレスマネジメントクイズ、いかがでしたか？ これまでの学習が思い出せたのではないでしょうか？ ストレスを小さくするためには、いろいろな対処ができることが必要です。今回思い出した方法があったら、日常生活で使ってみよう！

予告 エクササイズ30では、今まで学んできたことを生かしてグループ対抗バトルを行います。

エクササイズ29　授業展開例

テーマ	総合①　ストレスマネジメントに関する知識をふり返ろう！
具体的内容	これまでの総復習クイズに取組みながら、年間の学習内容を復習する。
学習のねらい	クイズを通じて、楽しみながら1年間の学習内容を復習する。
学習方法	個人ワークシート学習
準　備	ワークシート、ストップウォッチ

展開例	生徒の活動	指導上の留意事項
導入 3分	シート1 【導　入】　　　　　3分	シート1配布 ●ここまでのおさらいを読み上げ、授業の導入とする。
エクササイズ 40分	ワーク1　　　　　5分 ☆ストレスマネジメントクイズ・ファーストステージ☆ 　　　　―自分編―	まずはじめに自分に関するクイズでこれまでの学習をふり返ってみることを伝える。①〜⑤までの問題にこれまでの学習を思い出して解答させる。前のワークシートを見返してもかまわない。
	シート2 ワーク2　　　　　15分 ☆ストレスマネジメントクイズ・セカンドステージ☆ 　　　　―基礎編―	シート2配布 これまでの学習を思い出しながら、各問に○×形式で解答するように指示する。採点は1問1点で計算する。
	シート3 ワーク3　　　　　20分 ☆ストレスマネジメントクイズ・ファイナルステージ☆ 　　　　―難題編―	シート3配布 応用編の問題であり、かなりの難問であることを伝える。各問に当てはまることばを書かせる。採点は1問2点で行う。 全問正解者は、ストレスマネジメント・マスター（ストマネ・マスター）として、拍手で賞賛してもよい。
	【ワーク2回答】	☆ストレスマネジメントクイズ・セカンドステージ☆解答 ①○　　②○ ③×　対処法を身につけることでコントロールすることができる。 ④×　事実をどう考えるかという認知が引きおこす。 ⑤×　対処法次第では、解決できることもある。 ⑥○　　⑦○　　⑧○ ⑨×　状況や自分の状態による。たった1つの正解はない。 ⑩○　　⑪○　　⑫○ ⑬×　クローズド・クエスチョン。　　⑭○ ⑮○　　⑯×　とっさのときに使えるためには、習慣化が大切である。 ⑰○　　⑱×　息を吐きながらさらに力を抜いていく。 ⑲○ ⑳×　3つを組み合わせて使うことで、さらに効果が増す。状況や自分の状態によって、別々に使ったり、合わせて使う。
	【ワーク3回答】	☆ストレスマネジメントクイズ・ファイナルステージ☆解答 ①問題解決の計画を立てる ②【1】対処またはコーピング　【2】ストレス反応 ③「これからは……」と解決の提案、改善の約束をする。 ④心身相関 ⑤待て待て落ち着け、深呼吸。自分を落ち着かせることばをとなえる。
まとめ 2分	【予　告】　　　　　2分	エクササイズ30の予告を読み上げる

総合 2 問題を解決してみよう！（無人島脱出ゲーム）

実施日：　月　日（　）　年　組　番　氏名

●ここまでのおさらい

これまで学習した内容をクイズ形式でふり返りましたね。今回は、これまでに学習したことをブレインストーミングを使ったクイズ形式でふり返ってみましょう。

ワーク1 無人島脱出ゲームに挑戦しよう！

① 4～5人のグループを作ってください。
② 以下の文章を読み、グループで「無人島脱出ゲーム」に挑戦しましょう。
③ 制限時間は15分です。
④ 2ページ目の作業用紙に、グループ名、持ち出し物品名を記入し提出してください。

　夏休みに、ごうかなクルーザーで南太平洋を航海していた海洋クラブの5人の生徒は、クルーザーが座礁し脱出しなければならなくなりました。地図によると南西5キロの地点に、無人島があることがわかりました。その無人島は、ジャングルでおおわれ、野生の動物が生息しているようです。ただし、川が流れている形跡はありません。クルーザーは、あと1時間で完全に沈没します。沈没する前に、クルーザーから必要な物を持ち出し、避難用の20人乗りゴムボートで脱出しなければなりません。幸い、脱出前に無線を使って、現在地と避難予定の無人島の場所を海難救助センターに連絡できました。しかし、海難救助センターからは、1ヶ月後には必ず助けに行くので、それまで自力で生き延びるように指示されました。20人用のゴムボートに平均体重が65キログラムの5人の生徒が乗船し、さらに必要な物をのせて行くには、限りがあります。

　何を持ち出して、無人島までたどり着き、1ヶ月間、無事に生き延びればいいか、グループで知恵を出し合って考えましょう。ただし、持ち出せる物品は15種類以内とします。

★クルーザーに残っている物品のリストは次の通りです。

20リットル飲料水入りポリタンク×5	浄水器	日曜大工セット
救急医療品入り救急バック	単1電池×5コ	コンパス
懐中電灯	キャンプ用調理道具一式	リュックサック
ヘルメット×5コ	携帯用ラジオ	釣りざお
乾パン×5箱	時計	ロウソク
サバイバルナイフ	ホイッスル	長そでTシャツ3枚
ガムテープ	ビニールシート（8畳分）	半そでTシャツ3枚
油性ペン	マッチ1箱	飯ごう
軍手×3組	鉄製なべ	タオル10本
歯ブラシ×5本	新聞紙5日分	アルミ製なべ
45リットルポリバケツ	アルミホイル1箱	ヤカン
ラップ	寝袋3枚	チョコレート5枚
簡易トイレ	テント	ビーチパラソル
ティッシュ10箱	スケッチブック1冊	虫めがね
オール3組	救命胴衣3組	簡易テーブル
30メートルロープ	裁縫用具	浮き輪　2コ

エクササイズ 30-2

実施日：　　月　　日（　）　　年　　組　　番　氏名

作業用紙

グループ名

●持ち出し物品リスト●

	物品名	何のために
1		
2		
3		
4		
5		
6		
7		
8		
9		
10		
11		
12		
13		
14		
15		

エクササイズ30-3

実施日：　　月　　日（　）　　年　　組　　番　氏名

★★今日の学習のふり返り★★

（1）次の設問について、「十分できた」から「ほとんどできなかった」までで自己チェックし○をぬりつぶしましょう

	十分できた	まあまあできた	できなかった	ほとんどできなかった
1 グループ活動の中で、他者に対してあたたかいことばがけを心がけたか	○	○	○	○
2 自分の考えを主張することができたか	○	○	○	○
3 話し合う問題点が明確にできたか	○	○	○	○
4 問題解決の方法をいくつか考え出せたか	○	○	○	○
5 自分から、グループの仲間に対して意見を出せたか	○	○	○	○
6 仲間の話を相手の考えを受け止めながら聴けたか	○	○	○	○
7 話の中で相手の感情を感じることができたか	○	○	○	○
8 自分の感情をコントロールしながら話し合いができたか	○	○	○	○
9 仲間の意見や考えを多面的に受け止めることができたか	○	○	○	○
10 話し合いの中で感情が高ぶってきたとき、それを抑える行動をとれたか	○	○	○	○

（2）今日の授業の感想や、今までのストレスマネジメントの授業を受けたことで、今日のゲームの中で役に立ったこと、気をつけたことなどがあったら書きましょう。

予告　エクササイズ31では、あなたの日常生活での問題を解決するクイズにチャレンジします。

エクササイズ30　授業展開例

テーマ	総合②　問題を解決してみよう！（無人島脱出ゲーム）
具体的内容	グループでクイズに取組みながら、年間の学習内容を復習する。
学習のねらい	① 問題解決能力、アサーションスキルを活用しグループで話し合いながら課題を達成する。 ② 課題達成の過程で生じる人間関係上のトラブルに関してストレスマネジメントを用いて対処する。
学習方法	個人ワークシート学習、グループワーク
準　備	ワークシート、サインペン（黒・赤）×班数、ストップウォッチ

展開例	生徒の活動	指導上の留意事項
導入 3分	【導　入】　　　　3分	ワークシートは最初に配布しない ●ここまでのおさらいを読み上げる。 「今日のストレスマネジメントは、前回と同じ総復習をかねたクイズですが、今回はグループで行います。楽しみながら、学んだことをしっかり確かめてみましょう」と言い、グループ作りに入る。
エクササイズ 40分	シート1 ●グループづくり　2分	授業者の指示でグループをつくる。4名～5名でグループになるようにする。 グループ名を各グループで決めてもらう。それを確認して黒板に書き、得点表を作る。
	シート2 ●ゲームの理解　5分	シート1、シート2配布 「今回はグループで無人島脱出ゲームを行います。他のグループに負けないよう頑張りましょう」という教示の後、ワーク1の①～④の手順を読んで、ルールを確認する。 シート2の作業用紙にグループ名を書かせ、いったん裏返して置かせる。 ※人数が多い班が有利だと異論が出たら、「少人数の方が活発に意見を言い合える面もある」と、一概に言えないことを説明する。
	ワーク1 無人島脱出ゲームに 挑戦しよう！　23分 （グループワーク15分、 発表8分）	ストップウォッチを押し、よーいスタートでシートを表に返すよう指示する。 グループシートには、必ず所定のサインペンで書く。 15分たったら、ペンを置かせる。各班が1位に選んだ物品のみ板書して、その理由を中心に発表させる。
	シート3 ★★今日の学習のふり返り ★★　　　　10分	シート3配布 （1）について、全部で10問、あてはまるもの1つの○をぬりつぶすよう指示する。（1）が終わった生徒は、その下の（2）感想欄を埋めるようにあわせて指示する。 その際に、これまでのストレスマネジメントの授業を受けたことで、今回のグループワークを行う際に、役に立ったことや、気をつけたことがあったら感想欄に記入するように伝える。
まとめ 2分	【予　告】　　　　2分	エクササイズ31の予告を読み上げる

総合 3 問題を解決してみよう！

●ここまでのおさらい

ここまでのワークでは、グループで協力して今までの学習内容のふり返りを行いました。このワークでは、自分ひとりの力で今までの学習内容を活かして問題を解決してみましょう。

ワーク1　問題を解決するために……

部活のこと、人間関係のこと、日常生活でもさまざまな問題は起こります。
問題を解決するためには、**問題に対してどのように対処するか**を考えることが必要です。
問題を上手に解決するには、以下の3つのステップがあります。

●『問題解決のコツ』って何？？

問題解決には、次の3つのステップがあります。

> 解説を聞いて、『（カッコ）』を埋めよう！

= STEP 1 =	= STEP 2 =	= STEP 3 =
問題をはっきりさせる	解決法をたくさん考える	実行する解決法を選ぶ
『　　　』	『　　　』	『　　　』
今"自分が何に困っているのか"をはっきりさせる。	目標を達成するための解決法を、できる限りたくさん考えてみる。	解決法のメリット・デメリットをさまざまな観点から考えて、実行するものを選ぶ。

解決法をたくさん出すためのよい方法として、ブレインストーミングがありましたね。
ブレインストーミングを用いて、たくさんの解決法を考えたら、次にどの解決法を使うかを決めなければなりません。
このときに、「解決法の評価」が重要になります。
「解決法の評価」とは、解決法をさまざまな面から検討し、実際にやってみる解決法を考えることをいいます。

> **ブレインストーミングのルール**
> （おさらい）
> ①たくさん出そう
> ②かわった意見大歓迎
> ③批判はしない
> ④人の意見の一部を変えて自分の意見にしてもよい

― たとえば、こんな面から検討してみよう！ ―
- 時間はかかるかな？
- 労力がかかるかな？
- 別のイヤなことが起こらないかな？
- 自分は満足できそうかな？
- ルールやマナーを破ることにならないかな？
- 困っていることはなくなるかな？
- 障害（ジャマ）はあるかな？
- 自分は成長できそうかな？
- 他の人がイヤな思いはしないかな？

エクササイズ 31-2

実施日：　　月　　日（　）　　年　　組　　番　氏名

ワーク2　問題の解決法を評価してみよう

次のエピソードを読んで、書かれている解決法を評価してみましょう。

■エピソード1　休み時間に廊下で……
あなたは休み時間に廊下を歩いていました。そのとき、友だちが後ろから走ってきました。友だちはすれ違いざまに、あなたの頭を1回たたいて、そのまま走り去ってしまいました。
あなたは、とてもイヤな気もちになりました。

● **問題の明確化（問題をはっきりさせる）**
　　友だちに突然たたかれてイヤな気もちを何とかしたい

● **解決法の案出（解決法をたくさん考える）**
　・友だちを追いかけていって「痛いからやめて」と言う
　・友だちを追いかけて、たたきかえす
　・何も言わずに自分が我慢する

● **解決法の評価（実行する解決法を選ぶ）**

評価の方法
このエピソードに対する3つの解決法を評価してみましょう。
この方法がよいと思ったら○を、微妙だと思ったら△を、ダメだと思ったら×を書き入れましょう。
合計点は、○→2点、△→1点、×→0点に置きかえて計算しましょう。

　　　　　　　　　　　自分はスッキリするかも……　　　聞いてくれた友だちはイヤな気もちになるかも……　　　たたいた友だちに悪口を言ったと思われちゃうかも……

解決法	自分の気もちは？	他の人の気もちは？	他にイヤなことは起こらない？	本当にできる？	合計点
★（例）他の友だちに話す	○(2点)	△(1点)	△(1点)	○(2点)	6点
★友だちに「痛いからやめて」と言う					
★友だちをたたきかえす					
★何も言わずに我慢する					

たくさんの見方で解決法を評価することで、あなたにぴったりの解決法が見つかります！

エクササイズ31-3

実施日： 　月　　日（　　）　　年　　組　　番　氏名

ワーク3　問題を解決してみよう！

今度は、エピソードを読んで、エピソードの問題について問題解決の3つのステップを練習してみましょう。

① 解決法を「ブレインストーミング」を使ってたくさん出しましょう。たろうくん、あきらくんが考えた解決法をヒントに、「認知」「行動」「情動」を使って考えてみよう！
② 1で出した解決法を評価します。考えた解決法から、よさそうだと思うものを4つ選び、★印のついている四角に1つずつ書き入れましょう。
　書けたら、ワーク2と同様の手順で解決法を評価しましょう。

■エピソード2　ノートをとっておいたのに……

昨日、友だちが学校を欠席したので、あなたは友だちの分のノートもとっておきました。次の日、友だちに「昨日の分のノートなんだけど……」と話しかけてノートを渡そうとすると、友だちは「あんな授業のノートは別にいいよ〜」と言って立ち去ってしまいました。あなたは、悲しい反面少しイライラした気もちのままで立ちつくしました。

どんなことで困ってる？ → そもそも問題って何かな？
→わざわざ友だちの分のノートもとっておいたのに、そっけなくされてとてもイヤな気もちになったこと。

どんな解決法がある？

あきらくん	たろうくん	あなた
「先生が授業内容がテストに出るって言ってたよ」と言って渡す。	呼吸法を使って、イライラした気もちを減らす。	
じょうだんっぽく「お前のためにとっといたんだぜ〜」と言う。	いらないと言うならしかたがないと考えてあきらめる。	
もう二度とあいつのためにノートなんてとるかと思う。		

どれをやってみようかな？評価をしてみよう ↓	自分の気もちは？	他の人の気もちは？	他にイヤなことは起こらない？	本当にできる？	合計点
★					
★					
★					
★					

予告　エクササイズ32では、問題解決を使って人にアドバイスする方法を考えます。

エクササイズ31　授業展開例

テーマ	総合③　問題を解決してみよう！
具体的内容	問題解決の技法を学び、自分の問題に活かしてみる。
学習のねらい	① 問題解決の３ステップを理解し、スキルを身につける。 ② 自分の日常的な問題に対して、問題解決を使えるようになる。
学習方法	個人ワークシート学習
準　備	ワークシート

展開例	生徒の活動	指導上の留意事項
導入 2分	シート１ [導　入]　　　　2分	シート１配布 ●ここまでのおさらいを説明として、今回の導入とする。
エクササイズ 40分	ワーク１　　　　10分 問題を解決するために…… ●『問題解決のコツ』って何？？	問題を解決するためには、問題への対処法を考えることが重要であることを伝える。 問題を解決するためには３つのステップがあることを教える。『　』の中に各自授業者が述べたキーワードを記入する。 ＳＴＥＰ１→問題の明確化、ＳＴＥＰ２→解決法の案出 ＳＴＥＰ３→解決法の評価 各ステップについて、四角の中の説明と、下の説明を読み、解説する。
	シート２ ワーク２　　　　15分 問題の解決法を評価してみよう	シート２配布 解決法を評価する練習を行う。エピソード１を読み上げ、「問題の明確化」と「解決法の案出」を読む。その後、このほかにも解決法は考えられるが、書かれた３つの解決法に関する評価を行うことを伝える。 **評価の方法**の四角の中を読み、評価を点数化して比較する方法を説明する。下の解決法の評価の表の例を読み上げながら、４つの視点から各々評価し点数化することを説明する。 最後にシマック先生のコメントを読み上げ、さまざまな視点から評価することで、最も自分にあった解決法が見つかることを伝える。
	シート３ ワーク３　　　　15分 問題を解決してみよう！	シート３配布 エピソード２を読み、解決法の案出およびその評価を行う。問題の明確化はすでにワークシートに書かれているものを生徒と一緒に確認する。 「解決法の案出」はすでに書かれているあきらくん、たろうくんの解決法を参考に、認知、行動、情動の視点から案出することを促す。思いつくだけ自由にあげればよいので、たろうくんのように枠が埋まらなくともよいことも告げる。ブレインストーミングで案出するので、案出された解決法によい悪いはないことを告げる。あきらくん、たろうくんのものも含む、案出された解決法から、よさそうだと思うものを４つ選んで四角の中に書かせ、各々を評価させる。 机間巡視を行い、実施が困難そうな生徒には個別対応する。 ＜回答例＞弛緩法を使って、まずはイライラした気もちを減らして落ちつく。 　　　　　友だちは事情を知らないのだから、しかたがないと考える。 　　　　　友だちの机の上にノートを置いておく……
まとめ 3分	[予　告]　　　　3分	エクササイズ32の予告を読み上げる

エクササイズ32-1

総合 4 アドバイスをしてみよう！

実施日： 月 日（ ） 年 組 番 氏名

●ここまでのおさらい

ここまでのワークでは、問題解決の方法を用いて、問題を解決する方法を学びました。自分の問題だけではなく、友だちの問題を解決するお手伝いもできたらいいですよね。このワークでは、問題解決を用いながら、これまで学習した「認知」「行動」「情動」の観点を使い、困っている友だちにアドバイスをする練習をしてみましょう。

ワーク1 アドバイスする方法を考えよう

次のエピソードを読んで、はなこさんにアドバイスするつもりで、解決法をできるだけたくさん考えてみましょう。

■エピソード1　掃除当番だったんだけど……
昨日私は掃除当番だったんだけど、掃除の時間の直前に、先生にプリントを運ぶのを手伝ってと言われて、職員室によったから、掃除に行くのが遅れちゃったの。
そしたら同じ掃除当番のあきらくんに「今日はおれたちが掃除当番だよ。ちゃんと掃除してくれないと困るんだよな〜」って言われちゃって……。
あきらくんはすぐ掃除しに行っちゃったから、頭が真っ白になったままその場に取り残されて……悲しかったな。

はなこ

このエピソードの解決法を考えて、はなこさんにアドバイスしてみましょう。

●「認知」を使って解決法を考えてみよう

あきらくんは事情を知らないからしかたないと考える。	

ＡＢＣ「こころの法則」がうまく使えないかな？
ストレスを小さくする認知は……

●「行動」を使って解決法を考えてみよう

あきらくんに、遅れてごめんと謝る。	

あきらくんに気もちを伝えたい！
どうしたらうまく伝えられるかな？

エクササイズ32-2

実施日：　　月　　日（　）　　年　　組　　番　氏名

●「情動」を使って解決法を考えてみよう

深呼吸をして気もちを落ち着ける。	

イライラした気もちのままだと、上手に解決できないかも……　どうしたらいいかな？

●考えた解決法を評価して、どれがいいか決めよう。

たくさん考えた解決法を評価して、どれをアドバイスするか決めましょう。「認知」「行動」「情動」の中から、これなら解決できそうだと思うものを4つ選んで、★の後ろに書きましょう。この方法がよいと思ったら○を、微妙だと思ったら△を、ダメだと思ったら×を書き入れましょう。

合計点は、○→2点、△→1点、×→0点に置きかえて計算しましょう。

解決法	はなこの気もちは？	他の人の気もちは？	他にイヤなことは起こらない？	はなこは本当にできる？	合計点
★（例）あきらくんに文句を言う	○ （2点）	× （0点）	△ （1点）	× （0点）	3点
★					
★					
★					
★					

評価した解決法を見てみましょう。1番合計点の高かった解決法は何かな？　複数ある場合は、その中から1つを選んで、四角の中に書いてみよう！

選んだ解決法を使って、実際にはなこさんにアドバイスしてみよう！

エクササイズ 32-3

実施日：　　月　　日（　）　　年　組　番　氏名

ワーク2　アドバイスをしてみよう！

次のエピソードを読み、じろうくんにアドバイスするつもりで、解決法をできるだけたくさん考えてみましょう。

じろう

■エピソード2
ずっと優勝目指して頑張ってきた部活の大会がいよいよ明後日なんだ。
前回はオレのミスで負けたから、今回は何としてでも勝ちたいんだ。
だけど、またオレのミスで負けるんじゃないかと思うと不安でさ。
緊張してうまく寝つけないし、ふだんから、ドキドキしてとにかく落ち着かない感じなんだよ……。

どんなことで困ってる？ → そもそも問題って何かな？

どんな解決法がある？

「認知」「行動」「感情」のこれまでの学習を思い出して、いろいろな解決法をできるだけたくさん考えてみよう！

どれを使おうかな？評価をしてみよう ↓	じろうの気もちは？	他の人の気もちは？	他にイヤなことは起こらない？	じろうは本当にできる？	合計点
★					
★					
★					
★					

考えた解決法を使って、じろうくんにアドバイスをしてみよう！

どうでしたか？ うまくアドバイスできましたか。ふだんの生活でも、ぜひ使ってみてください。

予告　エクササイズ33では、認知、行動、情動が使えるようになったあなたの成長を確かめます。

エクササイズ32　授業展開例

テーマ	総合④　アドバイスをしてみよう！
具体的内容	他の人の問題を解決する方法を探し、それをもとにアドバイスを考える。
学習のねらい	① 問題解決の3ステップを利用し、自分以外の人の問題を解決できるようになる。 ② 案出した解決法を使って、アドバイスできるようになる。
学習方法	個人ワークシート学習
準　備	ワークシート

展開例	生徒の活動	指導上の留意事項
導入 2分	シート1 【導　入】　　　　　2分	シート1配布 ●ここまでのおさらいを説明として、今回の導入とする。
エクササイズ 40分	シート2 ワーク1　　　　　25分 アドバイスする方法を考えよう	シート2配布 エピソード1を読み上げ、はなこさんの問題の解決法を考えて、はなこさんにアドバイスすることを伝える。「認知」「行動」「情動」の3つの視点から、はなこさんの問題に対する解決法をブレインストーミングで考える。各々に回答例が書かれているので、回答例を参考にして、考えられるだけ方法を書いてみることを伝える。ブレインストーミングのルール（エクササイズ9）を再度ふり返ってもよい。 ＜認知・回答例＞あきらくんは掃除を頑張っていたから、はなこがなまけていたように見えたのかもしれないと考える。 ＜行動・回答例＞あきらくんに事情をアサーティブな言い方で伝える。 ＜情動・回答例＞弛緩法を使って、まずは気もちを落ち着ける。 その後、「認知」「行動」「情動」で各々考えた解決法から、よいと思うものを4つ選んで、評価させる。【自分の考えるはなこさん】にとって、その方法はどうかという視点で評価するように伝える。 評価した4つの方法のうち、最も点数が高かった方法を四角の中に書かせる。それをもとに、選んだ解決法を使って、はなこさんへのアドバイスを考え、吹き出しに記入させる。 隣の生徒同士で、ノンバーバルな面に気をつけながらロールプレイをさせたり、アドバイスを発表させてもよい。
	シート3 ワーク2　　　　　15分 アドバイスをしてみよう！	シート3配布 エピソード2に対して、じろうくんへのアドバイスを考える練習を、問題解決の3つのステップを用いて行う。 手順はワーク1と同様である。評価は【自分の考えるじろうくん】にとって、その方法はどうかという視点で評価するように伝える。評価した解決法の中から、最も点数の高いものを用いて、じろうくんへのアドバイスを吹き出しの中に書かせる。 隣の生徒同士で、ノンバーバルな面に気をつけながらロールプレイをさせたり、アドバイスを発表させてもよい。 ＜問題の明確化・回答例＞明後日の試合に対して、不安や緊張がとれずに落ち着かない。 ＜解決法・回答例＞自律訓練法を用いて、緊張をとる。 　　　　　　　　　　こんなに練習したから、前の試合よりはうまくいくと考える。 　　　　　　　　　　自分だけがいつもミスをするわけではないと考える。
まとめ 3分	【予　告】　　　　　3分	エクササイズ33の予告を読み上げる

エクササイズ33-1

実施日：　　月　　日（　）　　　年　　組　　番　氏名

総合 5 以前の自分と比較してみよう！

●ここまでのおさらい

ここまでのワークでは、グループで力を合わせて、これまで学習した知識のふり返りを行いました。また、問題を解決する方法も練習しましたね。
このワークでは、今まで学習してきたストレスマネジメントの知識を活用しながら、自分の変化を確かめていきましょう。

ワーク1　どんな解決法があるかな

以下のエピソードを読んで、あなたなら、どのような解決法を考えられるでしょうか。今までのストレスマネジメントの学習をふまえて、「認知」「行動」「情動」のそれぞれの観点から解決法をできるだけたくさん考えてみましょう。

■エピソード　グループでの話し合いで……
あなたは来週、総合の授業でグループ発表を行うことになりました。
あなたは、発表する内容について、グループのメンバーと話し合いを行っています。
グループのメンバーが次々に自分が発表したいことについて意見を出しています。あなたは、それを一生懸命聞いていました。自分も意見を言いたいのですが、次々に出されるメンバーの意見を理解するので精一杯で、なかなか発言できません。
すると、メンバーの1人に、「みんなが意見出してるんだから、黙ってないでちゃんと参加してよね！やる気あるの？」と言われてしまいました。
あなたは、悲しい気もちと、わかってもらえなかったことへのくやしさが一気に押しよせ、下を向いてしまいました。

「認知」を使った解決法は……？

「行動」を使った解決法は……？

「情動」を使った解決法は……？

エクササイズ33-2

実施日：　　月　　日（　）　　年　　組　　番　氏名

ワーク2　自分の問題を考えてみよう

これまで学習してきた、問題に対する解決法を探す練習を「自分の問題」で練習してみましょう。最近ストレスを感じたこと、悩んでいることなど、今度は自分の本当の問題を解決してみよう！

① 僕／私の問題は……（なるべく状況をくわしく書いてみよう。ただしここでは自分だけがわかればよいので、「○○のこと」というように書いてもかまいません）

② ①で書いた問題に対して、ストレスマネジメントの学習をする以前のあなた　だったらどのような対処法を考えたと思いますか。複数ある場合は複数書いてみましょう。

③ では、ストレスマネジメントの学習をしてきた　今のあなた　ならどうでしょうか。「認知」「行動」「情動」の考え方を使いながら対処法を考えてみましょう。

エクササイズ33-3

実施日：　　月　　日（　）　　年　　組　　番　氏名

ワーク3 今の自分と以前の自分を比較してみよう

ワーク2の結果をみて、「認知」「行動」「情動」の中で自分は以前どの対処法をよく用いていましたか。また、今はどの対処法が使えるようになっていたでしょうか。思いついた対処法の数はどうなったでしょうか。以前の自分と今の自分を比較して、考えたことを書いてみましょう。

どうでしたか？ ストレスマネジメントの学習をする前とした後では、解決法の種類や量がふえたのではないでしょうか。
1つの出来事に対して、いろいろな解決法を持てること、そしてその状況に応じて、うまく使い分けられることが、自分らしく生きていくためには大切なのです！

ワーク4 自分の成長を確かめてみよう

以前のあなたなら困っていたけれど、今だったら対処可能なストレス場面を考えてみましょう。

以前と比べてどんなコーピング（対処法）がとれるようになりましたか？ 書いてみましょう。

ストレスマネジメントのワークで学習した内容を、ふだんの生活でストレスを感じた時にもぜひ活用してみてください。ストレスとうまく付き合っていけるといいですね！

予告 エクササイズ34では、ストレスマネジメントの実践レポートを書いて、これまでの学習をふり返りましょう。

エクササイズ33 授業展開例

テーマ	総合⑤　以前の自分と比較してみよう！
具体的内容	ストレスマネジメントの授業でたくさんのことを学んだ今の自分とストレスマネジメントの授業を行う前の自分とを比較して、成長を確かめる。
学習のねらい	①「認知」「行動」「情動」を用いた解決法を案出できるようになる。 ② 自分の日常的な問題に対して、問題解決を使えるようになる。
学習方法	個人ワークシート学習
準　備	ワークシート

展開例	生徒の活動	指導上の留意事項
導入 2分	シート1 【導　入】　　　　2分	シート1 配布 ●ここまでのおさらいを説明として、今回の導入とする。
エクササイズ 40分	シート1 ワーク1　　　　15分 どんな解決法があるかな	エピソードを読み上げ、自分だったらどのような解決法が考えられるか「認知」「行動」「情動」の３つの観点から思いつく解決法をできるだけたくさん書き出すように指示する。全員が書き終わったら、自分の考えた解決法を発表させてもよい。 <認知・回答例>次に発言できる機会があったら発言しようと考え、悲しい気もちを変える。 <行動・回答例>アサーションを用いて、自分の思いを伝える。 <情動・回答例>呼吸法で、気もちを落ち着かせる。
	シート2 ワーク2　　　　15分 自分の問題を考えてみよう	シート2 配布 自分の問題を解決する練習を行う。まず、自分の問題を吹き出しの中に書かせる。なるべく詳細に書くのが望ましいが、自分の問題なので、「●●について」のような書き方でもよいことを説明する。 ①であげられた自分の問題について、ストレスマネジメントの授業を受ける前の自分だったらどのような対処法を考えたと思うか、について想起させ、以前の自分がとったであろう対処法を書く。複数ある場合は複数書いてよい。次に、ストレスマネジメントの学習を終えた今の自分だったら、どのような対処法を考えられるか、書けるだけ書く。認知、行動、情動どれを書いてもよい。自分個人の問題なので、発表形式はとらない。
	シート3 ワーク3　　　　5分 今の自分と以前の自分を比較してみよう	シート3 配布 ワーク2の結果を見て、自分は以前どの対処法をよく用いていたか、今はどの対処法が使えるようになっていたかについて比べてみるように指示する。思いついた対処法の数や内容について、以前の自分と今の自分を比較して、自分の変化したことについて、考えたことを書かせる。 シマック先生のコメントを読み上げ、状況に応じてさまざまなコーピングを使い分けることが重要であることを強調する。
	ワーク4　　　　5分 自分の成長を確かめてみよう	以前の自分なら困っていたけれど、今だったら対処可能なストレス場面と、その場面において使えるようになった対処法を書かせ、自分の成長を確かめる。
まとめ 3分	【予　告】　　　　3分	エクササイズ34の予告を読み上げる

エクササイズ34-1

実施日： 月 日（ ） 年 組 番 氏名

総合6 ストレスマネジメントの実践レポートを書いてみよう！

●ここまでのおさらい

総合のワークでは、クイズやグループワークでこれまでの学習のふり返りを行いました。1年間のストレスマネジメントの授業も、いよいよ終わりに近づいてきました。
今日は、1年間の総まとめを行い、**「ストレスマネジメント実践レポート」**を書いてみましょう。

ワーク1 これまでのおさらいをしよう

これまで学習した「認知」「行動」「情動」のキーワードを総復習してみましょう。

認知のポイント

「出来事」が感情を生み出しているのではなく、「出来事」と「感情」の間に、**認知（考え方）** があって、それが気もちを引き起こしていました。1つの出来事からさまざまな認知をすることができましたね。同じ出来事でもストレス反応を生じさせる考え方と、ストレス反応を小さくする考え方ができました。

A 出来事 → B 認知 → C 感情

行動のポイント

行動では、会話の上手な入り方や、聴き方、相手の気もちに配慮しながら、意思ははっきり伝える言い方を用いたアサーションを学習しましたね。
行動では表情や口調など、ノンバーバルな面も大切でしたね。

<アサーションのポイント>

	断り方	頼み方	謝り方
事実	断る理由・事情	頼む理由・事情	間違いを認める
意思	断りの言葉	具体的な要求	理由・事情を話す
提案	代わりの提案	相手の意向を聞く言い方	解決のための提案

情動のポイント　　リラックス法

こころと身体は相互に影響しあって、**一方がリラックスしたり緊張したりすると、もう一方もリラックスしたり緊張したりする**、心身相関という関係にありました。
リラックスする方法として、

① **呼吸法（カウント呼吸法）**
② **弛緩法（ミニ弛緩法）**
③ **自律訓練法**

の3つを体験しましたね。

みなさんとたくさんのことを学習してきましたね！！
頑張った自分に拍手！！

エクササイズ34-2

実施日：　　月　　日（　）　　年　　組　　番　氏名

ワーク2　実践レポートを書いてみよう！

　1年間の学習で「認知」「行動」「情動」の3本柱を使って、ストレスと上手に付き合っていく方法をたくさん学んできました。それらを用いることで、自分のストレスにも対処していけることも体験しましたね。
　ワーク2では、この授業で学んださまざまな考え方や方法を、あなたがどのように使ったか、1つの例を挙げて、くわしく書いてみましょう。
　これを書くことで、あなたの体験が深まり、学んだことが自分のものになるでしょう。

●実践レポートのポイント

　次のポイントを参考にして、**作文形式**でまとめてみるとよいでしょう。

> ①問題（いつ、どこで、誰と、どうした場面か）　具体的に書く
> 　　または、（自分がどういう問題に悩んでいたか）　具体的に書く
> ②どの方法を使って
> ③どんなふうにやってみたか
> ④どんな結果になったか
> ⑤ふり返っての感想　　　　　※①、②などの項目はつけなくてよい

●レポートの例を見てみよう

> **夜寝れない悩みにリラックス法を使ってみました**
>
> 　私は、夜、床についてから、寝れないことがよくありました。何とか眠　←①**問題**
> ろうとするのですが、あせればあせるほど、眠れません。気になることが
> あったりすると、いつまでも同じ考えがぐるぐる堂々めぐりして自分でも
> わかっているのに、どうにもできませんでした。
>
> 　ストレスマネジメントの授業で、カウント呼吸法をすると気もちが落ち　←②**方法**
> 着く感じがしたので、寝るときに試してみました。すると、カウントして
> いるうちに、いつのまにか意識がなくなって、眠っていました。でも、次
> の晩はあまりうまくいかず、1時間以上眠れませんでした。そこで授業で
> 習ったように、お風呂の中で、ミニ弛緩法とカウント呼吸法をやってみた　←③**やり方**
> らとても気もちよくなりました。そしてその晩、寝るときにカウント呼吸
> 法をやってみたら、またうまく眠れました。
>
> 　それから毎晩、寝るときにカウント呼吸法をやっています。いつでもす　←④**結果**
> ぐ寝つけるというわけではありませんが、前に比べたら、1時間も2時間
> も眠れないということはなくなりました。
>
> 　ふつうに眠れる人には、当たり前のことなのかもしれませんが、私にとっ　←⑤**感想**
> て、これはすごいことでした。私は人前で緊張するたちなので、リラックス
> 法を続けて、教室などでも少し楽に話せるようになるといいと思います。

149

エクササイズ 34-3

実施日：　　月　　日（　　）　　　年　　組　　番　氏名

ストレスマネジメント　実践レポート

※このレポートは、互いに読んだり、発表したりすることはないので安心して書いてください。

タイトル

予告 いよいよ次回が最後のストレスマネジメント授業となります。
KJQテストを再び実施して、自分自身の変化を確かめましょう。

エクササイズ34　授業展開例

テーマ	総合⑥　ストレスマネジメントの実践レポートを書いてみよう！
具体的内容	これまでの授業をふり返って、実践レポートにまとめてみる。
学習のねらい	① １年間の学習内容を思い出しながら、それを自分の生活にどう活用したか、ふり返ってみる。 ② とくに１つの実践体験をくわしく思い出し、文章化することで、より深く自分のものにする。
学習方法	個人ワークシート学習
準備	ワークシート

展開例	生徒の活動	指導上の留意事項
導入 2分	シート１ 【導　入】　　　　　2分	シート１配布 ●ここまでのおさらいを説明し、授業の導入とする。
エクササイズ 40分	ワーク１　　　　　　10分 これまでのおさらいをしよう	「認知」「行動」「情動」の３つの単元のポイントを概観することを伝える。「認知」に関してはエクササイズ12-1を、「行動」に関してはエクササイズ22-1も参考にするように指示する。各々のポイントを読み上げ、内容の確認を行う。
	シート２ ワーク２ 実践レポートを書いてみよう！ ●実践レポートのポイント　　　　　　5分	シート２、シート３配布 ●実践レポートのポイント １年間の授業をふり返るために、実践レポートを書くことを伝える。内容としては、日常生活の中で授業で学んだ考え方や方法をどのように用いたか、また今後どのように用いていきたいのかということについてレポートを書くことを伝える。 実践レポートの書き方を読み、確認する。 全員がこのポイントを必ずしも用いる必要はないことを伝える。
	●レポートの例を見てみよう　　　　　5分	実際のレポートを授業者が一度朗読する。 上述した実践レポートのポイントが使えていることもあわせて確認する。
	シート３ ストレスマネジメント実践レポート　　　20分	指示に従って取組ませる。 自分がどのように授業を活用したのか、日常生活に授業を活かすことができたのかについて、ふり返って文章にしてみるように再度促す。
まとめ 3分	【予　告】　　　　　3分	エクササイズ35の予告を読み上げる

エクササイズ35-1

総合7 ストレスマネジメントをまとめてみよう！

実施日： 月 日（ ） 年 組 番 氏名

●ここまでのおさらい

いよいよストレスマネジメントの授業の最後のエクササイズです。このエクササイズではKJQテストを再度行うことで、自分の成長を確かめていきましょう。

ワーク1 KJQをもう一度やってみよう

①あなたの今の気もちやふだんの行動について、「はい」から「いいえ」で答えましょう。少しだけその通りと思ったら「ややはい」、少しだけ違うと思ったら「ややいいえ」で答えてください。成績とは関係ないので、思ったとおりに答えてください。回答欄(らん)はシート2にあります。

1	困ったときに相談できる先生がいます。	30	大声を出していい場所かどうか考えて、友だちとおしゃべりします。
2	この学校の中に、自分の気もちを話せる友だちがいます。	31	先生の表情やしぐさなど、ことば以外の表現をうまく理解できます。
3	家での食事は楽しみです。	32	ケンカやもめごとの仲裁に入ることがよくあります。
4	部活や行事など、目標を持って打ち込めるものがあります。	33	これをすればどんな結果になるのか、行動の予測がつきます。
5	友だちから大事な相談にのってほしいと頼まれることがあります。	34	おだやかに話すことができます。
6	家族の一員として、自分のやるべき仕事や手伝いが決まっています。	35	友だちの輪に自然に入ることができます。
7	顔を見ながら「おはよう」「さようなら」とあいさつできます。	36	自分が知っていることを人に聞かれたら、丁寧に教えてあげます。
8	自分が感じたり思ったりしたことを、親や家族に気軽に話せます。	37	一人ポツンと離れている友だちがいたら、声をかけてみます。
9	掃除当番をよくさぼります。	38	今のクラスは、いて楽しいです。
10	時間を守って生活できます。	39	学校の外で、こわい思いをしたときに、まわりの人が助けてくれると思います。
11	まわりの雰囲気にまきこまれずに、冷静に判断したり行動することができます。	40	自分の気もちをわかってくれる家族がいます。
12	集会のときなどは、全体の動きを見ながら行動ができます。	41	難しい目標を達成して満足したことがあります。
13	友だちのさまざまな意見をまとめていくことができます。	42	家族の誰かの行事に、家族みんなで行くことがあります。
14	自分でも解決できない場合には、誰に相談すればよいか、何に頼ればよいかを知っています。	43	係や委員に推せんされることが多いです。
15	いつも明るくニコニコしていると言われます。	44	休み時間や授業中などに、友だちから相手にされないことがあります。
16	クラスの友だちをよく励まします。	45	自分に不利になるようなことでも正直に話すことができます。
17	電車やバスでは、お年寄りに座席をゆずります。	46	自分の気もちを友だちに伝えたいとき、いろいろな方法で伝えることができます。
18	家の人がつかれていたら、何かを代わりにやってあげます。	47	勉強するときは見たいテレビやゲームなどを我慢しています。
19	クラスにいても自分の居場所がないように感じることがあります。	48	夜ふかしなどをして、よく体の具合が悪くなります。
20	家族と一緒にいると、ホッと気もちが安らぐ感じがします。	49	その場の雰囲気をさっして、その場にふさわしい話や態度ができます。
21	このまま努力を続ければ、自分の将来は明るいと思います。	50	家族の中で今、自分が何をしなければならないかがわかります。
22	新しい知識や考え方を知ることに興味があります。	51	友だちがケガをしたり、急病などの緊急事態が発生したとき、適切な行動をとることができます。
23	ゆっくり話してみたい先生がいます。	52	友だちがいじめにあっているとき、何らかの方法で助けるようにします。
24	遊びや勉強のとき、友だちが自分のところに集まってきます。	53	人の話をじっと聞くのが苦手です。
25	先生から「頑張ったね。一生懸命やっているね」とほめられることがあります。	54	緊張した雰囲気のとき、ユーモアや明るい話題でまわりをなごやかにすることができます。
26	授業中、自分の考えを発表することができます。	55	体の具合が悪い友だちがいたら、付き添ってあげます。
27	作文や手紙の中に、自分の思いを書くことができます。	56	小さい子が一人で泣いていたら「どうしたの？」と声をかけます。
28	自分の興味がわかないことでも最後まで聞いていられます。	57	イヤな事があって学校を休んだことがあります。
29	カッとしたときでも、自分の気もちをおさえられます。		

エクササイズ 35-2

実施日： 　月　　日（　）　　年　　組　　番　氏名

1：いいえ　　2：ややいいえ　　3：ややはい　　4：はい

	A	B	C	D	E	F	G	H	I
1									
2									
3									
4									
5									
6									
7									
8									
9									
10									
11									
12									
13									
14									
15									
16									
17									
18									
19									
20									
21									
22									
23									
24									
25									
26									
27									
28									
29									

	A	B	C	D	E	F	G	H	I
30									
31									
32									
33									
34									
35									
36									
37									
38									
39									
40									
41									
42									
43									
44									
45									
46									
47									
48									
49									
50									
51									
52									
53									
54									
55									
56									
57									

②A〜Hの白い空欄に記入された数値の合計を計算し、下の四角の中に書きましょう。

A	B	C	D	E	F	G	H	I

ワーク2 KJQで「今の自分」を調べよう

A〜Hの白い空欄に記入された数値の合計を計算し、あてはまる数字を○で囲みましょう。
○を好きな色でつないでグラフにしてみましょう。

Ⅰ	Ⅱ	Ⅲ		
6　7　8　9　10　11　12　13	14　15　16　17　18	19　20　21　22　23　24	A 安心感	こころのエネルギー
6　7　8　9　10　11　12　13	14　15　16　17　18	19　20　21　22　23　24	B 楽しい体験	
6　7　8　9　10　11　12　13	14　15　16　17　18	19　20　21　22　23　24	C 認められる体験	
6　7　8　9　10　11　12　13	14　15　16　17　18	19　20　21　22　23　24	D 自分の気もちを伝える技術	社会生活の技術
6　7　8　9　10　11　12　13	14　15　16　17　18	19　20　21　22　23　24	E 自分をコントロールする技術	
6　7　8　9　10　11　12　13	14　15　16　17　18	19　20　21　22　23　24	F 状況を正しく判断する技術	
6　7　8　9　10　11　12　13	14　15　16　17　18	19　20　21　22　23　24	G 問題を解決する技術	
6　7　8　9　10　11　12　13	14　15　16　17　18	19　20　21　22　23　24	H 人とうまくやっていく技術	
6　7　8　9　10　11　12　13	14　15　16　17　18	19　20　21　22　23　24	I 人を思いやる技術	

エクササイズ35-3

実施日：　　月　　日（　）　　年　　組　　番　氏名

ワーク3　KJQから自分の成長を見てみよう！

①ワーク2の表に、前回の自分の採点したテストを見て、前回の得点に黒で○をつけ、グラフにしましょう。自分の成長がわかりますか？　結果を見て、変化した点や、これからさらに目標にしたい点を下の四角の中に書きましょう。

②**こころのエネルギー**についてあなたの結果のあてはまる記号に○をつけましょう。

記号	要素	具体例	あなたの結果
A	安心感	・家でほっとできる。家庭で争い事が少ない。落ち着いて暮らせる。 ・クラスに自分の居場所がある。いじめやケンカがなく、安心して過ごせる。先生がどこかで見守っていてくれている。	Ⅰ　Ⅱ　Ⅲ
B	楽しい体験	・友だちと一緒にすごせて楽しい。打ちこむものがあり、充実している。何かを達成した。感動した。家族そろって楽しんだ。	Ⅰ　Ⅱ　Ⅲ
C	認められる体験	・家族や先生からほめられた。友だちから認められたり感謝されたりした。	Ⅰ　Ⅱ　Ⅲ

③**合計得点を出してみよう。**

　　Ⅰ→1点、Ⅱ→2点、Ⅲ→3点になおして合計得点を出してみよう。　　　　　　点

④**社会生活の技術**についてあなたの結果のあてはまる記号に○をつけましょう。

記号	要素	具体例	あなたの結果
D	自分の気もちを伝える技術	思ったことや感じたことを適切な言葉と態度で表す技術	Ⅰ　Ⅱ　Ⅲ
E	自分をコントロールする技術	こころをかき乱す刺激に負けないで、「待つ」「我慢する」「耐える」「コツコツ頑張る」技術	Ⅰ　Ⅱ　Ⅲ
F	状況を正しく判断する技術	「今はどうふるまうべきか」「これをしたらどんな結果になるか」など状況を正しく判断する技術	Ⅰ　Ⅱ　Ⅲ
G	問題を解決する技術	困った状況におちいったとき、生じた問題を冷静にとらえ、自分の力で解決していく技術	Ⅰ　Ⅱ　Ⅲ
H	人とうまくやっていく技術	新しく友だちを作る技術や、仲のよい友だち関係を保っていく技術	Ⅰ　Ⅱ　Ⅲ
I	人を思いやる技術	人の立場を考え、人の気もちを思いやる技術	Ⅰ　Ⅱ　Ⅲ

　　Ⅰ→まだ十分身についていないという感じかな。Ⅱ→まあまあ技術が身についているね。
　　Ⅲ→いいセンいってるんじゃないかい。

これでストレスマネジメントの授業はおしまいです。ストレスのない生活はありません。これから先にも、さまざまなストレッサーがあるかもしれません。そんなとき、この授業で習ったストレスへの対処法を思い出してみてください。ふだんの生活の中で心がけて使っていると、大きなストレスにも対処しやすいかもしれません。
ストレスと上手に付き合って、よりよい生活を送っていきましょう！

エクササイズ35 授業展開例

テーマ	総合⑦ ストレスマネジメントをまとめてみよう！
具体的内容	KJQを再度実施し、自分の成長を確かめる。
学習のねらい	KJQを再度実施し、ストレスマネジメントの学習を行った自分の成長を確かめる。
学習方法	個人ワークシート学習
準備	ワークシート（エクササイズ2および3で実施したKJQの結果が手元にあるとよい）

展開例	生徒の活動	指導上の留意事項
導入 2分	シート1 【導入】　2分	シート1配布 ●ここまでのおさらいを説明して、今回の導入とする。
エクササイズ 40分	シート2 ワーク1　10分 KJQをもう一度やってみよう	シート2配布 **KJQを用いる。ワークシートでも代用可。** ①1、用紙を開かせ、名前等を書かせる。 　2、説明を読み上げ、理解させる。 　3、**10分後の時刻**を予告し、いっせいに開始。 　4、遅い生徒には、残り時間を知らせ、個別に促す。「考えすぎないで、直感でつければいいんだよ」などの示唆を与える。 　5、終わった生徒は、次へ進まないで待たせる。 　※ここに掲載しているKJQ質問紙は簡略版です。KJQをより効果的に活用していただくためには、『菅野純のKJQ調査ワークブック』、『KJQ先生用マニュアル』（いずれも、実務教育出版）をお求めのうえ、ご参照ください。 ②A～Hの白い空欄に記入された数値を足し合わせ、得点を出し、四角の枠の中に記入するように指示する。
	ワーク2　15分 KJQで「今の自分」を調べよう	**KJQを用いる。**A～Hの白い空欄に記入された数値の合計を計算し、あてはまる数字を好きな色のペンで○で囲ませる。囲んだ○を線で結ばせ、折れ線グラフを作成する。ワークシートでも代用可。
	シート3 ワーク3　15分 KJQから自分の成長を見てみよう！	シート3配布 **KJQを用いる。** ①**採点したテストを見て、自分の成長を確かめる。** 　以前に実施したエクササイズ3、ワーク1の①の結果を、ワーク2のグラフの上に、黒いペンで折れ線グラフにする。今回の結果と比較して、自分の成長を確かめ、さらに目標にしたい点について四角の中に書き込むよう指示する。 ②**あなたの「こころのエネルギー」の状態を見てみましょう。** 　こころのエネルギーに関してあてはまる記号（Ⅰ～Ⅲ）に○をつけさせる。 ③**あなたの「こころのエネルギー」の合計得点を出してみよう。** 　各々の合計得点に従って、こころのエネルギーの状態を知る。ワークシートで代用する場合は、エクササイズ3のシート3-3を参考にする。 ④**社会生活の技術について**あてはまる記号（Ⅰ～Ⅲ）に○をつける。
まとめ 3分	【まとめ】　3分	【まとめ】シマック先生の吹き出しの中を読み上げ、まとめとする。

※**KJQの実施にあたって**
P.153「KJQの採点」において、「9、44、48、53」の質問項目は逆転項目です。
「4：いいえ、3：ややいいえ、2：ややはい、1：はい」として採点して下さい。
また、「19、38、57」は採点しない項目です。

第3章

授業の実際とその効果

第1節　高校生を対象とした授業の実際

東京都立稔ヶ丘高等学校　主任教諭　山﨑　茂雄

1）東京都立稔ヶ丘高校における実践

実践の背景

　第1章で述べたように、東京都立稔ヶ丘高校は、不登校や高校中退などの経験を持つ生徒を受け入れる"チャレンジスクール"として、平成19年4月に開校した。生徒たちの再チャレンジの意欲をサポートするために、午前（Ⅰ部）午後（Ⅱ部）夜間（Ⅲ部）の三部制をとる定時制高校で、留年のない単位制を特徴としている。

　その開設準備室では、生徒の登校継続を妨げる要因として、①学習面でのつまずき、②人間関係におけるつまずきがあると分析し、それらを乗り越えるためのサポートの手立てとして、コーピング（対処法）という科目（2単位）を構想した。その内容は大きく2つに分かれており、「コーピング・メソッドタイム（1単位）」では、教科学習の共通項にある「学習スキル」を学び、「**コーピング・リレーションタイム**（1単位）」では、人間関係の問題に対処していくスキルを学ぶ。このリレーションタイムのプログラム作りに、早稲田大学の菅野・嶋田両研究室と、稔ヶ丘高校開設準備室のスタッフが取組んだ。

　そうしてできあがったワークシート第1版を元に、生徒の現状、教職員の置かれている現実を踏まえ、授業としての展開上の工夫を取り入れながら、2年間にわたりワークシートの改訂を重ねてきた。その成果が、第2章で示したプログラムである。

　そこでこの章では、稔ヶ丘高校での授業の実際、実践上のアイデアを紹介する。現場で実践してみたいという方々の参考になればと思う。

授業実施の体制

　コーピングは、稔ヶ丘高校が学校独自に設定した科目だが、1年次の必修として、全員が受講する。学級は少人数制をとっているため、1年次は15名に担任1人を置き、副担任はいない。Ⅰ部（午前）6クラス90名、Ⅱ部（午後）6クラス90名、Ⅲ部（夜間）2クラス30名が1年次の定員となる。

　リレーションタイムの授業は学級担任が行うが、2～3クラスを合同にし、生徒30～45名に、担任教諭2～3人で実施している。また、早稲田大学の菅野研究室、嶋田研究室から、大学院の実習生がスタディアシスタント（SA）として来て、授業のサポートに当たってくれている。

　担任の中からリレーションタイムの係となった教員数名が毎週授業のための打ち合わせを持つ。前回の授業の生徒の反応などを話し合い、次回の授業の内容・手順の確認を行う。そうした日々の積み重ねによって、授業の水準を維持している。

　もちろん、教員の大半は、臨床心理学について専門的な研修を受けていない。そこで、年1回、菅野純先生と嶋田洋徳先生を招いた公開研修会で、背景にある考え方を学ぶ。プ

ログラムの実際については、年3回、3つの大きな単元ごとに校内研修会を持ち、実習も交えて理解を深める。まさに「教えながらともに学ぶ」という、担任団の前向きな姿勢と日々の努力によって、この授業は支えられている。

生徒の現状と課題

　くり返し述べてきたように、稔ヶ丘高校は、不登校や中退を経験した生徒が多く、対人関係に不安を持つ生徒も少なくない。だからこそ、この科目の必要性も高いのだが、一方で、実施の難しさもある。

　対人関係の授業なのだから、実際に人とやりとりする実習が不可欠である。自分の体を使ってやってみることで、具体的に理解でき、知識は使えるものになる。しかし、生徒同士を急にペアやグループにして実習させても、黙り込んでしまうかもしれない。それがイヤで授業を避けるようになったら、元も子もない。

　そうしたワークを数多くこなした経験のある教師なら、うまく場を盛り上げるファシリテーターとしてのコツを持っているかもしれないが、それを担任に期待するのは酷である。担任の負担を過度にしてはいけない。担任が教員としての通常の技能で運営し、対処できるような授業の簡便さも求められている。

　そのために、ワークシートでは、エクササイズを最低限の易しいものにし、回を追うごとに少しずつステップアップするように構成している。

　また、授業の展開方法としても、さまざまなアイデアを凝らし、生徒が受身の授業に終わることなく、互いの意見を交流し、少しずつ実習に取組んで、自然に自己表現や相互交流ができるような工夫をしてきた。

　それを紹介するのが、この章の目的である。

2)「認知」単元　授業実施上のアイデア

　今まで述べてきた稔ヶ丘高校の現状からすると、この授業を実施していく上で前提となる条件は、次の2点である。
　①自己表現に苦手意識の強い生徒でも参加できること
　②臨床心理学をくわしく知らない学級担任でも実施できること
　その上で、生徒が進んで参加し、おもしろいと感じ、自分自身について気づき、日常に活かせるヒントをつかんでいくことが、授業の目標となる。そのためにワークシートをどう活用するかが、工夫のしどころである。
　まず、ワークシートが授業のベースであり、それに従って進行すれば、専門的知識がなくても、授業ができる。しかし、漫然とワークシートに沿って進めればよい、と思うのは安易な考え方である。ワークシートをどう使えば、授業としてうまく展開するか、と考えることが必要だ。たとえば、**ワークシートは、1枚ずつ配る**。それだけのことでも、授業の効果を大きく左右する。
　その時間のワークシートを一度に配ると、理解の早い生徒はどんどん先を読んだり、課題に取組んだりしてしまう。すると、わかったつもりになり、授業への興味が下がる。一方、ゆっくりじっくりやりたいし、その必要のある生徒もいる。両者の進度の開きが大きくなると、教師も焦りが出て、余裕を持った授業展開ができなくなってしまう。
　そこで、ワークシートを1枚ずつ配布することで、授業進行をコントロールし、進度の個人差を埋めることができる。と同時に、次への期待感を持たせ、興味を持続させる。実際、ワークシートの構成もそうなっている。1枚目のワークで体験させ、考えさせて、その答えは2枚目に書いてある。ワークシート自体が、1枚ずつ配ることを前提に作られているのである。
　したがって、教材を1冊のテキストとして配布するのは、なおさら得策ではない。1冊の形で与えられれば、興味のある生徒はもらった時点で全体を飛ばし読みし、わかった気になってしまう。すると、その後の授業へのテンションは上がらない。1年間の学習が台無しになってしまうおそれがある。ワークシートを毎週印刷する先生方の負担はあるが、それは、その苦労に見合った効果につながっているのである。
　では、次に、具体的な授業アイデアを、ワークシートに即して紹介していこう。

【1】自分の「感情」を全員がカードに書き、教員が披露する

> 認知②　ＡＢＣ「こころの法則」？　ワーク1（→40ページ）

■ねらい■
　ワークで生徒が書いた「感情」を全員分紹介することで、同じ出来事でも、人によってさまざまな感情があることを実感させる。
■手　順■
　①ワーク1で、場面設定ごとに、自分なら……と想像する気もちを書く。
　②それを専用の提出カードに書いて、提出する。
　③集めたカードを教員が読み上げ、みんなの気もちを紹介していく。

■解 説■

　ワーク1では、生徒一人ひとりが自分の想像で気もち（感情）を書き、それを互いに出し合って、同じ出来事でも、人によって感情が異なることを実感できるとよい。しかし、指名や順番で言わせていくのは抵抗がある、というときに使える。

　似た感情をまとめ、分類してから紹介してもいいし、紹介しながらいくつかの島に分けていき、あとからどんな種類に分かれたか話してもよい。全員のものを読み上げることで、その量によって「いろんな感情があるんだ」と実感させる効果がある。

ワーク1 提出用カード　　　　　　　　認知②ＡＢＣ「こころの法則」

　　　　　　　　　部　　　組　　　番　氏名＿＿＿＿＿＿＿＿＿＿＿

　　　　　　　　　　　　　　　　　　　　　　　　※名前は発表しません

③と④で書いた感情を、もう一度、大きく書いて提出しよう。
すぐ集めます。

③新しい洋服を着ていたら、
　いつもより、みんなからの視線を感じた。

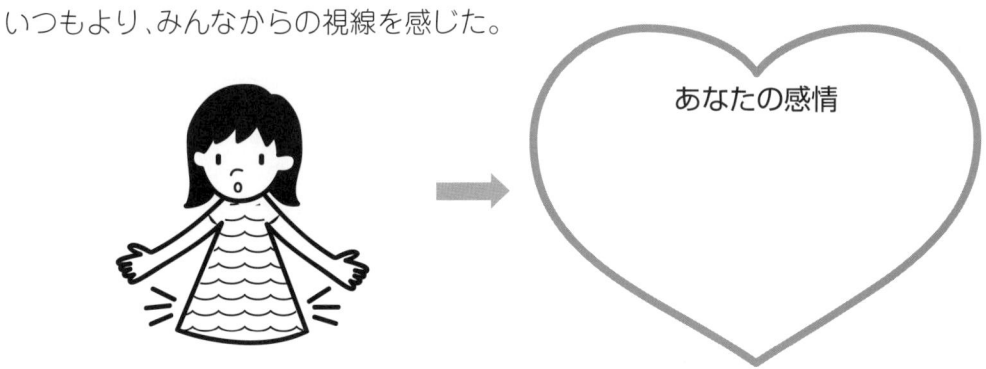

→ あなたの感情

④両親が旅行に行っている間、
　1人で留守番をすることになった。

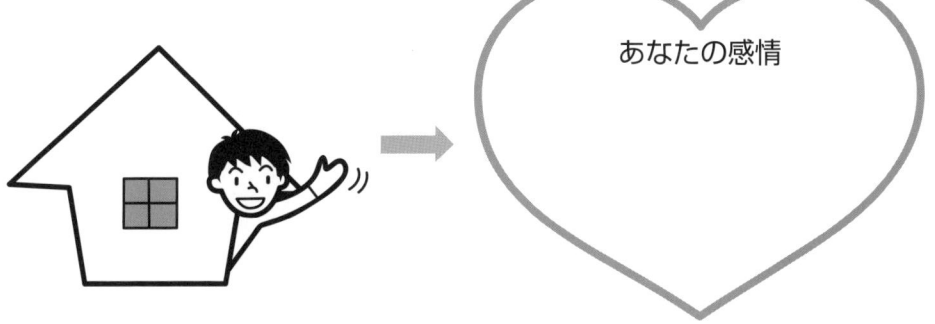

→ あなたの感情

【2】付箋式ブレインストーミングでさまざまな考えを出し合う

認知④ いろいろな考え方をしてみよう！（2）みんなでワーク（→49ページ）

■ねらい■
　1つの出来事に対して、みんなでさまざまな意見を出し合うことで、いろいろな見方・考え方ができることを知り、認知のしかたを広げるヒントにする。

■手　順■
　準備として、マスの中に付箋が貼れるように、ブレインストーミング記録用紙を拡大コピーし、班数分印刷しておく。

　①4人前後のグループをつくり、班長と記録係を決める。班長は司会進行。
　②各班に記録用紙と付箋を配る。
　③記録係は記録用紙に必要事項を書き、記録用紙を管理する。
　④教師は、テーマと、ブレインストーミングのルールを確認する。
　⑤手順の説明「各自、思いついた理由を付箋に書き、声に出して発表しながら貼っていきます。記録係は、付箋をきれいに並べなおしたり、同じ内容の意見が出たら指摘したりしてください。時間内にどこの班が一番たくさん出せるか競争です」
　⑥「よーい、スタート」でいっせいに開始。
　⑦教師は机間巡視して、かわった意見、おもしろい意見をほめ、どこの班がいくつ出たなど実況中継して、生徒を盛り上げるようにする。
　⑧時間でやめさせ、数を発表させ、ほめた後、リストをみんなで見直して、どの理由がおもしろいか、はなこさんを安心させるかなど、絞り込みを行う。

> **ブレインストーミングのルール**
> ①たくさん出そう
> ②かわった意見大歓迎
> ③批判はしない
> ④人の意見の一部を変えて自分の意見にしてもよい

■解　説■
　意見を口で言っていくやり方だと、発言者が偏ったり、聴き取って書く記録係ばかり忙しくなったりする。
　付箋を使用すると、口で言うのが苦手な生徒も、自分のペースで意見が出しやすい。ただし、黙々と貼るだけになると、ブレインストーミングの効果が薄れるので、貼るときに声に出しながら貼っていくという原則を守らせる。記録係は、記録用紙の管理者として、みんなが無造作に貼る付箋をきれいに並べ直し、同じ意見が貼られていないか、気配りする役を果たす。

●ブレインストーミング記録用紙●

　　　部　　　組　　　班　　　　　　　年　　月　　日（　）

班長（　　）　記録係（　　）　メンバー（　　）（　　）（　　）（　　）

テーマ

1	13	25
2	14	26
3	15	27
4	16	28
5	17	29
6	18	30
7	19	31
8	20	32
9	21	33
10	22	34
11	23	35
12	24	36

ブレインストーミングのルール
①たくさん出そう
②かわった意見大歓迎
③批判はしない
④人の意見の一部を変えて自分の意見にしてもよい

〈班長の仕事〉
・みんなに意見を出させる

〈記録係の仕事〉
・用紙の記入
・みんなの付箋をきれいに貼る
・用紙がみんなに見やすいようにする
・同じ意見があったら指摘する

※班長・記録係も意見を出してよい。

【3】いろいろな認知を示してみんなではなこさんを励ます

> 認知④ いろいろな考え方をしてみよう！（2）ワーク2 （→50ページ）

　本校の授業ではまだ実施していないが、教員研修会や保護者の体験講座でやってみて、好評だったワークなので、ここで紹介しておく。

■ねらい■
　友人を励ますというロールプレイを通じて、同じ出来事でもさまざまな見方ができることを実感する。

■手　順■
　①グループではなこさん役を決める。
　②みんながはなこさんの友だち、という設定で、一人ずつことばをかける。
　③一人ひとり、はなこさんとやりとりする形にするために、はなこさんは、「先輩から返信が来ないの。私、嫌われてるのかな」と言い、それに対してことばをかける、という形で全員行う。
　④みんなで出したブレインストーミングの用紙を順に渡し、それを見ながらやると、その中からことばかけを選んでできる。

■解　説■
　教員研修会では大いに盛り上がり、和気あいあいとロールプレイができた。はなこさん役をした先生が「いろいろな見方を聞くうちに、それもあるかなと思えて、気分が楽になってきました」と報告してくれたケースもある。ただ、実際場面では本人が自分の考え方に強くとらわれている場合、周りから一方的に違う見方を言われても、「わかってもらえない」という思いが強くなり、ますます自分の考えに固執する、ということもありうる。
　年間プログラムでは、このあと「行動」単元の「あたたかいことばかけ」で、相手の気もちや状態を受け止めてからことばかけすることの大切さを学習するが、現実場面では、当然、そうした配慮がなされるべきである。ここでは、ことばかけ自体の練習ではなく、さまざまな見方を応用する1つのワークとして行っている。

【4】各自の考えた「認知」を"ペーパースピーチ"で発表する

> 認知⑤ 認知を変えてストレスを小さくしよう！ みんなでワーク（→53ページ）

■ねらい■
　お互いの認知のしかたを紹介しあうことで、さまざまな認知が可能であることを実感させる。また、各自の認知を変化させていくヒントとする。

■手　順■
　3ツ折りにした紙に、自分の選んだエピソード、認知、感情を書き、畳んでおく。グループになり、その紙を順に開きながら発表する。
　①生徒は、A4白紙を3つに折り、ワーク3の3つのエピソードの中から1つ選び、タイトルと自分の答えをフェルトペンで大きく書く。紙を折ったあと、いったん開いて反対向きにも折り返しておくと、折り目が柔らかくなって、発表のとき開きやすい。
　②4～5人のグループをつくり、席を向き合わせる。
　③折った紙を順に開いて見せる方法を、教師が実演説明。→次頁参照
　この実演に対して、他の担任は「へー、なるほど」「おもしろい」など、大げさにリアクションして見せ、拍手する。すると、たいてい生徒も拍手をする。グループでも、同様にリアクション、拍手するよう指示する。
　④各班内で、順に発表する。
　⑤班で話し合ってベスト1を決め、それを一番上にして、全員分の紙を担任に提出。
　⑥席を戻してから、各班の代表作を教師が全員に発表する。
　※グループワークが難しい場合は、生徒が書いたものを集め、教員がペーパースピーチの手順で紹介する。

■解　説■
　筆者（山﨑）は、折った紙にことばを書き、話しながら順に見せるという授業手法を"ペーパースピーチ"と名づけ、授業やHRで使えるさまざまな手法を開発している。これは、その手法を活用した例である。
　ただ発表させるだけでは、互いの関心が薄いので、盛り上がらない。ペーパースピーチにすることで、次への期待感を持って互いの発表を聞けるので、発表内容がよく理解でき、雰囲気もよくなる。
　グループ内でもクラスでも、発表のあと拍手するという習慣づけをすると、発表を好意的に受け止める雰囲気ができ、発表がしやすくなる。

図 ペーパー・スピーチのやり方

1) ペーパーの書き方

本を貸すと約束したのに	→ 自分が選んだエピソードのタイトル
忘れちゃっただけかも	→ 認知
楽な気もち（聞いてみよう）	→ 感情

　これを下から裏側に折り込んで、エピソードのタイトルだけ見えるようにして準備完了。

2) スピーチの手順

順に開きながら　　　　　　　〈話すことば〉

| 本を貸すと約束したのに |

「私が選んだエピソードは、"本を貸すと約束したのに"です」

↓

| 本を貸すと約束したのに |
| 忘れちゃっただけかも |

「このエピソードを"忘れちゃっただけかも"

と認知すると、……」

↓

| 本を貸すと約束したのに |
| 忘れちゃっただけかも |
| 楽な気もち（聞いてみよう） |

「"楽な気もちで、聞いてみよう"と思います」

※上の例は、ワーク2のエピソードで書いたもの。
　下に、ワーク3で実施する際の回答例を示す。

1 ふり向いてくれない	2 友だちが他の人と食事をしている	3 知らない人たちと遊びにいくことに
聞こえなかったのかな	ぼくを待っていると言い出せなかったのかな	話を聞いてうなずいているだけでもいいし
平静（もう一度声をかけてみよう）	ちょっと不安（だけど声をかけてみるか）	小さな不安

　不安は完全に消えなくても、「大きな不安」が「小さな不安」になることで、行動しやすくなることが大切。

3）「行動」単元　授業実施上のアイデア

【1】教師を囲んで「聴き方」を練習する

> 行動③　上手な聴き方を使ってみよう！　ワーク2　(→74ページ)

■ねらい■
　学んだ聴き方のポイントを実際に使ってみることで、日常で活用するためのステップとする。

■手　順■
①生徒は内側を向いてドーナツ状に円になる。
②教員は、そのドーナツの円の一部に入る。
　（円の中央に入るのではない）
③教員は、自分の側と向こう側で生徒を半分に分け、観察者と聴き手を割りふる。自分の両側が観察者で、向こう側が聴き手になる。
④「先生が短い話をするので、聴き手は、さっき習った聴き方のポイントを、意識して使ってみよう。観察者は、聴き手の人たちがどんなふうに聴いているか、よく観察してみよう」と指示する。
⑤教員は何気ない話を1分ほどする。生徒は立ったまま聴く。教員だけ座ってもよい。
⑥話し終わったら、教員は、「熱心に聴いてくれたのでとてもうれしかった」など、聴き手の態度についての肯定的な気もちを伝える。「うまかった」「できていた」という評価よりも、話し手としての気もちを表現するほうがよい。
⑦2回目、役割を交代するときは、生徒はそのままで、先生が向かい側に移動する。2回目の話は、前の話の続きでよい。

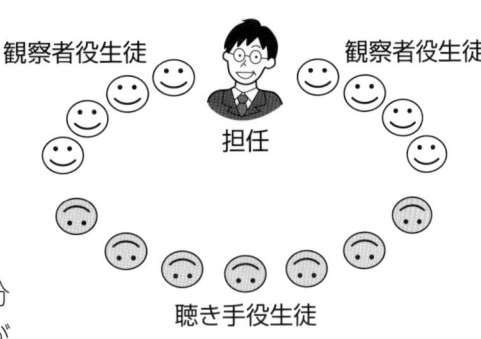

■解　説■
　聴き方の実習では、3人組で話し手、聴き手、観察者役を分担し、交代して3回行う、という方法がよく使われる。しかし、慣れないメンバーの前で話すことに不安を感じる生徒がいると、本来の聴き方の実習がスムーズに進まないおそれもある。そこで、話し手役を教員が引き受け、3人組と同じ効果をねらったのがこの方法である。
　話し手・聴き手の1対1関係ではないので、ポイントの「③質問をする」は難しいが、「①うなずく、あいづちを打つ」はできる。「②くり返す」をしてくれる生徒もいる。
　人数が多くて輪が大きくなりすぎるときは、円を二重にして内側の生徒を座らせる。また、担任は中央に出て話すなど、工夫するとよい。

【2】インタビュー会見で「質問」の練習をする

> 行動⑤　質問をしてみよう！　ワーク4　(→82ページ)

■ねらい■
①インタビューの実習を通じて、楽しみながら質問のしかたを練習する。

②人の話に興味を持ち、もっと聴きたいと思う体験をする。

■手　順■

①生徒を、話し手（教員）の人数のブロックに分け、インタビュー相手を割り当てる。
　　話し手2人 → 2ブロック　　　話し手3人 → 3ブロック

②きっかけ話　話し手は、順に全員に話す
　　話したい内容が豊富にある話題（趣味や成功体験）を、2、3言話す。
　　例：「私の趣味は旅行です。年に何回か、出かけます」

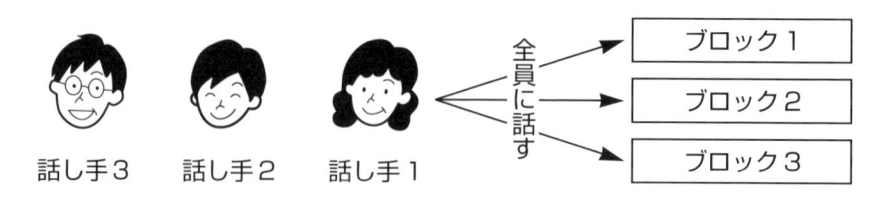

③インタビュー準備　（各ブロックで行う）
　（1）各ブロックごとに、担当の話し手への質問を考える

　（2）ブレインストーミング用紙（163ページ参照）をブロック内で回し、質問を書いた付箋を貼っていく。
　　ブロック内の人数が多ければ、いくつかのグループに分け、その中で用紙を回す。

④インタビュー会見　（教室全体で行う）
　インタビューは1ブロックずつ行い、他のブロックは聴衆。
　インタビューアは、順にブレインストーミング用紙を回し、豊富にある質問リストの中から、選んで質問する。

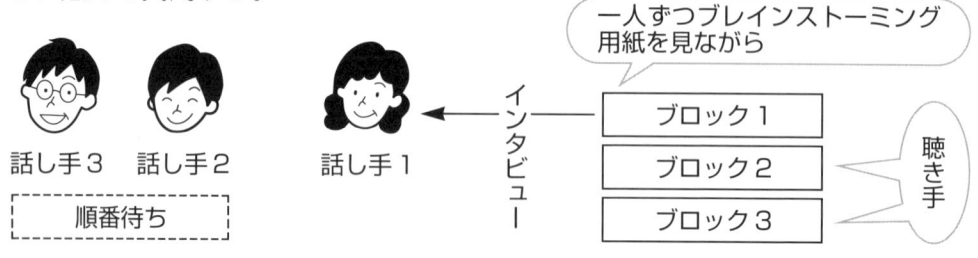

■解　説■

　教員が短い話をして、それに対してみんなが質問するが、同じ話し手に全員で質問をしていると飽きてくるので、2、3人の話し手を用意し、生徒を分割してインタビューアとして割り当て、全員の中でインタビュー会見を行う。これにより全員で多くの人の話を聴くことができ、インタビューもできる。話し手が担任だけでは足りない場合、担任以外の先生や校長・副校長をゲストに迎えて話してもらうのもよい。

　インタビューのマナーとして、生徒は、自分の番が終わったら、「ありがとうございま

した」と礼を言う。話し手も、それに対して「ありがとうございました」や「どういたしまして」と応える。

　話し手は、答えたくない質問にはあいまいな答え方をせず、答えたくない気もちを表現する。それにより、生徒が、質問される側の気もちを考えるきっかけになる。

　インタビューの終わりに、話し手は、自分がインタビューされてよかった気もちを言う。それが、質問することの効果を実感させる大切なアクションになる。

【3】生徒がこころの中で参加できるエピソード実演
　　　（生徒に向けてセリフを言う）

> 行動⑥　あたたかいことばかけをしてみよう！　ワーク1（→84ページ）
> 行動⑦　言いたいことをうまく伝えてみよう！　ワーク2（→89ページ）
> 行動⑧　気もちのよい断り方、頼み方をしてみよう！　ワーク1　ワーク2
> 　　　　　　　　　　　　　　　　　　　　　　　　　　　（→92、93ページ）
> 行動⑨　上手な謝り方をしてみよう！　ワーク1（→96ページ）

■ねらい■
　行動のワークで、同じことを言うにも、言い方ひとつで、言われた側の気もちが違ってくるということを実感的に理解する。

■手　順■
①生徒たちには、シチュエーションを十分理解させる。
②「これから先生が××さん役で、みんなにことばをかけるので、あなたが○○さんだと想像して、相手にこう言われたらどんな気もちがするだろうと考えてみよう」と進行役の教員が教示。
③役の教員は、生徒たちのほうを見て、気もちをこめてそのセリフを言う。
④すべてのセリフが終わった後で、気もちを書かせる。

■解　説■
　言われた側の気もちを考えるワークを実施するための方法。

　エピソードを実感的に理解させるにはどうしたらいいだろうか。生徒自身にロールプレイさせれば、エピソードを体験的になぞり、実感をもって考えることができるかもしれない。しかし、それは難しい場合もあるし、導入ワークとしては大袈裟すぎる。

　教員が生徒に話しかけるこの方式なら、生徒は演じる必要もなく、こころの中でロールプレイに参加し、当事者の気もちを考えていくことができる。

【4】教師と1対1の会話練習　ステップ1　出前方式ワーク

行動⑦ 言いたいことをうまく伝えてみよう！　ワーク4 （→90ページ）

■ねらい■

アサーションで学んだ言い方を実際に体験実習するが、会話が苦手な生徒でも、確実に実習できる機会を持たせる。

■手　順■

生徒は着席のまま、教員の側が生徒を回り、対話練習をする。2種類の設定のどちらかを選べる1回型と、両方ともやることになる2回型があるが、どちらにするかは、残り時間および教員の人数で判断する。

1）1回型（選択式）
教員が担当するブロックを決めて、順に回る。

教員「どっちにしますか」
生徒「1にします」
教員「わかりました。私は、CDをなかなか返してくれない友だちです。はい、どうぞ」
生徒「①ひと月前に○○（好きなアーティスト名※）のCD貸したよね。②ぼくもまた聴きたいんだけど、③そろそろ返してもらってもいい？」
教員「ごめん。MDにダビングしたら、すぐ返すよ（即興の返事）」
教員・生徒「ありがとうございました」

　　　　※好きなアーティスト名を入れると、生徒によってはノッてきて楽しく実習できる。

1回型（選択式）

2）2回型（必修式）
2人の教員がそれぞれの役を決めて回る

2人（偶数）の教員が自分の役割を固定し、クラス全員（ブロック全員）を回ると、全員が2種類を経験できる。

教員「じゃ、2をやりましょう。はい。――今日、約束してたけど、急に用事ができちゃったんだ。ごめんね」
生徒「①そっか、遊べなくなっちゃったんだ。②残念だけどしょうがないね。③今度は、いつなら、遊べそう？」
教員「うん、来週ならいいよ（即興の返事）」
教員・生徒「ありがとうございました」

　　　　※下線部は、穴埋めの解答。

■解　説■

これは、対話練習の最初のステップとして使える方法

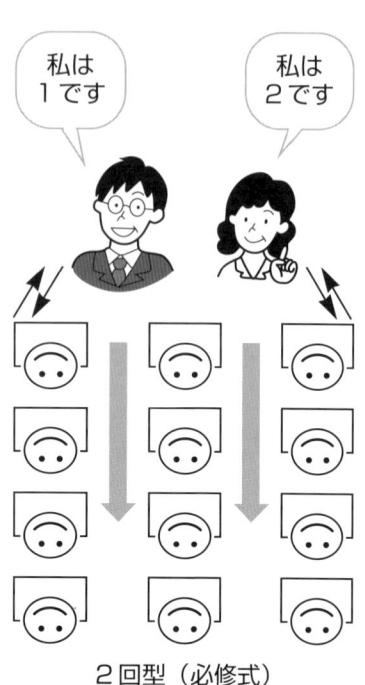

2回型（必修式）

である。生徒を動かすのがまだ難しい場合でも、教師が生徒の間を回ることで実習ができる。学校やクラスの雰囲気にもよるが、本校の場合だと、一人ずつ実習している間、他の順番待ちの生徒は、案外、そのやりとりをよく聴いている。

いつまでもこのやり方では生徒が受身になってしまうが、次の「教師を囲む」実習へのステップとして活用していけるとよい。

※対話練習ができない生徒への対応（やらない生徒、できない生徒 共通）

①抵抗を感じる生徒に、参加を強制しないが、役に立つことだし、できれば楽しいから、「やってみようよ」という姿勢で接する。

②それでもやらない、できない場合は、「やっぱりできなかった」というマイナス感情で終わらせないように、きちんとあいさつし、形を整えることで、やるべきことはやったという肯定感情を残す。手順としては、「じゃ、お互いに、ありがとうございました、とあいさつして終わりにするよ」と予告し、「ありがとうございました」と頭を下げる。

③教員の気もちの中では、「きみは今、それでオッケーだよ。いつかできるようになるから、大丈夫」という思いをこめて終わりにする。

④教員の基本姿勢は、「この生徒のこころのどこかに、取組もうという気もちはあるが、今ここではうまく出せないんだな」と理解して、その葛藤を認める気もちである。

【5】教師と1対1の会話練習　ステップ2　担任を囲んでワーク

行動④ 答え方を工夫してみよう！　ワーク3（→78ページ）

■ねらい■
習った答え方のポイントを使って実際にやりとりをしてみることで、対話の際の実感をつかむ。

■手　順■
①教員（担任）を囲んで一重の半円を作る。
②教員は順に、一人ひとりと会話練習を行う。生徒との距離が遠ければ、教員は一人ずつ近寄って練習するが、あまり個別にならないように注意。

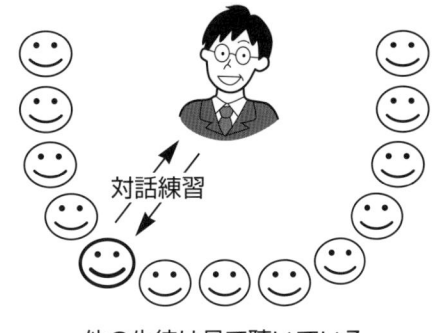

対話練習

他の生徒は見て聴いている

■解　説■
生徒同士のペア練習やグループでの練習にまだ取組めない生徒たちに、教師との対話練習に取組ませる。その際、単なる個別練習になるのではなく、互いに見て学ぶという関係を自然と活用していける方法。

生徒同士は半円形で隣り合って並び、視線の交差が少ないので、緊張感は少ない。

教師との1対1の練習でありながら、他の生徒のやりとりも横で見ている形になり、相

互の観察学習が起こりやすい。

　ワーク3の会話練習は、複数回のやりとりになるので、難しい生徒もいる。よりやりやすくするステップとしては、ワーク1で答え方のセリフを作ってみたあとに、一度、教員とのやりとり実習をしておくとよい。そのときは、生徒は着席したまま、教員が回って対話練習する、ステップ1の出前方式でかまわない。

　このステップ2で生徒と教師は固定した関係（たとえば、1クラスの生徒とその担任）だが、次のステップ3では、生徒が自主的に相手を選んで練習する。

【6】教師と1対1の対話練習　ステップ3　相手を選び囲んでワーク

> 行動⑥　あたたかいことばかけをしてみよう！　ワーク3　（→86ページ）
> 行動⑧　気もちのよい断り方、頼み方をしてみよう！　ワーク3　（→94ページ）
> 行動⑨　上手な謝り方をしてみよう！　ワーク3　（→98ページ）

■ねらい■
　学んだ言い方を練習する際、進んで実習する意欲を喚起する。

■手　順■

1）行動⑥　あたたかいことばかけ　の場合
　①Aじろう、Bあきら、Cさくら役の教員が名乗りを上げ、生徒を集める。
　②生徒は、ワークシート3だけ持って、自分が選んだ相手役の教員の周りに集まる。
　③そのグループは、その友だちを励ます仲間というイメージ。→教員は「みんな、私（ぼく）の友だちだからよろしくね」と、みんなに声をかけて始めるとよい。
　④一人ひとりとのやりとりは、次のようにしていく。
　　（1）教員が自分の役のことばを言う。
　　（2）生徒がことばをかける。
　　（3）教員は相手のことばに何らかの返答をして、「ありがとう」と結ぶ。
　生徒は、自分の用意したセリフを読む。
　他の人と同じことばになってもかまわない。また、用意したセリフを、アドリブで変えてもよい。
　⑤自分の番以外の間は、人のセリフをよく聴き、二人のやりとりをよく観察する。
　⑥全員終わったら、教員は、みんなにことばをかけられてどんな気もちだったか話す。

2）行動⑧、⑨　断り方、頼み方、謝り方　の場合
　行動⑥と同様に、名乗りを上げた教員の周りに集まり、一人ずつ対話練習をする。
　行動⑧「断り方」では、教員が誘いのことばを言い、生徒はそれを断る。断られたら「じゃ、しかたがないね」などと受ける。生徒が提案を出したら、それに賛成する。
　行動⑧「頼み方」では、教員は実習する生徒の顔を見て、「私はBさんです。はい、

どうぞ」と促す。生徒が頼みごとをしたら、それを受け入れる。受け入れてもらったら、生徒は、「ありがとう」とお礼を言うようにさせる。

　　行動⑨「謝り方」では、教員は自分のセリフを言い、それに対して生徒が謝る。それを受けて、教員は許すことばを返す。

■解　説■
　これらの実習ワークにおいて、3つのシチュエーションを設け、選択式にしている理由はいくつかある。
　（1）生徒は自分の生活実感にあった設定で練習でき、日常生活につなげやすい。
　（2）万一、過去のイヤな記憶につながる設定があっても、それを避けることができる。
　（3）早くできた生徒は2つ目、3つ目に取組み、逆にじっくり考えるタイプの生徒は、
　　　　1つだけ書けばいいので、学習進度の個人差に対応できる。
　（4）自ら選んだ課題に取組むことにより、主体的な学習姿勢になる。
　主体的な学習姿勢になるというのは、課題を選んで書く時点でも言えることだが、実際に対話練習に取組むとき、より顕著になる。相手を選んでそこに移動するということは、それ自体、能動的な行動であり、そのことで既に実習のためのこころの準備が整う。そうした何気ないステップが、実習を自然な流れとして可能にしていく、授業の仕掛けなのである。

　行動単元での対話練習のしかたを3つのステップで示したが、現状では、最後まで生徒と教員との対面練習で終わっている。本来なら、生徒同士がペアやグループで対話できるようにもって行くのが望ましいが、本校では、まだそこまでできていない。
　その理由は生徒の多様さで、できる子はいても、難しい子が何人かいるので踏み出せない。本来なら、生徒の相互作用を活用することで、教員とのやりとりよりも何倍もの学習効果が期待できることもある。しかし、それをやるには教員の力量が必要である。年2・3回の研修会や毎週の打合せでそこまで教員の力をつけるのが難しい、という現状がある。
　しかし、逆のメリットとしては、このプログラムおよびここで示した展開のアイデアは、こうした授業には経験の少ない先生方にも、十分実施していただける形となっている。
　また選択科目の授業など、ある程度生徒のモチベーションが保障されている条件で、経験豊富な先生が実施されるのであれば、生徒間の関係のダイナミズムを活用して、より活発な展開ができるはずである。
　むしろ、それだけの活用可能性をもった教材であると言ってよいであろう。

4）「情動」単元　リラックス法体験ガイドシナリオ

　「情動」単元のリラックス法では、生徒は練習の姿勢をとり、目を閉じて呼吸法や弛緩法の体験練習に取組む。こうした実習のために、稔ヶ丘高校では、生徒の体験練習をガイドするナレーションのCDを自主制作して、授業で用いている。これにより、授業者の負担も少なく、スムーズにリラックス法の体験が進む。
　ここでは、本書を活用して情動単元の授業を実施する際の便宜に、CDに吹き込んであるナレーションのシナリオを挙げておく。これを読み上げることで授業を実施できるし、

あらかじめ録音して用いれば、複数の教員で活用することもできる。

ただし、あらかじめ録音する場合は、生徒の知らない人が吹き込むことが望ましい。機械から知っている人の声が流れてくると、その人のイメージが強く浮かんできて、生徒によっては集中の妨げになることがある。知らない人なら、その声はニュートラルで、ありのまま指示を聞きやすい。

授業者がその場で読み上げる場合は、そうした問題は起こりにくい。

【1】情動②　リラックス法を使ってみよう！（1）呼吸法

ワーク2　練習の姿勢と、解除動作（かいじょどうさ）を憶（おぼ）えておこう（→113ページ）

基本姿勢

腕を下ろしてもよい

①最初に、リラックス法の練習の姿勢を説明します。
②これは、今後行うリラックス法すべての基本となる姿勢ですから、しっかりと憶えてください。
③前にいる先生が実演をするので、その形を真似してください。（10秒）
④足の裏を床につけて、椅子に深く腰かけます。
⑤背筋を伸ばし、きちんと座りましょう。
⑥その姿勢から、頭や肩を少し動かしながら、首と肩の力を抜いて、頭を前へ、だらんと落とします。
⑦両腕は、太ももの上におくか、下に下ろしてください。
⑧軽く目を閉じるといいでしょう。
⑨無理のない姿勢かどうか、自分で感じてみて、よくないところがあれば、身体の位置を自分で直してください。
⑩これが練習の姿勢です。（5秒）
⑪続いて解除動作をしますので、そのままの姿勢で、目を開けて、前の先生を見てください。（5秒）

⑫では、解除動作（かいじょどうさ）を、実演の先生と一緒にやりましょう。
⑬手をぎゅっと握り、大きく息を吸いながら、胸にひきつけます。
⑭息を吐きながら腕を下ろし、手をパッと開きましょう。
⑮実際には、このときに、目を開けます。
⑯腕の曲げ伸ばしを、あと1、2回します。（5秒）
⑰このあと、背伸びをしたり、（2秒）首を回したりして、（2秒）頭と身体をスッキリとさせます。

（目を閉じたまま）
こぶしを
胸にひきつけ

腕の力を抜いて
手を開く
（目を開ける）

⑱これが解除動作です。
⑲練習を終了するときには、必ず、この解除動作をしてください。
⑳以上で、練習の姿勢と解除動作の説明を終わります。

ワーク3　呼吸を意識してみよう（→113ページ）

①練習の姿勢をとります。
②椅子に深く腰かけて、背筋を伸ばしましょう。肩と首の力を抜いて、頭が軽く前に垂れるようにします。両手は太ももの上におくか、身体の横に下ろします。
③軽く目を閉じるといいでしょう。
④まず、自然な呼吸に意識を向けます。今、吸っているなあ、今、吐いているなあと感じましょう。ただ、自然な呼吸をそのまま意識するだけでかまいません。（約5秒）
⑤今度は、鼻から息を吸って、口から吐く、ということを意識してやってみます。鼻から吸って、口から吐きます。（約5秒）
⑥鼻から吸って、口から吐く前に、いったん息を止めます。それからゆっくりと吐きます。吐く息を少しずつ長くしてみましょう。吸う息は自然に吸い、いったん止めて、吐く息は少し抑えて、ゆっくり長く吐きます。（約10秒）
⑦吸った息をいったん止めて、ゆっくり長く吐くと、自然にリラックスしてきます。
⑧20秒ほど、何も言わないでいるので、この呼吸を続け、静かにリラックス感を味わいましょう。（約20秒）
⑨はい、では、解除動作です。
⑩大きく息を吸いながら、両手を握って、胸にひきつけます。手の力をパッと抜いて、息を吐きながら静かに目を開けます。
⑪腕の曲げ伸ばしを2回くらいやります。（約3秒）
⑫背伸びをしたり、首を回したりして、頭をスッキリとさせます。
⑬以上で、呼吸を意識する練習を終わります。

ワーク4　腹式呼吸を練習しよう（→113ページ）

①練習の姿勢をとります。
②この練習は、目を開けたまま行いますが、目を閉じてもかまいません。
③おへその下に両手を当てて、ゆっくり呼吸をします。
④鼻から吸って、口から吐きます。
⑤さっきと同じように、吸った息をいったん止めて、ゆっくりと吐きます。
⑥それをくり返して、お腹が膨らんだり、へこんだりするのを感じましょう。（約10秒）
⑦少し意識して、吸うときにお腹を膨らませ、吐くときにへこませてみましょう。（約20秒）
⑧どうですか。（約5秒）
⑨はい、もうやめていいですよ。
⑩解除動作は、しなくて大丈夫です。
⑪以上で、腹式呼吸の練習を終わります。

ワーク5　「カウント呼吸法」を練習しよう（→114ページ）

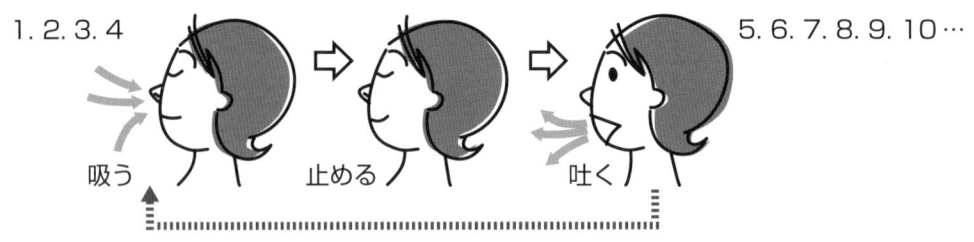

1.2.3.4　　吸う　　止める　　吐く　　5.6.7.8.9.10…

1～2分くり返す

①では、「カウント呼吸法」をやってみましょう。
②練習の姿勢をとります。
③目を閉じると集中しやすいですが、軽く伏し目にして自分の足元あたりを見ていてもかまいません。
④まずは、数えないで、自分の呼吸を自然に意識しましょう。
⑤できる人は、腹式呼吸を意識します。
⑥では、「カウント呼吸法」の練習を始めます。
⑦指示を聞きながら、自分のペースでやってください。
⑧こころの中で1、2、3、4と、4まで数えながら息を吸います。
⑨（3秒後）4まで行ったら、いったん止めて。今度は吐きながら、5、6、7、8、9、10……と、数え続けます。
⑩10以上になるように、呼吸を調節して、自然に吐き終わるまで、数えます。
⑪吸うときは、また1から数え始めます。
⑫自分のペースでやりましょう。
⑬リラックスしていく感じを味わいながら、そのまま1分ほど続けてください。（約1分）
⑭はい。では、目を閉じている人はそのままで。
⑮今数えている息を吐き終わったら、解除動作（かいじょどうさ）をしましょう。（2秒）
⑯大きく息を吸いながら、手を握って腕を曲げ、息を吐きながら手を伸ばして、開きます。
⑰静かに目を開けましょう。
⑱腕の曲げ伸ばしは、もう1、2回やります。（3秒）
⑲背伸びをしたり、首を回したりして、頭をスッキリさせましょう。
⑳以上で、「カウント呼吸法」の体験を終わります。

【2】情動③　リラックス法を使ってみよう！（2）弛緩法（しかんほう）

ワーク1　緊張と弛緩（しかん）の違いを感じよう（→116ページ）

①では、緊張（しかん）と弛緩の違いを感じる練習をします。
②腕を使って行いますので、練習の姿勢はとりません。
③まず、身体を前に出して、机に近づいてください。
④自分の利き腕を机の上に乗せます。右利きの人は右手、左利きの人は左手です。

⑤てのひらを上にして、肘から先の腕全体を机に乗せてください。
⑥てのひらをぎゅっと握って、手首を内側に曲げます。
⑦てのひらと腕に、力が入っているのを感じます。

緊張　　　　弛緩

⑧筋肉が硬くなっているのを、よく感じ取ってください。
⑨はい、力を抜きます。
⑩手も腕も全部、力を抜いて、だらんとします。
⑪腕を机の上に投げ出した感じです。
⑫さっきまで硬かった筋肉が柔らかくなって、力が抜けている感じを味わいます。
⑬そのまま、腕の筋肉を意識し続けます。
⑭さらに、筋肉がじわぁっと緩んでいく感じがしませんか。（約10秒）
⑮その感じを大切にしてください。（約10秒）
⑯はい、腕を机から下ろしていいです。
⑰今体験したのが、筋肉の緊張と弛緩の違いです。
⑱緊張した感じをよく味わってから、力を抜きます。
⑲力を抜いた後も、さらに緩んでいくのを味わうことがコツです。
⑳以上で、緊張と弛緩の違いを感じる練習を終わります。

ワーク2　弛緩法をやってみよう（→117ページ）

（1）弛緩法の説明

①まずやり方を説明しますから、実演の先生を見てください。
②あとで一緒にやりますから、ここでは、見ているだけでいいです。
③練習の姿勢をとりますが、目は開けたままでかまいません。
④両手を握り、腕に力を入れながら、胸にひきつけます。このときに、胸の筋肉にも力を入れて、胸をぐっと縮めます。さらに、肩を持ち上げます。寒いときに身体を縮めるような感じです。

←ここは早口ぎみに←

⑤そのままで、次は首と顔です。肩をさらに持ち上げて首を緊張させ、顔も、歯を食いしばって、ぎゅっと力を入れます。ここで息を止めないでください。
⑥これで、上半身全部に力が入りました。
⑦ここから、フゥッとすべての力を抜きます。そして、だらんとします。
⑧しばらく、そのままで、目を閉じて、だらんとした感じを味わいます。（3秒）
⑨顔はかなりだらしなくなりますが、気もちいいですよ。
　このときの顔は、お互い、あんまり見ないのがエチケットですね。（約5秒）

←ゆっくり←

⑩次に、下半身から全身の練習を説明します。目を開けて、実演の先生を見てください。
⑪まず、脚とお腹です。
⑫両膝を強く押しつけて、内ももに力を入れます。それから、お腹の筋肉でその脚を少し持ち上げ、つま先立ちします。これで、脚とお腹が緊張します。
⑬さらに、さっきと同じ、手、腕、胸、肩、そして首、顔も力を入れて。これで全身です。

177

⑭ここでも、息を止めないように。力の入ったところの緊張を味わいます。
⑮これも、フゥッと力を抜いて、全身だらんとします。（3秒）
⑯これは最高に気もちいいですよ。（約10秒）
⑰緊張のさせ方、抜き方がわかりましたか？
⑱以上で、弛緩法の説明を終わります。

（2）弛緩法の練習
● 1回目　上半身の練習
①では、実際に弛緩法の練習をやってみましょう。
②まずは、上半身からです。
③練習の姿勢をとってください。
④目を開けたまま、実演の先生を見ながらやりましょう。
⑤では、両手を握り、腕に力を入れながら、胸にひきつけます。胸にも力を入れて、ぐっと縮めます。
　さらに、肩を持ち上げます。息は止めないで。
⑥次にそのまま、肩をさらに持ち上げて首を緊張させ、歯を食いしばって、顔もぎゅっと力を入れます。
　上半身の緊張をよく感じて。（1、2秒の間）
⑦はい、ではフゥッとすべての力を抜きます。
⑧一気に抜きましょう。そして、だらんとします。
⑨しばらく、そのままで、目を閉じて、上半身のだらんとした感じを味わいましょう。
⑩力が抜けてとても気もちがいいですね。（約10秒）
⑪はい、解除動作をしながら目を開けます。
⑫すぐ続けて、下半身から全身の練習をしましょう。

上半身の緊張　　上半身の弛緩

● 2回目（下半身から全身の練習）
①次に、下半身から全身をやります。
②では、また目を開けたまま、実演の先生を見ながらやりましょう。
③まず両膝を押しつけて、内ももに力を入れます。
④それから、お腹の筋肉でその脚を少し持ち上げ、つま先立ちします。これが下半身です。
⑤さらに、先ほどの上半身を加えます。手、腕、胸、肩、そして首、顔も力を入れましょう。
⑥全身が緊張しているのを感じて。（1、2秒の間）
⑦はい、では、フゥッと力を抜いて。全身だらんとします。
⑧そのまま、目を閉じて、全身の力が抜けていくのを味わいましょう。（約5秒）
⑨そのまま、リラックス感を味わいます。
　（約10秒）
⑩はい、では、解除動作をして、目を開けます。
⑪以上で、弛緩法の練習を終わります。

全身の緊張　　全身の弛緩

ワーク3　弛緩法に呼吸法を組み合わせてみよう（→117ページ）

①呼吸法つき弛緩法をやってみましょう。
②目は開けたままで、実演の先生を見ながらやります。
③目を閉じるタイミングは、途中から指示します。
④では、練習の姿勢をとってください。（約5秒）
⑤呼吸に気もちを向けます。
⑥鼻から吸って、ゆっくりと吐くようにします。（約10秒）
⑦では、実演の先生を見ながら、一緒にやりましょう。
⑧大きく息を吸いながら、上半身を緊張させます。
⑨手、腕、胸、肩、首、そして顔。
⑩いっぱいまで吸い込んだら、息をフウッと吐きながら、全部の力を抜きます。
⑪力を抜いたら、だらんとして、さらに力が抜けていくのを味わいます。
⑫自然に目を閉じて、そのまま、深い呼吸を続けます。
⑬吸うときには、力が抜けたままで、……吐くときに、さらに力が抜けます。
⑭しばらく、そのリラックスを味わいましょう。……（約30秒）
⑮はい、では、解除動作をして、……目を開けます。（約10秒）
⑯全身の場合も、同じ要領で息を吸いながら全身に力を入れ、吐きながら力を抜けばいいのです。もうわかると思うので、全身の練習は省略します。
⑰以上で、呼吸法つき弛緩法の練習を終わります。

ワーク4　ミニ弛緩法を練習しよう（→118ページ）

①では、ミニ弛緩法の練習を始めましょう。
②練習の姿勢をとってください。
③目は開けたままで、指示したら、実演の先生を見ながらやりましょう。
④呼吸に気もちを向けます。
⑤鼻から吸って、ゆっくりと吐きましょう。それを続けます。（約10秒）
⑥では、実演の先生を見て、一緒にやりましょう。
⑦息を吸いながら、肩を持ち上げます。肩と首の緊張を感じて。（約2秒）
⑧今度は、ゆっくり息を吐きながら、肩の力を抜きます。
⑨肩が完全に下りても、首、肩、腕が、さらに緩んでいくのを感じます。
⑩自分のペースであと2回くり返しましょう。（約15秒）
⑪2回終わったら、肩を下ろしたまま、目を閉じて、深い呼吸を続けます。
⑫カウント呼吸法をしてもいいです。
⑬吐くたびに、さらに緩んでいくのを感じてください。
⑭肩の力が抜けた気もちよさを、しばらく味わいましょう。……（約30秒）
⑮はい、では、解除動作をして、終わりにします。（10秒）
⑯腕の曲げ伸ばしをあと2回したら、背伸びや首回しをして、頭をスッキリさせます。
⑰以上で、ミニ弛緩法の練習を終わります。

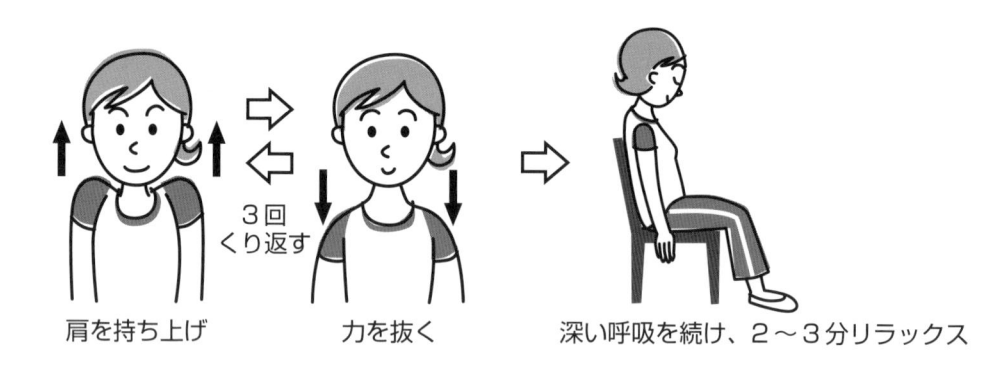

肩を持ち上げ　　　　力を抜く　　　　深い呼吸を続け、2〜3分リラックス

3回くり返す

【3】情動④　リラックス法を使ってみよう！（3）自律訓練法

ワーク1　カウント呼吸法とミニ弛緩法を復習しよう（→120ページ）

●カウント呼吸法
　①これから、カウント呼吸法とミニ弛緩法を復習します。
　②初めての人も、一緒にやれば憶えられます。
　③まず、練習姿勢です。
　④椅子にきちんと座って背筋を伸ばし、肩と首の力を抜いて、頭を前に、だらんとします。
　⑤両手は太ももの上におくか、横にだらんとたらして、軽く目を閉じます。
　⑥このまま、練習に入りましょう。（約5秒）
　⑦では、カウント呼吸法を始めます。
　⑧自分の呼吸に気もちを向けて、こころの中で、1、2、3、4と、4まで数えながら息を吸い、軽く止めてから、5、6、7、8……と吐いていきます。
　⑨数が10以上になるように、ゆっくり吐きます。
　⑩同じようにして、また、吸うときは、4まで数え、吐くときは、5から10以上数えます。
　⑪そのくり返しで、続けながら、身体の力が抜けて、気もちもくつろいでいくのを感じましょう。
　⑫（約30秒）はい、では、解除動作をします。
　⑬息を吸いながら腕を胸にひきつけ、息を吐いて、手を開きます。目を開けましょう。
　⑭背伸びをし、首を回したりします。（約10秒）

●ミニ弛緩法
　①次は、ミニ弛緩法です。
　②練習姿勢をとってください。
　③もう一度、目を軽く閉じるといいでしょう。
　④では、始めます。
　⑤息を吸いながら、肩を持ち上げ、首と肩の緊張を感じます。
　⑥次に、息を吐きながら、肩の力を抜きます。
　⑦腕を下ろして、肩や首の力がさらに抜けていくのを感じます。（約3秒）
　⑧あと2回、合計3回やりましょう。（約10秒）
　⑨3回終わったら、腕を下ろしたまま、気もちがリラックスしていくのを味わいます。

（約20秒）
⑩はい、では、解除動作をします。
⑪息を吸いながら腕を胸にひきつけ、息を吐いて、手を開きます。目を開けましょう。
⑫背伸びをしたり、首を回したりして、頭をスッキリとさせます。
⑬以上で、カウント呼吸法とミニ弛緩法の復習を終わります。

ワーク2　腕の弛緩法から、腕の重感・温感を味わおう（→121ページ）

①では、自律訓練法の準備として、弛緩法を利用して、腕の重感・温感を感じる練習をしてみましょう。
②練習の姿勢をとってください。まず、目を開けたまま、実演の先生と一緒にやりましょう。
③こぶしを握り、腕を胸にひきつけて、胸を縮め、肩をすくめて、肩と首も緊張させます。
④ここからふっと力を抜いて、腕をだらんと下ろします。腕は、太ももの上においても、身体の横に下げてもどちらでもかまいません。
⑤少し腕に気もちを向けて、とくに肘から下の前腕の筋肉に気もちを向け、そこが緩んで、重く、あたたかくなっている感じを味わいましょう。（約10秒）
⑥今度は、呼吸に合わせてやってみます。
⑦では、一緒にやりましょう。
⑧息を吸いながら、順に力を入れていきます。腕、胸、肩、首……。
⑨力が入って、いっぱいまで息を吸い込んだら、……
⑩息を吐きながら、力を抜きましょう。
⑪そのまま、軽く目を閉じて、腕の中に気もちを向けます。とくに肘から下、前腕の筋肉が緩んで、重く、あたたかくなる感じを味わいましょう。（約10秒）
⑫重い感じと、あたたかい感じ、どちらが感じられるでしょうか。かすかな感じを大切にして、それを味わいます。（約15秒）
⑬はい、では、解除動作をします。
⑭軽く腕を曲げて、また伸ばしながら、静かに目を開けましょう。
⑮腕の曲げ伸ばしをあと2回やり、首回し、背伸びをして、頭をスッキリとさせます。
⑯以上で、腕の重感・温感を感じる練習を終わります。

ワーク3　自律訓練法の基本練習（→121ページ）

①自律訓練法を体験してみましょう。
②練習の姿勢をとってください。軽く目を閉じるといいでしょう。
③カウント呼吸法か深い呼吸をして、気もちを落ち着けていきます。（約15秒）
④そのまま、ゆったりとした自然な呼吸を続けましょう。
⑤まず、こころの中で、「気もちが落ち着いている、気もちが落ち着いている……」と、となえましょう。静かに、ゆっくりとくり返します。（約15秒）
⑥気もちが落ち着いてきたら、自分の利き腕を意識します。とくに、肘から下の前腕の筋肉に気もちを向けます。
⑦そのまま、こころの中で静かに、ゆっくりと、「腕がおもーい」ととなえましょう。
⑧「腕があたたかーい」でもかまいません。どちらかのことばを、ゆっくりとくり返します。
⑨くり返しながら、腕の感覚を意識し続けます。
⑩その感じがかすかにでも出たら、それを大事にして、味わうようにします。（約5秒）
⑪そのまま、静かに続けましょう。（約20秒）
⑫では、もうとなえるのはやめて、解除動作をするこころの準備をしましょう。
⑬はい、腕に力を入れて、胸にひきつけ、解除動作をして、静かに目を開けます。
⑭腕の曲げ伸ばしはあと2回くり返します。首回し、背伸びなどをして、頭をスッキリとさせましょう。
⑮以上で、自律訓練法の体験を終わります。

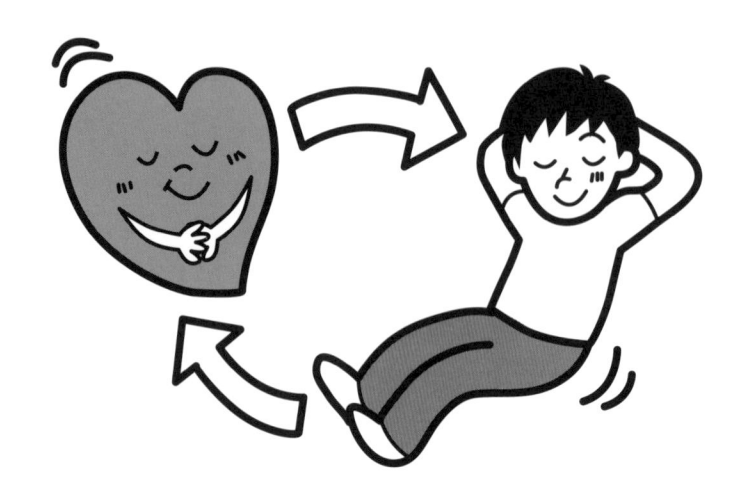

5）生徒の実践レポートから

　年間の学習のまとめとして、生徒による「実践レポート」という課題が用意されている（エクササイズ34）。1年間の学習をふり返って、リレーションタイムで学んだ方法を日常の中でどう使ってみたのか、その結果どうなったのかを書く。
　リレーションタイムの授業の洗礼を初めて受けた稔ヶ丘高校一期生のうち、92名がこのレポートを書いてくれた。
　多くの生徒が、1つの単元ないしは技法を取り上げて、その実践の体験を書いている。その内訳は、次のとおりである。

表　「実践レポート」でどの単元を取り上げたか

単元	認知	行動	情動
人数	40 (43%)	29 (31%)	28 (30%)

レポート数92
※複数取り上げた生徒があるため、合計は、100％を超える。

　これを見ると、認知を取り上げた生徒は多いが、特定の単元への偏りはあまり見られない。生徒一人ひとりが、1年間の系統的学習の中で、自分に合う方法を見つけて実践していったことが窺える。
　すでに、導入1で、「先輩の体験レポートから」としてその一部を掲載しているが、ここにまたいくつかを紹介して、この授業の成果として示したい。

①「認知」を使って、イヤなことも楽になる

　日常生活の中でイヤなことが起きたときに、私は別の認知をするようにした。
　例えば、体育の授業で持久走をやらなければならなくなったとき、ふだんならば「持久走って疲れるからやりたくないな」と思うけれど、「持久走を頑張ってやれば、体力もついて、体育の成績も上がるかも」と思うようにした。すると、持久走をやりたくない気もちが少し消えたような気がした。
　このように私はこれからも、認知をうまく使い、できるだけ楽な気もちで生活していきたい。
　　　　　　　　　　　　　　　　　　　　　　　　　　　　　　　　　　　　　（女子）

②「認知」と「呼吸法」を実践して

　ぼくは小さい頃から、少しでもイヤな出来事があると、いろいろなことを考えてしまい、悲しい気もちになって泣いてばかりでした。また、すぐ悩んでしまいがちな自分のことを考えると、そんな自分自身がイヤでした。
　でも、稔ヶ丘高校のリレーションタイムで学んで、「認知」（考え方）から「感情」（気もち）になることがわかり、とても驚きでした。
　実際に自分としていろいろ悩んでしまう出来事があったとき、リレーションタイムの「認知」の考え方で、出来事を別の認知で見てみたら、とてもスッキリした気もちになることができました。いつもなら1つのイヤな考えばかりを持って、悲しい気もちになって

しまっていたのに、別の認知を持つことで、楽しい気もちになれてうれしかったです。

　どんな出来事でも、自分の考え方1つで、つらい出来事にもうれしい出来事にもなることがわかりました。

　また、緊張しているとき、カウント呼吸法を使ってリラックスでき、何にでも楽に行動できるようになりました。

　リレーションタイムの授業で学んだことを、これからもずっと実践していきたいと思っています。
（男子）

③家族との会話でも「認知」が使えた

　家族とニュース番組を見ていたときのことです。会社員の父親が自分の子どもを一流大学に行かせるため、厳しくしつけているのを見て、母は、「自分はそんな立派じゃないくせに、どうして息子にそんな厳しくするのかしら」と言いました。そこでぼくは、認知を応用して、「あの親は欲求不満なんだよ。自分にないものを子どもで埋めようとしているだけだ」と言うと、みんなびっくりしていました。そして父が、「お前は、人のこころが読めるみたいだな」とほめてくれました。それがとてもうれしかったです。

　ストレスマネジメントの授業で習った中で、「認知」は、とくにぼくに合っていると思いました。
（男子）

④やむを得ない断りをアサーションで

　つい先日、知り合いと遊ぶ約束をしていましたが、その前日にいきなり用事が入って、約束の時間に間に合わなくなってしまいました。この用事は変更できないので、やむなく約束を断らなければいけなくなりました。どう断ろうかと悩んでいたところ、ふとリレーションタイムで習った「アサーション」を思い出し、「事実を述べ、自分の意思を伝える、そして解決の提案をする」という書き方でメールしました。すると、相手も「明日がだめなら来週にしよう」と言ってくれて、とてもよい結果になりました。

　今後も同じようなことが起きたら、この方法で、よい方向に持っていけると思います。
（男子）

⑤カウント呼吸法を使った勉強

　私は勉強を始めると、あせってなかなか集中できないときが多いです。集中しようとするとますますあせり、問題の途中、つまると、頭が混乱状態になり、けっきょく勉強とは別の何かに目移りしてしまうことがありました。

　そこで、授業でやったリラックス法のプリントを見て、使えそうな「カウント呼吸法」を試してみると、苦手でいつも混乱していた作文も、呼吸を意識して書くと、スラスラと文章が出てきて、いつもより早いペースで書くことができました。

　これからは自宅で勉強するときにも使い、いつもより集中した、中味のある勉強時間を過ごすことができそうです。
（男子）

第2節　高校生を対象としたストレスマネジメント教育の実際

早稲田大学人間科学学術院　教授　嶋田　洋徳

1）標準教材を用いたストレスマネジメント教育の実践とその効果

　学校不適応と心理的ストレスの関連性については、小中学生ばかりでなく、高校生にとっても同様の問題であるといえる。そのような中で、小中学生を対象としたストレスマネジメント教育の実践例はいくつか見受けられるが（たとえば、竹中, 1994；三浦, 2003など）、高校生を対象とした包括的な実践例はほとんど見受けられない。しかし、高校への進学率が97％に達している昨今においては、高校生を対象としたプログラムの整備と実施も進めていく必要がある。

　また、ストレスマネジメントプログラムの「構成要素」として、刺激への介入、認知的側面への介入、行動的側面への介入、情動的側面への介入の4点が挙げられている（坂野ら, 1995）。嶋田・五十嵐（2006）は、ストレス生起プロセス全般に働きかけることがストレス低減に大きな効果をもたらすと指摘していることから、高校生に対する総合的ストレスマネジメント教材を作成し、その効果を検討することを目的とした。なお、教材の基本は本書に掲載されている資料を用い、4月から1年間をかけて、32回分ストレスマネジメント教育を実施した。

2）方法

●調査対象者
　東京都立稔ヶ丘高等学校に在籍する高校1年生203名（男子86名、女子117名）を対象とした。なお、生徒は、午前部、昼間部、夜間部のいずれかに在籍していた。

●調査材料
①授業の理解度、学習内容の実践の程度
　「授業の内容を理解できたと思いますか」「授業の内容をよく覚えていると思いますか」「実際に生活の中で、使ってみたことがありますか」「実際に生活で使った際に、どのくらい有効だったと思いますか」という4つの質問項目に4件法で回答を求めた。
②TAC-24（神村ら, 1995）
　ストレスコーピングの個人差の測定のために使用した。コーピングスタイルを、「問題焦点あるいは情動焦点」「関与あるいは回避」「認知系機能あるいは行動系機能」という3つの次元から測定することができる。
③エピソードに対する認知（考え方）の多様性
　あるエピソードに対する認知の案出数を測定した。
④認知（考え方）によって生じる感情の種類
　ある場面に対して案出された認知について、どのように感じるかについて回答を求めた。

⑤認知(考え方)によって生じた感情の強さ

　認知(考え方)によって生じた感情の強さについて回答を求めた。

3) 手続き

　①の調査は、4月(授業開始直後)と1月(授業終了直前)に計2回実施し、②から⑤の調査は、1月(授業終了直前)に実施した。実施の際は、それぞれの質問項目が記載された調査用紙を授業中にいっせい配布し、教員とスタディアシスタント(教員補助員)、市民講師(教員補助員)の指導のもとに回答を求めた。授業内容は、大きく「認知」「行動」「情動」の3つに分かれていた(刺激への介入は実際の学校場面で用いることは困難なため、授業内容には含まれていない)。

4) 結果と考察

授業の理解度(Figure 1)

　授業の理解度について質問をし、グラフを視察したところ、非常に多くの生徒が理解している様子が窺えた。授業内容としては高校生に理解しやすいものにするため、ストレスマネジメント教育の内容を平易に、また身近になるように工夫したが、それが生徒の理解を促した可能性があると考えられる。実際には少数ながら理解が難しい生徒もみられることから、そのような生徒に対しては、授業中の補助の強化や授業後の個別フォローなどが必要であると考えられる。

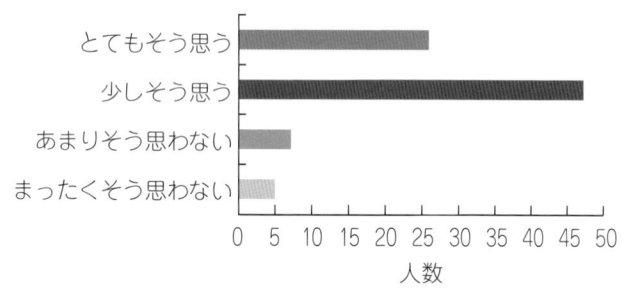

Figure 1　授業の理解度

授業で学んだことの記憶の程度(Figure 2)

　授業を受けた上での記憶の程度について質問をし、グラフを視察した結果、多くの生徒がその内容をかなり覚えていることが示された。授業の理解度の質問とあわせると、作成したプログラムは、高校生に理解しやすく、覚えやすい内容であったことが考えられる。

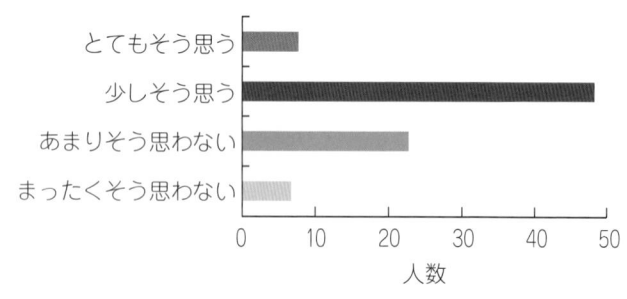

Figure 2　授業の記憶度

日常生活での使用の度合い(Figure 3)

　授業を受けた上での日常生活における使用度について質問をし、グラフを視察した結果、半数程度の生徒が日常生活で使用していることが示された。しかし、半数は、使用してい

ない様子が窺えた。授業で学んだことを使用しやすい環境の工夫を行うとともに、プログラムのまとめとして位置づく「総合」の単元の教材の作成を行い、実施するなどの工夫を行う必要があると考えられる。

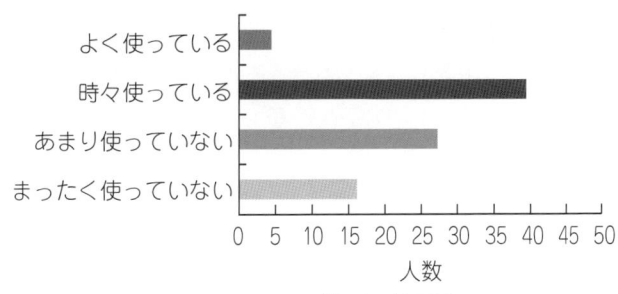

Figure 3　日常での使用度

日常生活で使用した場合の有効性について（Figure 4）

授業で学んだことを日常生活で使用した際の有効性について質問し、グラフを視察した結果、有効性が高いと感じた生徒が多いことが示された。有効性が高いと感じることで、使用頻度も増えることが予想されるため、やはり、授業で学んだことを使用することを推奨するようなプログラムの工夫や環境づくりが必要となってくると考える。

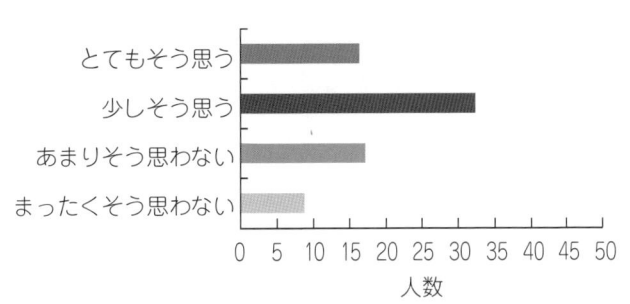

Figure 4　日常で使用した上での有効性

●ストレスの対処方法（TAC-24）の変化について

授業を受けたことで、ストレスに対する対処のしかたにどのような変化が見られたのかについて、各部の性別ごとに検討を行った。グラフに記載された記号の解釈はTable 2に示す。なお、対象校は3部制を採用しているため、部によって異なった特徴が見られたデータに関してはそれぞれ別々にまとめた。

Table 2　グラフに記載された記号の解釈

ストレスコーピングのしかた

A	情報を集める
B	あきらめる
C	よい面を探す
D	問題解決の計画を立てる
E	くよくよ考えないようにする
F	気晴らしをする
G	誰かに話を聞いてもらう
H	責任をのがれる

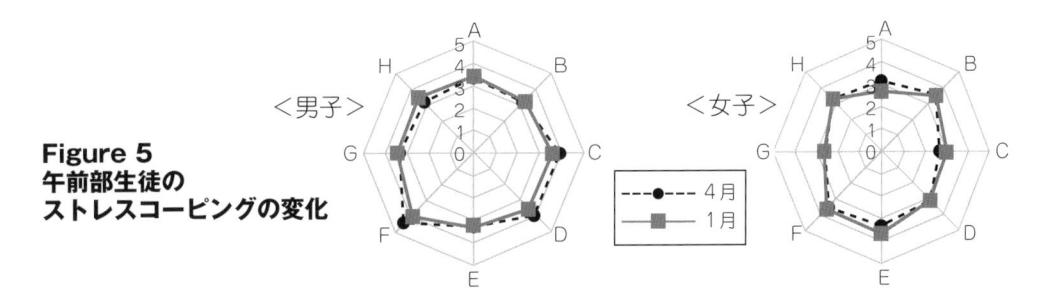

・午前部（Figure 5）

午前部の男子においては、「責任をのがれる」（H）に増加傾向が少し見られた。全体的には、男女にかかわらず、年間を通してストレスへの対処のしかたに大きな変化は見られなかった。

Figure 5　午前部生徒のストレスコーピングの変化

・昼間部（Figure 6）

　昼間部の男子においては、「くよくよ考えないようにする」傾向（E）と「気晴らしをする」傾向（F）の減少が見られた。一方で、女子においては、「あきらめる」傾向（B）や「誰かに話を聞いてもらう」傾向（G）が増しており、ストレスへの対処方法が多様になっていることが示された。

Figure 6
昼間部生徒の
ストレスコーピングの変化

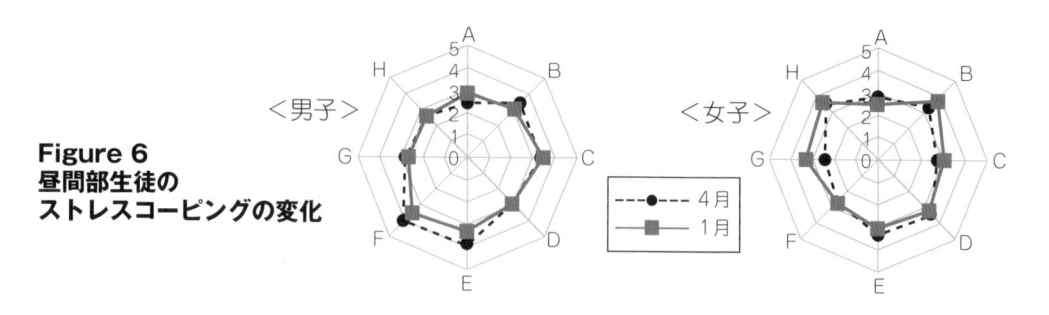

・夜間部（Figure 7）

　夜間部の男子においては、「誰かに話を聞いてもらう」傾向（G）と「責任をのがれる」傾向（H）が減少している半面「情報を集める」傾向（A）が増していた。女子においては、「あきらめる」傾向（B）や「誰かに話を聞いてもらう」傾向（G）、「責任をのがれる」傾向（H）が増しており、ストレスへの対処方法が多様になっていることが示された。

Figure 7
夜間部生徒の
ストレスコーピングの変化

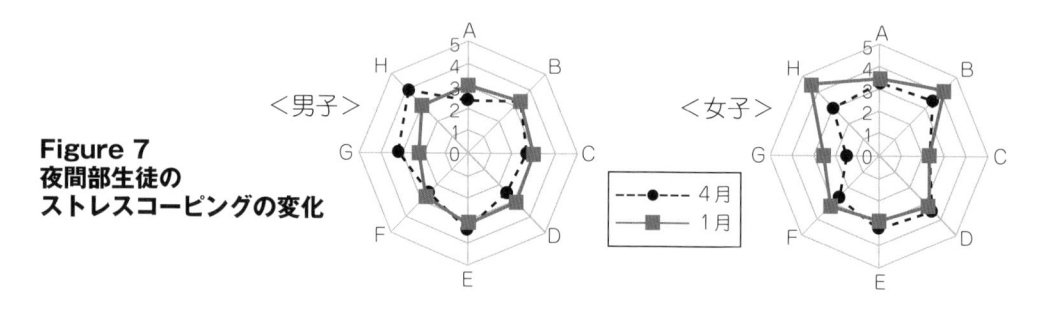

エピソードに対する認知（考え方）の種類（Figure 8）

　提示されたエピソード（教師に「どうだ？　勉強頑張ってるか？」と声をかけられる）に対して、どれほど多くの認知が案出されるかを質問し、認知の案出数をグラフで視察した。その結果、提示されたエピソードに対し2つ以上の考え方ができる生徒が7割以上いることが見受けられ、出来事に対して多様な考え方ができるようになったことが示された。

Figure 8
全生徒の案出数の割合

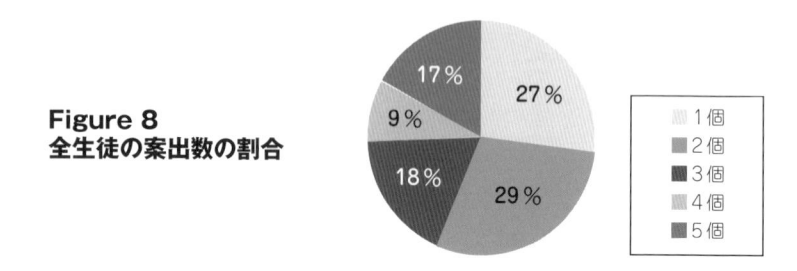

1個 27%
2個 29%
3個 18%
4個 9%
5個 17%

認知（考え方）によって生じる感情の種類（Figure 9）

　ある場面に対してさまざまな考え方をしたとき、どのように感じるのかについて質問し、

グラフを視察した結果、エピソードに対する認知によって生じた感情の種類として、午前部と昼間部の生徒においては、ネガティブな感情とそれ以外の感情との割合が50％程度であったが、夜間部の生徒においては、ネガティブな感情が最も多く生じていることが示された。

Figure 9 エピソードに対する認知から生じる感情の割合

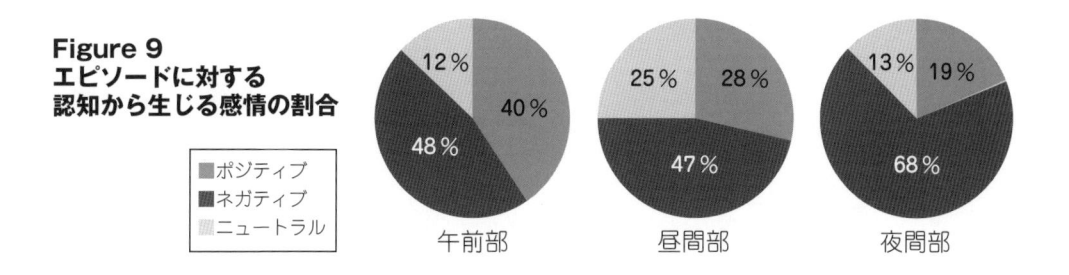

午前部: ポジティブ 12%、ネガティブ 48%、ニュートラル 40%
昼間部: ポジティブ 25%、ネガティブ 47%、ニュートラル 28%
夜間部: ポジティブ 13%、ネガティブ 68%、ニュートラル 19%

認知（考え方）によって生じた感情の強さ（Figure 10）

　認知（考え方）によって生じた感情の強さを質問し、グラフを視察した結果、提示されたエピソードに対して、ポジティブな感情をネガティブ感情よりも強く感じているということが示された。この結果から、授業を実施することで、ポジティブな感情を強く生じさせる認知が案出されたことが示された。

Figure 10 認知によって生じた感情の強さの比較

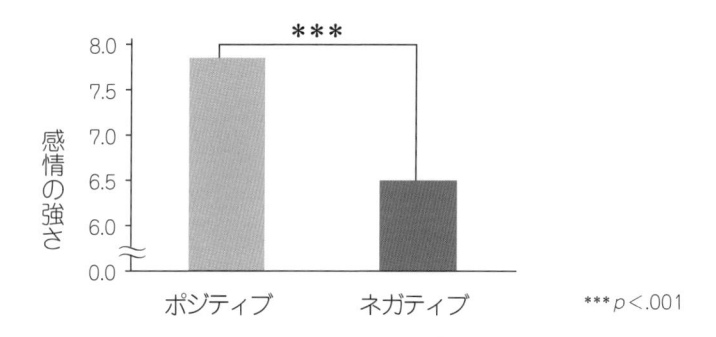

*** $p<.001$

5）総合考察

　本研究の結果から、多くの生徒がストレスマネジメント教育の授業の理解をし、授業内容を覚えていたことが明らかになった。また、授業で学んだことを日常生活で使用している生徒がかなり多くみられ、有効性が高いと感じていることも示された。授業内容が、友人関係を中心とした人間関係を扱っていることから、同じ授業を受けた者同志はスキルを使用しにくいことが予想されるが、その割合を差し引けば非常に良好な結果であると考えられる。高校生に理解可能な内容になるよう工夫を重ねたこと、また高校生の興味を引く内容になるよう表現したことなどの結果が反映されていると考えられる。授業内容を適切に理解し、日常生活で使用することが重要であることから、今回作成したプログラムは、チャレンジスクールの高校生にとって、全般的に有用なものであったと考えられる。

　また、実際に教材を使用した授業を実施したことで、一般的な対処方法の傾向には大きな変化が見られなかったものの、多くの生徒の1つの項目に対するストレス対処方法が多様になったということが示された。また、提示されたストレス場面に対して、2つ以上の

認知を案出できる生徒が7割以上もいることが明らかとなった。したがって、ストレス場面に遭遇した際に、さまざまな解釈が可能になり、その状況で機能するコーピングを選択することの可能性が高くなったことから、ストレス反応の低減に効果が見られることが大いに期待できる。

　また、午前部、昼間部の生徒においては、同じ1つの出来事に対して、ポジティブ・ニュートラルな感情とネガティブな感情が生起するような考え方が同程度の割合で考え出すことができることが示された。一方で、夜間部の生徒においては、ネガティブな感情が生起するような考え方を多くしている生徒がいることが示された。したがって、本プログラムをそのまま実施するだけではなく、集団のアセスメントを行った上で、授業展開、授業実施形態などの工夫をすることがさらに授業の効果を高めると考えられる。

　以上のことから、本プログラムは高校生のストレス低減に効果的なものであったと考えられる。

第4章

おわりに

第1節　現代の高校生と臨床心理学的援助の意義

早稲田大学人間科学学術院　教授　菅野　純

1）高校生の＜現在＞

●最近の高校生は……

「幼い」「わがまま」「少し厳しく指導するとすぐ傷つく」「態度が横柄」「受け身」「困った状況になると他人のせいにしたがる」……現代の高校生を語る教師たちの口からよくこうした言葉が出てきます。現代の高校生の精神的未熟さを指摘する言葉が少なくないのです。一方で「要領がよい」「屈託がない」「音楽やファッションなどサブカルチャーへの関心が高い」「情報の取り入れ方が上手」「ものおじしない」といった"長所"もあるのですが、規律・協調性・勤勉さ・勉強への意欲などが大事とされる学校場面ではそうした長所はあまり評価されることはありません（文化祭や体育祭といった学校行事くらいでしょうか、そうした彼らの長所が発揮されるのは）。

もちろん現代の高校は偏差値によって"輪切り"になっているので、学力的にも経済的にも恵まれ大学進学が当たり前になっている高校と、俗に底辺校と呼ばれ中途退学者が数多く出てしまう高校では学校で表れる行動に差があることは確かです。生徒指導についての教師の問題意識も大きく異なるでしょう。

こうした現代の高校生の特徴の背景を考えるためには、彼らがこれまで家庭や学校でどのように生きてきたかという生活史的視点と、彼らがどのような社会文化状況の元で生きてきたかという環境的視点とを検討することが必要です。

本章では、上記の2つの視点を取り入れながら臨床心理学の視点から考えてみます。

●高校生への移行過程の中で

現代の高校生の心理的課題を取り上げる前に、その少し前の時期、受験期から高校に入学するまでの移行期の子ども心理を考えてみましょう。子どもは、中学生から高校生へと移行するこの時期に、いくつかの現実に直面するからです。

この時期、子どもは義務教育終了に伴い進路選択が求められます。自分の進路先を決めなければなりません。「幼さ」を引きずったまま自分の置かれている状況がよく自覚できず進路選択が定まらない、教師から希望する進学先が「無理」と言われ進路変更せざるを得ない、自分が望む進路と親の思いにズレがあり葛藤が生じている、父親のリストラなどで家計状況が厳しくなり進学先を変更せざるを得ない、両親の不和などによる家庭状況の不安定さのため進路どころではない気もちで日々を過ごさざるを得ない……など、さまざまな現実に子どもは直面します。希望する高校にチャレンジした結果、不合格となり挫折感を味わう場合もあります。

この移行期に、子どもは、自分の学力の限界、学力のみで進路先が振り分けられる理不尽さ、親の教育意思や姿勢、家庭の経済状態、家族の人間関係、友人との別れ、世の中に厳然と存在する格差……などに直面するのです。同時にそうした現実に対してもはや親は「助け」とならないことも知ることでしょう。自分自身の足で歩まない限り自分は前に進

めないという現実、つまり親の援助の手の届かない現実に子どもは一歩足を踏み入れるのです。
　充実した受験期を過ごし希望する高校に合格できた、という達成感を抱いて高校生となる生徒もいる一方で、希望する進学先に歩めず不本意入学をし挫折感や自己イメージの低下、自信喪失、大人不信などさまざまなつまずきを味わいつつ高校生となる生徒もいます。高校生へと移行する段階でどのような内的体験を経てきたかが、後の高校生活に大なり小なり影響を及ぼすことがあるのです。
　こうした移行期にその子が何を体験したかに耳を傾けることも生徒の心の理解には大切なことなのです。

●高校生の臨床心理的課題
　高校生になると義務教育だったこれまでの小・中学校と異なり、欠席日数や学業不良、素行などによって退学処分が課せられるようになります。これまで許されていた甘えがもはや許されず、一般社会にもそのままつながる新しい規範の中での生活が始まるのです。またアルバイトやオートバイ免許の取得などによって行動範囲や生活経験が拡大し、社会的責任も本人に求められてきます。一方で、飲酒や喫煙、性体験などを経験する者も出てきます。バイト仲間や溜まり場での遊び仲間、暴走族など学校外に準拠集団をもち、学校生活と家庭生活、準拠集団での生活が入り交じり、親や教師の目の届かない世界を持つ者も出てきます。
　現代の高校生の特徴として次のようなものがあげられるでしょう。

① 学校生活に対する満足度の格差
　偏差値レベルが高く大学進学率の高い高校では「学校に行くのが楽しい」「授業や部活動、生徒会活動が楽しい」「友人に満足」など学校生活に対しての満足感は高いが、偏差値レベルが低く大学進学率も低い高校では授業や部活動、生徒会活動などへの意欲が低く学校生活への満足度が低いという格差が生じてきます。（注：モノグラフ・高校生VOL.57.「大学受験の現在」ベネッセ研究所、1999）後者では、高校受験までは通っていた塾も高校入学を機にやめ、家庭での勉強時間が極端に減ってしまう生徒も少なくありません。「授業についていけず窮屈感や退屈感を抱くようになる」→「授業に出ない・学校を休む」→「さらに授業がわからなくなり友人からも孤立する」という悪循環が形成されることも少なくありません。

② 学校生活からの逸脱
　高校になると子どもの生活は空間的にも時間的にも、そして人間関係の上でもこれまでになく拡大します。小・中学時代の限られた地域からなる学区での生活から、これまでとは比べものにならない広い学区や、学区そのもののない学校生活が始まります。また電車・バスなど交通機関による通学やバイク免許取得などによって移動能力も増し、子どもは遠方まで一人で出かけることができるようになります。さらに現代では携帯電話やメール、インターネット等を使って限りなく広範囲に交友範囲を拡大することができます。
　またアルバイトや、カラオケなどのさまざまな遊びを通じて、これまで出会ったことのない異なる生活感覚や文化価値観を持つ子どもたちとの交流も出てきます。帰宅時間が遅くなり、家庭や学校の生活リズムから外れ、学校生活と学校外生活の落差が大きくなり、

生活が昼夜逆転し怠学や不登校になる生徒の他、不純異性行為から妊娠する、遊ぶ金やおしゃれの衣服購入のために援助交際したりひったくりや窃盗などの罪を犯したりしてしまう、などさまざまな危機に陥る生徒も出てきます。

③自我発達のアンバランス

大人になる手前の時期ともいえます。自分がまだ定まらず、かといって、もう甘えることも許されず"子どもでもなく大人でもない"時期といえるでしょう。心の振幅が大きく、情緒不安定、怒りっぽい、投げやり、反抗的といった態度や行動を示す度合いが中学時代より激しくみられることもあります。他人に依存しないで自分の問題は自分で解決しようとする反面、自分の殻に閉じこもり、孤立感を深める場合もあります。明るく賑やかにふるまう反面、心身症状、リストカット、摂食障害などを呈するなど、表面的行動と内面的行動が大きく分離する場合もあります。いわゆる思春期危機と青年期危機の両面が見られる時期とも言えます。文頭にあげた教師たちの「幼い」「わがまま」「傷つきやすい」……といった側面は、現代の高校生には広く見られる特徴でもあり、自我発達のアンバランスさの表れともとらえることができるのです。

④内面の深化

一方で高校生の時期は、抽象的、論理的思考が発達し、興味関心の幅も大きく変化してくる時期でもあります。自分を内省的にとらえるようになり、心の内面を表現する（言語化の）手段もさまざまに発達し、これまでとは異なる自分を発見し、自己概念の転換や再構成が生じる可能性がみられるようになります。言葉のみではなく、絵画・音楽・映画制作などの芸術分野で、スポーツや舞踊など身体を使ったパフォーマンスで、あるいはイベント企画やボランティアなどの活動によって、深い内面レベルの活動を行う生徒もあらわれるでしょう。こうした成長的側面を積極的に見出し評価していくことは、高校という時期の子どもの心理的成長の促進につながるのです。

●臨床心理的課題の背景にある環境的要因

これまで述べた現代の高校生の臨床心理的課題の背景として次のような環境的要因も考慮に入れておく必要があります。

①家庭の教育的サポート力の弱まり

高校生になると親の援助の手の届かなくなる問題が増え、子どもの方も親の干渉を避け親の知らない世界を作っていくようになることは既述したとおりですが、一方親の側にも新たな問題が出現するようになります。中年期を迎えた親たちの夫婦関係の希薄化、老親の介護問題、リストラによる経済的困難、親自身の身体的・精神的不調などです。夫婦の問題がより顕在化し離婚に至ったり家庭崩壊にいたったりすることも、子どもが思春期から青年期前期にかけて多く見られるようになります。家族構成員の心が大きく揺れ動き「子どもの教育問題どころではない」ゆとりのなくなった家庭状況の中で高校生活を送らざるを得ない生徒もいるのです。

②携帯電話・インターネットによる影響

現代の高校生のいじめのかなりの部分が「ネットいじめ」だと言われています。携帯電話やインターネットの普及は子どもの世界にさまざまな影響ももたらしました。もちろんマイナス面ばかりでなくプラス面も多くあるのですが、情報機器の機能が急速に進化しそれに現代人の心が十分ついていけないまま、さまざまな問題が高校生の生活にもたらされ

ていることも確かです。日々機能が進化するゲーム類への没頭、携帯メールでの強迫的コミュニケーション、有害サイトへ接続など、心に侵入しかき乱すたくさんの情報をいかにコントロールしていくかは、現代の子どもの大きなテーマであり、情報化社会に生きる大人が取組むべき問題でもあるのです。

③未来の見え難さ

　少子化と大学の入学定員の増加によって大学合格率は高まりました。またＡＯ入試や推薦入試など入学試験の形態も多様化し過度な競争は一見なくなりました。しかし反面、学歴社会という一種の"秩序"が崩れ「高学歴だから未来が広がる、豊かな生活が出来る」といった幻想が崩れはじめてもいます。一流企業の倒産など、現代の子どもたちにとって未来はきわめて見えにくくなっているとも言えます。そのような中で、どのような基準で進路を考え、どのようにして自分の進路を定めていくか、高校生のみならず彼らの親も、教師も、そして社会全体が、確固とした答えを持ちにくいのが現状ではないでしょうか。
　「高校で学ぶことの何が自分の未来につながり、未来を切り開くことになるのか？」——現代の高校生は、答えの容易に出ない問いかけの中で生きているとも言えるでしょう。

●高校生への臨床心理的援助の意義

　これまで述べてきたことをふまえて、学校教育の場で現代の高校生の心を支援する意義を考えてみましょう。
　現代の高校生の心の課題は大きく２つに整理されます。それは、①精神的安定感の獲得と ②社会的能力の獲得です。
　教師が授業の中で生徒に投げかけるたくさんの知識や、学校生活場面でのさまざまな指導が生徒の心に届き、根づくためには、心の土壌とも言うべきものが豊かでなければなりません。
　既述したように現代の高校生は現代のさまざまな問題と出合いながら生きています。何とか高校までたどり着いたものの、愛情飢餓感や不安感、人間不信感、自己嫌悪感、自己不確実……などにとらわれながら、かろうじて高校生活を送っている生徒もいることでしょう。あるいは今現在、家族問題や友人関係で心をすり減らしながら暮らしている生徒もいるかもしれません。そうした生徒にとっては心の問題の解決こそが第一優先課題となり、それ以外は二の次、三の次となることでしょう。教師の教えがいかにすばらしくても「勉強どころではない」気もちが心を支配している限り、教えは根づくことが出来ないのです。
　言い換えれば、学校教育が成り立つためには、一人ひとりの心の安定が欠かせないのです。教師は、授業や部活動や生徒会指導、生徒との個別面談などあらゆる機会を通して生徒の心に安心感や他者信頼感、自己信頼感、自己受容感を与えたいものです。そうした精神的安定感を得ることで、生徒は自分を見つめ、等身大の自分自身を知り、受け容れ、他者をも理解し受け容れる心のゆとりを持つことができるのです。
　もう１つの課題、社会的能力について考えてみましょう。
　高校という場で生徒はさまざまな異文化に出会います。教育システムも中学とは異なり、学業をはじめ学校行事や部活動なども生徒の自主性に任せられ、教師の生徒へのかかわり方も中学時代とは異なることでしょう。また、入学試験を経て集まった生徒たちは学業成績も中学時代よりはバラつきが少なく、それゆえに中学時代校内で成績上位にいた生徒が高校では下位に落ちてしまうことも生じます。そのような場合には、挫折から立ち直る回

復力が求められるのです。一方、成長とともに自己主張も強くなります。互いに自己主張する集団の中で、自分の居場所を見出し、自己主張したり相手の言い分を受け容れたり、時には衝突したり、時に歩み寄ったりしながら、生き抜いていかなければなりません。ある意味で学校は、子どもが学校を終えて入っていく未来―「社会」の雛形とも言えます。

　しかしそこにはさまざまな危険も待ち受けています。対立、争い、からかい、いじめ、孤立、恥、失敗……そうした困難に出会ってもしっかり対処出来る力が社会的能力なのです。

　社会的能力は人間が自然に身につくものではありません。本能ではないからです。未学習状態から学習を通して獲得していくものなのです。何かを学習するためには、まずモデルがあり、それをよく観察して模倣し、反復練習して自分のものにする必要があります。

　これまでわが国では、社会性はいつかどこかで自然に身につくものと考えられていました。しかし"自然に"と見えたのは「見えない教育」があったからなのです。これまで子どもの社会性を育てた「見えない教育」とは、家庭におけるしつけと地域の教育力でした。よその家に行った時の「履物の揃え方」、「目上の人への口の利き方」、大人が大勢集まる場での子どもとしてのふるまい方……一昔前の家庭のしつけは、子どもに世間で生きるためのマナーや知恵を教えるものだったのです。「世間に恥ずかしくないよう」「世間に迷惑をかけないよう」など……「世間」が陰に陽に家庭教育に影響を及ぼしていたのです。

　しかし「世間」がなくなった現代ではそれぞれの家庭が屈託なく自由に暮らせるようになった分、社会で生きるためのマナーや方法を家庭で丁寧に教える機会が少なくなってしまいました。また否応なしに社会性を身につけなければならない子ども集団も地域から消滅してしまいました。学校が唯一の社会的集団生活の場となったのです。その結果、学校という社会で必要とされる社会的能力が十分獲得しないまま学校生活を送る子どもが増えました。社会性にかかわるさまざまな問題が多くの子どもに見られるようになったのです。

　本書の多くを占めるコミュニケーション能力やストレス対処能力、社会的技能などの育成プログラムは、現代の高校生が自然には身につけられなかった社会的能力を自覚的に学習し身につけるためのものなのです。

第2節 「勁い心」を育てるには

早稲田大学人間科学学術院　教授　菅野　純

1) 勁い心とは

　本書で展開されているプログラムの最初の実践の場となった東京都立稔ヶ丘高等学校の校歌には「勁い心」という題がついており、「勁い心を支えよう」「勁い心を育もう」「勁い心を培おう」という三つのフレーズが入っています。この「勁い」という字は「まっすぐで力強い」という意味を持っています。「勁草」とは風が吹き荒れても折れ曲がらず、踏みしだかれてもまた立ち直る草のことです。「勁い心」とは＜草のつよさ＞を持つ心なのです。

　子どもはその成長過程のどこかで、誰でも困難に出会ったり挫折に出会ったりします。時には一度ならず幾度も出会うかもしれません。「理不尽」ともいえる出来事にも出会うことでしょう。そんな時、困難に押し潰されずに、たとえ倒れてもまた立ち上がって歩む勁さを身につけて欲しいものです。

　かつてわが国がまだ貧しかった頃（昭和30年頃の高度成長以前。いまよりはるかに経済格差が存在していました）、困難を克服する勁い心は、つらさや悔しさをバネにして形成されることが少なくありませんでした。「なに、くそ」と自分に降りかかった困難や不幸を跳ね退けて頑張る姿は、多くの偉人伝や成功者のエピソードに見ることができます。子どもは自分と同世代の子どもたちの中に、自分よりも大変な境遇の子どもがいることを知っていました。親もそうした子どもの例をあげ、我が子のわがままや贅沢、怯懦な心をいましめました。団塊の世代である私も、子ども時代、病人の多い家族に育ち、一時は両親と祖母の大人三人が同時に入院するという家庭環境でしたが、一度も自分が他の子どもより不幸とは思いませんでした。周囲には、家が貧しくて納豆売りをしている少年や、幼い兄弟の世話や家事をしながら児童会長として活躍する少女など、さまざまな家庭環境の中でけなげに頑張る子どもがたくさんいたからです。

　しかし現代はどうでしょうか。当時に比べて限りなく豊かな時代となりました。その分、子どもが何かを我慢することや耐えることは必要なくなりましたが、同時に、子どもに困難や挫折に負けずに生き抜くことを身につけさせることは非常に難しくもなりました。豊かになることは誰にとってもよいことです。しかし「得る」ことで「失う」こともあるのです。私たちは生活の豊かさを得ることで、我慢する、頑張る、困難を克服するという心の勁さを持った子どもに育てることの難しさと直面するようになったのです。私たちは豊かな時代の子どもの中にいかにして勁い心を育むかについて考えねばならないのです。

2) 勁い心の育成法

　「勁い心」はどのようにして育成されるものでしょうか。「強くなれ」といくら言葉で言い続けても強くなれる訳ではありません。人間は「強くなろう」と思っても必ずしも行動や態度、心と結びつかないからです。「頭ではわかるけどできない」という状態は誰もが

経験することでしょう。
　私は経済的に豊かな現代に生きる子どもたちに、心の勁さを育てるための方法を提案しています。それは子どもの心の中にしっかりした土台（基礎）を作ることです。堅固で大きな心の土台があれば、その土台の上に自分の可能性を展開させ、それらがいつしか根づき、豊かで勁い人格を形成していくことができるはずです。三つの層からなる土台です。一番下の層は「＜人間の良さ＞体験」です。「親っていいな」「家族っていいな」「友達っていいな」「先生っていいな」という体験をたくさん積むことで形成される基本的信頼感です。二番目の層は、「心のエネルギー」です。元気の素、意欲の素となる、安心感や楽しい体験、肯定的に認められる体験をそれこそたくさんすることです。それら二つの層の上に、第三番目の層が乗っています。それは、「社会的能力」です。世の中で生きていくための自己表現力、自己コントロール力、状況判断力、問題解決力、親和的能力（人と円滑に交わる力）、思いやり、などは前節で述べたように本能ではないため自然のままでは身につきません。モデルを示し、模倣させ、反復練習させる……という学習過程によって身につくものです。これまで"見えない教育"として存在していた家庭のしつけ（多くは社会性のしつけだったはずです）と地域の教育力が極めて弱くなり、気がついたら現代の子どもの社会的能力を育てるのは学校だけという状況になってしまいました。しかし時代がどんなに変わっても、社会が存在する限り社会の中で生きていくための知恵や社会的能力は、人間にとって不可欠なものではないでしょうか。

3）学校教育の実践の場で

　稔ヶ丘高校の教育は、この三つの土台がしっかり組み込まれています。まず、「＜人間の良さ＞体験」。稔ヶ丘高校で、生徒たちは、自分と正面から向き合い、自分の存在をしっかり受け止め、ともに考え、ともに悩む教師・職員・カウンセラー・学生ボランティアに出会うはずです。心のエネルギーが授業の中で、あるいは、仲間とのかかわりの中で、たくさん得ることのできるような学校生活があるのです。
　さらに、高校生として必要な社会的能力の獲得のために、稔ヶ丘高校ならではのユニークなカリキュラムが授業として設定されています。それが、本書に紹介されたリレーションタイムです。このリレーションタイムは、東京都立稔ヶ丘高等学校の元校長だった坂井秀敏先生のご理解の元に、山﨑茂雄教諭をはじめとする稔ヶ丘高等学校の先生方と早稲田大学人間科学学術院の嶋田洋徳教授そして嶋田研究室および菅野研究室の大学院生が協力して開発したものです。
　本書で紹介するプログラムは稔ヶ丘高校での実際の授業の中で実践していく過程で何度も改良を加えながら、少しでも現代の高校の現場で役立つものをと心がけました。
　「自分」という輪郭を明らかにする力、自分の中にある「よさ」に気づく力、自分の中にある未学習な部分に気づく力、自分の認知力を拡大する力、ストレスに対処する力、人間関係を豊かにする力、自分にふりかかった問題を解決する力など、さまざまな生きる力を生徒の内側から引き出し、同時に育てていくプログラムです。現代の高校生が豊かな心で現代社会を生き抜くため力—「勁い心」を育てるための方法といえるものなのです。

【執筆者プロフィール】

嶋田　洋徳（しまだ・ひろのり）
早稲田大学大学院人間科学研究科博士後期課程修了。博士（人間科学）。臨床心理士。広島大学総合科学部、新潟大学人文学部を経て、現在、早稲田大学人間科学学術院教授。主著に「学校、職場、地域におけるストレスマネジメント実践マニュアル」（共編著、北大路書房）、「認知行動療法の技法と臨床」（分担執筆、日本評論社）、「実践！ソーシャルスキル教育」（分担執筆、図書文化）などがある。

坂井　秀敏（さかい・ひでとし）
筑波大学大学院理工学研究科修士課程修了。理学修士。東京都立高等学校教諭、第三商業高等学校定時制教頭・新宿山吹高等学校通信制副校長、中野地区チャレンジスクール開設準備室長、稔ヶ丘高等学校校長を経て、現在、東京都立小平高等学校校長。主著に「化学ⅠＢ・Ⅱ計算問題の解き方」（共著、旺文社）、「授業コーピング・リレーションタイム」論文『月刊生徒指導』（学事出版）などがある。

菅野　純（かんの・じゅん）
早稲田大学大学院文学研究科修士課程心理学専攻修了。臨床心理士。東京都八王子市教育センター主任教育相談員を経て、現在、早稲田大学人間科学学術院教授。主著に「教師のためのカウンセリングゼミナール」（実務教育出版）、「教師のためのカウンセリング実践講座」（金子書房）、「武道─子どもの心をはぐくむ」（日本武道館）、「子どもを育てる『ひとこと』探し」（ほんの森出版）などがある。

山﨑　茂雄（やまざき・しげお）
早稲田大学第一文学部文芸専修卒業。東京学芸大学教育学研究科修士課程修了。学校心理士、上級教育カウンセラー。現在、東京都立稔ヶ丘高等学校主任教諭（国語）。主著に「授業研究法入門」（分担執筆、図書文化）、「『カット・イメージ読解法』の概要とその効果」（論文、読書科学、日本読書学会）などがある。国語や総合学習において心理学を活用した授業の開発と実践に取組んでいる。

「コーピング・リレーションタイム」研究・実践プロジェクト

（※所属等は刊行当時）

笹　のぶえ（ささ・のぶえ）
東京都立大学附属高等学校副校長。2006年度東京都立中野地区チャレンジスール開設準備室「コーピング・リレーションタイム」教材開発プロジェクト長。2007年度東京都立稔ヶ丘高等学校授業実践委員会委員長。

五十川ちよみ（いそがわ・ちよみ）
東京都豊島区立教育センター指導員（心理相談）。臨床心理士。2007年度コーピング・リレーションタイム早稲田大学リーダー。

藤本　志乃（ふじもと・しの）
東京都荒川区教育センター相談専門員。2008年度コーピング・リレーションタイム早稲田大学リーダー。

丹野　恵（たんの・めぐみ）
早稲田大学大学院人間科学研究科修士課程在学中。2009年度コーピング・リレーションタイム早稲田大学リーダー。

鍋田　修身	（なべた・おさみ）	東京都立豊島高等学校（全日制）主任教諭。
山田　容子	（やまだ・ようこ）	元所沢市立教育センター教育相談員。臨床心理士。
川崎　雅子	（かわさき・まさこ）	所沢市立教育センター教育相談員。臨床心理士。
村上　菜々子	（むらかみ・ななこ）	日の出町教育委員会教育相談室心理相談員。臨床心理士。
山本　哲也	（やまもと・てつや）	早稲田大学大学院人間科学研究科博士後期課程在学中。
長澤　克樹	（ながさわ・かつき）	児童養護施設クリスマスヴィレッジ心理士。
小宮山みなみ	（こみやま・みなみ）	早稲田大学大学院人間科学研究科修士課程在学中。
イラスト●三輪　温子	（みわ・あつこ）	埼玉県立狭山緑陽高等学校教育相談員。臨床心理士。

中学・高校で使える
人間関係スキルアップ・ワークシート
ストレスマネジメント教育で不登校生徒も変わった！

2010年 3月18日　初版発行
2024年 1月16日　初版第11刷発行

著　者　嶋田洋徳・坂井秀敏・菅野純・山﨑茂雄
発行人　鈴木宣昭
発行所　学事出版株式会社
　　　　〒101-0051　東京都千代田区神田神保町1-2-5
　　　　電話　03-3518-9655
　　　　HPアドレス　https://www.gakuji.co.jp/

編集担当　　　　町田春菜
制作協力・装幀　中野多恵子
印　刷・製　本　研友社印刷株式会社

落丁・乱丁本はお取り替えします。
ISBN978-4-7619-1732-6　　　　Printed in Japan